"国家金融学"系列教材 / 陈云贤 主编

国家金融国际参与

GUOJIA JINRONG GUOJI CANYU

王 伟 张一林 编著

中山大学出版社
SUN YAT-SEN UNIVERSITY PRESS

·广州·

版权所有　翻印必究

图书在版编目（CIP）数据

国家金融国际参与/王伟，张一林编著.—广州：中山大学出版社，2021.10

（"国家金融学"系列教材/陈云贤主编）

ISBN 978-7-306-07219-1

Ⅰ.①国… Ⅱ.①王… ②张… Ⅲ.①国际金融—教材 Ⅳ.①F831

中国版本图书馆 CIP 数据核字（2021）第 098859 号

GUOJIA JINRONG GUOJI CANYU

出 版 人：	王天琪
策划编辑：	嵇春霞
责任编辑：	潘惠虹
封面设计：	曾　婷
责任校对：	卢思敏
责任技编：	何雅涛
出版发行：	中山大学出版社
电　　话：	编辑部 020-84110283，84113349，84111997，84110779，84110776
	发行部 020-84111998，84111981，84111160
地　　址：	广州市新港西路 135 号
邮　　编：	510275　传　真：020-84036565
网　　址：	http://www.zsup.com.cn　E-mail：zdcbs@mail.sysu.edu.cn
印 刷 者：	佛山市浩文彩色印刷有限公司
规　　格：	787mm×1092mm　1/16　17.625 印张　289 千字
版次印次：	2021 年 10 月第 1 版　2021 年 10 月第 1 次印刷
定　　价：	62.00 元

如发现本书因印装质量影响阅读，请与出版社发行部联系调换

"国家金融学"系列教材

主　编　陈云贤
副主编　李善民　李广众　黄新飞
编　委　(按姓氏笔画排序)
　　　　王　伟　王彩萍　韦立坚　杨子晖
　　　　李小玲　李广众　张一林　周天芸
　　　　赵慧敏　黄新飞

"国家金融学"系列教材

总 序

国家金融与国家金融学，是两个需要清晰界定的概念和范畴。在现实中，当我们谈到金融时，大多是指国际金融或公司金融。有关国家金融的文章或书籍要在国外发表或出版，编辑提出的第一个问题往往是它与公共财政有什么区别。在理论上，现有的金融学科大致可划分为：以汇率和利率决定机制为主的国际金融学和货币金融学[①]，以资产价格决定机制为主的公司金融学和投资学[②]——还没有国家金融学。换句话说，现有的金融学研究大多聚焦于技术细节，即使有与国家金融相关的研究，也主要散见于对政策或市场的解读之中，理论性较弱且不成体系。而笔者所探讨的国家金融是聚焦于一国金融发展中最核心、最紧迫的问题，在此层面采取的政策与措施事关一国金融的健康稳定和经济的繁荣发展。因此，此处提出的国家金融学，是以现代金融体系下国家金融的行为及其属性为研究对象，从金融市场的要素、组织、法制、监管、环境和基础设施六个方面来探讨国家金融行为、维护国家金融秩序、提升国家金融竞争力。

关于现代金融体系，国内外理论界有"三体系论""四要素论"和"五构成论"等不同表述。"三体系论"认为，金融体系可大致划分为三个体系：一是金融的宏观调控和监管体系，二是金融的市场体系，三是金融的机构体系。其中，金融的市场体系包括交易对象、交易主体、交易工

[①] 参见陈雨露主编《国际金融》（精编版），中国人民大学出版社2008年版，前言。
[②] 参见王重润主编《公司金融学》，东南大学出版社2010年版，第1～8页。

具和交易价格。① "四要素论"认为,金融市场由四个要素构成:一是金融市场的参与者,包括政府部门、工商企业、金融机构和个人;二是金融工具,其特征包括偿还性、流动性、风险性和收益性;三是金融市场的组织形式,包括在固定场所内的集中交易方式、分散交易方式和场外交易方式;四是金融市场的管理,包括中央银行及有关监管当局的管理。② "五构成论"认为,金融市场的构成要素有五个:一是金融市场主体,即金融市场的交易者;二是金融市场工具,即金融交易的载体,金融市场工具可以理解为金融市场工具持有人对发行人的债权或权益;三是金融市场中介,通常是指为资金融通提供媒介服务的专业性金融机构或取得专业资格的自然人;四是金融市场组织方式,是指能够使金融市场成为现实的市场并正常运转的制度安排,主要集中在市场形态和价格形成机制两方面;五是金融市场监管,即对金融活动进行监督和调控等。它们在金融体系中共同发挥着作用。③ 与上述的"三体系论""四要素论""五构成论"相比,笔者更强调现代金融体系功能结构的系统性,并在其中探索国家金融行为对一国经济金融稳定和健康发展的影响。

一、国家金融行为是否存在,是个有争议的话题

西方经济学的传统理论认为,政府只能在市场失灵的领域发挥作用,比如需要提供公共物品时或存在经济的外部性和信息不对称时。但我们回望历史又不难看到,现实中的西方国家,尤其是一贯奉行自由主义经济的美国,每到关键时刻,政府都屡屡出手调控。下面仅举几个事例进行说明。

第一例是亚历山大·汉密尔顿(Alexander Hamilton)对美国金融体系的构建。早在美国建国之初,作为第一任财政部部长的汉密尔顿就着力建立国家信用,健全金融体系,完善财税制度,促进工商业发展,从而构建了美国财政金融体系的五大支柱——统一的国债市场、中央银行主导的银行体系、统一的铸币体系(金银复本位制)、以关税和消费税为主体的税

---

① 参见乔治·考夫曼著《现代金融体系——货币、市场和金融机构》(第六版),陈平等译,经济科学出版社2001年版,第3页。
② 参见黄达、张杰编著《金融学》(第四版),中国人民大学出版社2017年版,第286~293页。
③ 参见霍文文主编《市场金融学教程》,复旦大学出版社2005年版,第5~15页。

收体系，以及鼓励制造业发展的财政金融贸易政策。这些举措为美国的现代金融体系奠定了扎实的前期基础。对此，我们需要思考的是，在200多年前，为什么汉密尔顿已经对财政、金融有此思考，并高度强调"整体国家信用"的重要性？为什么他认为美国要成为一个繁荣富强的国家，就必须建立坚固的诸州联盟和强有力的中央政府？

第二例是1933年开始的"罗斯福新政"。其主旨是运用财政手段，结合金融举措，大力兴建基础设施项目，以增加就业、刺激消费和促进生产。其主要举措包括：第一，民间资源保护队计划。该计划侧重吸纳年龄在18岁至25岁之间的身强力壮且失业率偏高的青年人，参与植树护林、防治水患、水土保持、道路建筑、开辟森林防火线和设置森林瞭望塔等工程建设项目。到美国参与第二次世界大战（简称"二战"）之前，先后有200多万名青年参与过这些项目，他们开辟了740多万英亩①国有林区和大量国有公园。第二，设立了以着眼于长期目标的工程为主的公共工程署和民用工程署。民用工程方面，美国兴建了18万个小型工程项目，包括校舍、桥梁、堤坝、下水道系统、邮局和行政机关大楼等公共建筑，先后吸纳了400万人为此工作。后来，美国又继续建立了几个新的工赈机构。其中最著名的是国会拨款50亿美元兴办的工程兴办署和针对青年人的全国青年总署，二者总计雇用人员达2300万，占全国劳动力的一半以上。第三，至"二战"前夕，美国联邦政府支出近180亿美元，修建了近1000座飞机场、12000多个运动场、800多座校舍与医院，创造了大量的就业机会。其中，金门大桥和胡佛水坝至今仍是美国的标志性建筑。

第三例是布雷顿森林会议构建的国际金融体系。1944年7月，布雷顿森林会议在美国新罕布什尔州召开。时任英国代表团团长约翰·梅纳德·凯恩斯（John Maynard Keynes）在会前提出了"二战"后世界金融体系的"三个一"方案，即"一个世界货币""一个世界央行""一个世界清算体系"联盟。而以美国财政部首席经济学家哈里·德克斯特·怀特（Harry Dexter White）为会议主席的美国方面，则按照政治力量优先于经济实力的逻辑，采取政治与外交手段，在多国角力中最终促成了围绕美国政治目标而设立的三个工作委员会，分别讨论国际稳定基金、国际复兴开发银行和其他国际金融合作事宜。日后正式成立的国际货币基金组织、世界银行

---

① 1英亩≈4046.86平方米。

（国际复兴开发银行）和国际清算银行等奠定"二战"后国际金融秩序的组织均发端于此。可以说，这次会议形成了以美国为主的国际金融体系，左右着国际经济的运行。

第四例是通过马歇尔计划构建的以美元为主的国际货币体系。该计划由美国于1948年4月主导启动，欧洲国家成立了"欧洲经济合作组织"与之对接。"二战"后，美国对欧洲国家的援助包括资金、技术、人员等方面，其中资金援助的流向是：美国援助美元给欧洲国家，欧洲各国将美元作为外汇购买美国的物资；除德国外，欧洲国家基本上不偿还援助资金；除德国将援助资金用于私有企业再投资外，欧洲各国多数将其用于填补财政亏空。在这个体系中，美元滞留欧洲，形成"欧洲美元"。于是，国际货币体系在布雷顿森林会议和马歇尔计划的双重作用下，逐渐从"金银复本位制"发展到"金本位制"、"黄金—美元—他国货币"双挂钩（实施固定汇率：35美元=1盎司黄金）、"美元与外国货币固定汇率制"（从1971年8月15日起黄金与美元脱钩）、"美元与外国货币浮动汇率制"（由1976年的《牙买加协定》所确立）。最终，美国运用"石油交易捆绑美元结算"等金融手段，形成了美元在国际货币体系中一家独大的局面，使其成为国际经济中的强势货币。

第五例是美国对2008年次贷危机的应对。美国联邦储备委员会（简称"美联储"）、财政部、联邦存款保险公司（Federal Deposit Insurance Corporation，FDIC）、证券交易委员会（Securities and Exchange Commission，SEC）、国会和相关政府部门联手，全力以赴化解金融危机。其主要举措有：第一，美联储作为独立于联邦政府和政党纷争的货币政策执行者，采取传统的激进货币政策和非常规、非传统的货币政策并行的策略，以市场化手段处置金融危机、稳定金融市场；第二，在美联储货币政策无法应对之际，财政部出台"不良资产救助计划"（Troubled Asset Relief Program，TARP），以政府直接投资的方式，援助主要金融机构和部分大型企业；第三，政府还采取了大幅快速减税、扩大赤字化开支等财政政策刺激经济增长；第四，美国国会参、众两院通过立法的方式及时完善法律环境，如政府协调国会参、众两院分别签署通过了《2008年紧急经济稳定法案》《2008年经济振兴法案》《2009年经济振兴法案》《2009年美国复苏与再投资法案》，以及自1929年大萧条以来最重要的金融监管改革法案之一——《多德-弗兰克华尔街改革与消费者保护法案》。可以说，美国采用货币政策、财政政策、监管政策、经济振兴计划及法制保障等多种措施，稳定了金融市场，刺激了经济发展。

第六例是2019年美国的2万亿美元巨额基础设施建设计划。该计划由特朗普政府发起，2019年4月30日美国参议院民主党和共和党就推进2万亿美元巨额基础设施建设计划达成共识，确定以财政手段结合金融举措，启用汽油税作为美国联邦政府投资的主要资金来源，并通过政府和社会资本合作的方式（Public-Private-Partnership，PPP）融资，通过大规模减税带来海外资金的回流和大量发行国债募集巨额资金投资基础设施建设，目标是创造经济增长的新动力。其主要举措包括重建高速公路、桥梁、隧道、机场、学校、医院等基础设施，并让数百万民众参与到这项工作中来；通过大规模的基础设施建设，打造和维持世界上最好的高速公路和航空系统网；等等。

由以上诸例可见，美国政府在历史进程中采取的国家金融行为，不仅包括处置国内的产业经济危机、助力城市经济和民生经济以促进社会发展，而且还包括强势介入国际经济运行，在打造国际金融体系方面有所作为。其他发达国家的此类案例也比比皆是。历史和现实告诉我们，从国家金融学的角度探讨国家金融行为及其属性，研究国家金融战略，做好国家金融布局，维护国家金融稳定，推动国家经济发展，既是一国政府在当代经济发展中面临的客观要求，也是金融理论界需要重视并深入研究的课题。

二、国家金融理论滞后于实践发展

事实上，通过采取国家金融行为以维护国家金融秩序、提升国家金融竞争力的事例，在各国经济实践中已经广泛存在，但对这些案例的理论总结与分析还远远不够。可以说，国家金融理论的发展是极大滞后于经济实践进程的。下面仅举两个案例予以说明。

案例一是美国资产重组托管公司①（Resolution Trust Corporation，RTC）与中国四大资产管理公司。

RTC是美国政府为解决20世纪80年代发生的储贷机构危机而专门成

---

① 参见郭雳《RTC：美国的金融资产管理公司（一）》，载《金融法苑》1999年第14期，第47~51页。

立的资产处置机构。1989年8月，美国国会通过《1989年金融机构改革、复兴和实施法案》(Financial Institutions Reform, Recovery, and Enforcement Act of 1989)，创立RTC，对国内出现问题的储贷机构进行重组处置。下面我们从六个方面来介绍RTC的具体情况。

（1）RTC设立的背景。20世纪70年代中后期，美国经济受到经济停滞和通货膨胀的双重冲击。政府对当时主要为低收入家庭买房、建房提供贷款的非银行储蓄机构及其储贷协会放松管制，扩大其业务范围，期望以此刺激经济恢复生机。然而，沉没在投机性房地产贷款与垃圾债券上的大量资金和不良资产使储贷机构严重资不抵债，走向破产的边缘。在这一背景下，RTC应运而生，对相关储贷机构进行资产重组。RTC被赋予五大目标：一是重组储贷机构；二是尽量减少重组损失，争取净现值回报最大化；三是充分利用募得资金处置破产的储贷机构；四是尽量减小处置过程中对当地房地产市场和金融市场的影响；五是最大限度地保障中低收入者的住房供应。

（2）RTC的组织架构。这分为两个阶段：第一阶段是1989年8月至1991年10月，RTC由美国联邦存款保险公司（FDIC）负责管理，财政部部长、美联储主席、住房和城市发展部部长和总统指派的两名私营部门代表组成监察委员会，负责制定RTC的运营策略和政策，任命RTC的总裁（由FDIC总裁兼任）和首席执行官，以开展日常工作。第二阶段是从1991年11月开始，美国国会通过《重组托管公司再融资、重构与强化法案》(Resolution Trust Corporation Refinancing, Restructuring, and Improvement Act)，原监察委员会更名为储贷机构存款人保护监察委员会，在调整相关成员后，确定RTC总部设立在华盛顿，在亚特兰大、达拉斯、丹佛和堪萨斯城设立4个地区办公室，在全国设立14个办事处和14个销售中心，RTC不再受FDIC管理。直至1995年12月RTC关闭解散后，其余下工作被重新划回FDIC继续运作。

（3）RTC的资金来源。在实际运营中，RTC的资金来源由四个方面构成：财政部拨款、资产出售后的回收资金、托管储蓄机构中的存款以及来自重组融资公司（Resolution Funding Corporation）和联邦融资银行（Federal Financing Bank）的借款。

（4）RTC的运作方式。这主要分为两类：对储贷机构实施援助和重组。援助主要是以现金注入方式帮助相关储贷机构摆脱困境，使其重获持续经营的能力。重组主要包括四个步骤：清算、托管、重组、资产管理与处置。其中，资产管理与处置主要是采用公开拍卖、期权销售、资产证券化等手段。

（5）RTC的资产定价方法。因为RTC处置的资产中近一半是商业和居民住房抵押贷款，其余是储贷机构自有房产、其他贷款及各类证券等，所以RTC在资产估价过程中结合地理位置、资产规模、资产质量、资产期限、偿付标准等因素，主要采用传统的净现值折现方法，同时结合运用推演投资价值（Derived Investment Value，DIV）工具完善估值。为防止不良资产被贱卖，RTC还会根据资产评估价格的一定比例设定保留价格作为投标底线。

（6）RTC的运作成效。从1989年8月至1995年12月底，RTC成功重组了747家储蓄机构。其中，433家被银行并购，222家被其他储蓄机构并购，92家进行了存款偿付，共涉及资产约4206亿美元，重组成本约为875亿美元。RTC的实践为清理破产金融机构、消化不良资产和化解金融危机提供了较为成功的范例。

美国RTC的成功经验也为中国所借鉴。1999年，中国政府在处置亚洲金融危机时，就参考了美国RTC的方式，剥离中国工商银行、中国农业银行、中国银行、中国建设银行四大银行的不良资产，组建了华融资产管理公司、东方资产管理公司、长城资产管理公司和信达资产管理公司来处理不良资产，参与资本市场运作。

可见，在美国、中国都存在这种典型的国家金融行为，但对于这类实践，理论界还缺乏系统性的探讨、总结，对这类问题的研究仍然是碎片化的、外在的，主要侧重于对技术手段的研究。在世界范围内，上述类型的不良资产处置公司应怎样定位，其功能和续存时间如何，这些都是亟待学界研究的课题。

案例二是沃尔克法则（Volcker Rule）与金融风险防范。

为了避免2008年次贷危机重演，2010年7月，美国颁布了《多德-弗兰克华尔街改革与消费者保护法案》，在政府监管机构设置、系统性风险防范、金融业及其产品细分、消费者保护、危机处置等方面设置了一系列监管措施。其中，沃尔克法则是最有影响的改革内容之一。[①]

---

① 参见姚洛《解读沃尔克法则》，载《中国金融》2010年第16期，第45～46页。

该法则的提出有着特殊的背景。美国的金融监管模式是在历史进程中逐渐形成的,是一个以联邦政府和州政府为依托、以美联储为核心、由各金融行业监管机构共同组成的双层多头金融监管体系。这一体系的弊端在2008年金融危机的爆发和蔓延过程中暴露无遗:一是监管体系无法跟上经济和金融发展的步伐;二是缺乏统一监管,难以防范系统性金融危机;三是监管职能重叠或缺位,造成监管死角;四是缺乏对金融控股公司的有效监管;五是分业监管体系与混业市场经营相背离;等等。保罗·沃尔克(Paul Volcker)对此曾经尖锐地指出,金融机构的混业经营和分业监管的错配是金融危机爆发的一个重大根源。

在这一背景下,沃尔克法则应运而生。其核心是禁止银行从事自营性质的投资业务,同时禁止银行拥有、投资或发起对冲基金和私募基金。其具体措施包括:第一,限制银行的规模,规定单一金融机构在储蓄存款市场上所占份额不得超过10%,从而限制银行通过过度举债进行投资的能力;第二,限制银行利用自身资本进行自营交易,规定银行只能在一级资本的3%以内进行自营投资;第三,限制银行拥有或资助对私募基金和对冲基金的投资,规定银行在每只基金中的投资比例不得超过该基金募集资本的3%;第四,控制资产证券化风险,规定银行销售抵押贷款支持证券等产品至少留存5%的信用风险;等等。

沃尔克法则的目标聚焦于金融市场"去杠杆化"。在该法则之下,国家可以将金融行业的风险进行隔离,简化风险管理的复杂度,提高风险管理和审慎监管的效率。这是一种典型的国家金融行为。在理论上,它涉及对一国的商业银行资产负债管理和投资银行风险收益关系的深化研究;在实践中,它关乎一国金融监管模式的选择和金融经济发展的方向。然而,学界对沃尔克法则的研究或借鉴,多数仍然停留在防范金融风险的技术手段上。

三、国家金融人才短缺,金融学需要细分

国家金融理论滞后于实践发展的直接后果是国家金融人才短缺。其原因主要有三:一是金融学缺乏细分,二是国内外金融学教研主要聚焦于微观金融领域与技术分析,三是国内外金融学学生大多偏重于微观金融的技术手段分析和操作。关于国内金融学研究的现状,我们以两个高校的例子予以说明。

第一例是以"金融"命名的某大学经济学科相关专业人才培养方案中

的课程设置（如图 1 所示）。

- 金融学专业
  - 金融学
  - 金融市场与金融机构
  - 商业银行经营学
  - 信用担保
  - 国际金融学
  - 投资学
  - 公司金融
  - 金融工程学
  - 金融风险管理等
- 投资学专业
- 财政学专业
- 金融工程专业
- 保险学专业
- 国际经济与贸易专业
- 经济学专业
- 经济与金融专业
  - 微观经济学
  - 宏观经济学
  - 金融经济学
  - 投资经济学
  - 区域经济学
  - 产业经济学
  - 计量经济学
  - 金融工程学
  - 商业银行经营学
  - 银行会计
  - 国际金融学
  - 金融市场学
- 信用管理专业
- 经济统计学专业
- 金融数学专业
- 互联网金融专业

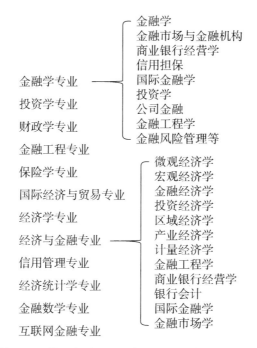

图 1　某金融大学经济学科相关专业人才培养方案中的课程设置

由图 1 的经济学科人才培养方案中的课程设置可知，该大学设置的 12 个经济类专业，涉及宏观金融学科的只有两个：金融学专业和经济与金融专业。前者的 9 门课程中只有国际金融学涉及少量宏观金融的概念，后者的 12 门课程中只有金融经济学与国际金融学涉及一些宏观金融的内容，其余多数为微观金融或部门金融的范畴。

第二例是某综合性大学金融学院金融学专业人才培养方案中的核心课程（如图 2 所示）。

- 专业核心课程
  - 货币金融学
  - 公司金融
  - 证券分析与实证分析
  - 金融衍生工具
  - 国际金融
  - 金融机构与市场
  - 投资与资产组合管理

图 2　某综合性大学金融学院金融学专业人才培养方案中的核心课程

由图 2 可知，该综合性大学金融学院金融学专业 7 门核心课程中只有国际金融涉及少量的宏观金融知识，其余均为微观金融或部门操作性金融技术的范畴。

上述两个案例告诉我们，国内的金融学教研基本上没有涉及国家金融层面的理论，缺乏对国家金融行为取向的研究与教学。

那么，国外金融学研究的情况如何呢？我们可以回顾一下 1991 年至 2020 年诺贝尔经济学奖获奖者概况（见表 1）。

表 1　1991 年至 2020 年诺贝尔经济学奖获奖者概况

年　份	获奖者（中译名）	主要贡献
1991	罗纳德·科斯	揭示并澄清了交易费用和产权在经济的制度结构和运行中的重要性
1992	加里·贝克	将微观经济理论扩展到对人类行为及互动的分析上，包括非市场行为
1993	罗伯特·福格尔、道格拉斯·诺斯	运用经济理论和定量方法来解释经济和制度变迁，更新了经济史研究
1994	约翰·海萨尼、小约翰·纳什、莱因哈德·泽尔腾	在非合作博弈的均衡分析理论方面做出了开创性贡献
1995	小罗伯特·卢卡斯	发展并应用了理性预期假说，由此重塑了宏观经济学研究并深化了人们对经济政策的理解
1996	詹姆斯·莫里斯、威廉·维克瑞	对信息不对称条件下的经济激励理论做出了基础性贡献
1997	罗伯特·默顿、迈伦·斯科尔斯	为金融衍生品的定价问题贡献了新方法
1998	阿马蒂亚·森	对福利经济学做出了贡献
1999	罗伯特·蒙代尔	分析了不同汇率制度下的货币政策与财政政策，并分析了最优货币区
2000	詹姆斯·J. 赫克曼、丹尼尔·L. 麦克法登	前者发展了分析选择性抽样的理论和方法，后者发展了分析离散选择的理论和方法

续表1

年　份	获奖者（中译名）	主要贡献
2001	乔治·阿克尔洛夫、迈克尔·斯彭斯、约瑟夫·斯蒂格利茨	分析了充满不对称信息的市场
2002	丹尼尔·卡尼曼、弗农·史密斯	前者将心理学的研究成果引入经济学研究中，特别侧重于研究人在不确定情况下进行判断和决策的过程；后者为实验经济学奠定了基础，发展了一整套实验研究方法，并设定了经济学研究实验的可靠标准
2003	罗伯特·恩格尔、克莱夫·格兰杰	前者创立了描述经济时间序列数据时变波动性的方法：自回归条件异方差；后者发现了根据共同趋势分析经济时间序列的方法：协整理论
2004	芬恩·基德兰德、爱德华·普雷斯科特	在动态宏观经济学领域做出了贡献，揭示了经济政策的时间连贯性和商业周期背后的驱动力
2005	罗伯特·奥曼、托马斯·谢林	通过对博弈论的分析，加深了对冲突与合作的理解
2006	埃德蒙·费尔普斯	分析了宏观经济政策中的跨期权衡问题
2007	莱昂尼德·赫维茨、埃里克·马斯金、罗杰·迈尔森	为机制设计理论奠定了基础
2008	保罗·克鲁格曼	分析了贸易模式和经济活动的地域
2009	埃莉诺·奥斯特罗姆、奥利弗·威廉森	分析了经济管理行为，尤其是前者研究了公共资源管理行为，后者分析了公司治理边界行为
2010	彼得·戴蒙德、戴尔·莫滕森、克里斯托弗·皮萨里季斯	分析了存在搜寻摩擦的市场
2011	托马斯·萨金特、克里斯托弗·西姆斯	对宏观经济中的因果关系进行了实证研究

续表1

年　份	获奖者（中译名）	主要贡献
2012	埃尔文·罗斯、罗伊德·沙普利	在稳定配置理论及市场设计实践上做出了贡献
2013	尤金·法玛、拉尔斯·彼得·汉森、罗伯特·席勒	对资产价格做了实证分析
2014	让·梯若尔	分析了市场力量与监管
2015	安格斯·迪顿	分析了消费、贫困和福利
2016	奥利弗·哈特、本格特·霍姆斯特罗姆	在契约理论上做出了贡献
2017	理查德·H. 塞勒	在行为经济学领域做出了贡献
2018	威廉·诺德豪斯、保罗·罗默	前者将气候变化引入长期宏观经济分析中，后者将技术创新引入长期宏观经济分析中
2019	阿比吉特·巴纳吉、埃丝特·迪弗洛、迈克尔·克雷默	在减轻全球贫困方面探索了实验性做法
2020	保罗·米尔格龙、罗伯特·B. 威尔逊	对拍卖理论的改进和发明了新拍卖形式

［资料来源：《盘点历届诺贝尔经济学奖得主及其贡献（1969—2019）》，见新浪财经网（https://tinance.sina.cn/usstock.mggd.2019-10-14/detail-iicezuev2135028.d.html），2019年10月14日。］

在30年的时间跨度中，只有少数几位诺贝尔经济学奖获奖学者的研究是关于金融问题的：1997年获奖的罗伯特·默顿和迈伦·斯科尔斯研究了金融机构新产品的期权定价公式，1999年获奖的罗伯特·蒙代尔讨论了不同汇率制度下的货币政策与财政政策以及最优货币区，2003年获奖的罗伯特·恩格尔和克莱夫·格兰杰在计量经济学领域的开拓性贡献为金融分析提供了不可或缺的工具，2013年获奖的尤金·法玛、拉尔斯·彼得·汉森和罗伯特·席勒的贡献主要是对资产价格进行了实证分析；其余的获奖者则基本上没有直接触及金融问题。而在上述涉及金融问题的诺贝尔经济学奖获奖人中，只有罗伯特·蒙代尔一人在理论上探讨了国际金融问题，其他人则主要侧重于金融资产定价或金融实践的成效。

综上可见，无论是国内还是国外的金融学，都缺乏对国家金融的理论研究，且相关人才匮乏。与之相对的是，世界范围内重大的金融变革与发展，多是由不同国家的金融导向及其行为所推动的。因此，国家金融学研究不但应该引起学界重视，而且应该在一个更广阔的维度获得深化和发展。

笔者呼吁，要培养国家金融人才，就需要对现有的金融学研究和教学进行细分。以美国与中国高校金融学教学中普遍使用的教材为例，美国的常用教材是弗雷德里克·S. 米什金的《货币金融学》[①]，中国则是黄达、张杰编著的《金融学》（第四版）[②]。这两种教材的优点是全面、系统：从货币起源讲到金融中介、金融体系，从金融市场讲到金融机构、金融监管，从中央银行讲到货币政策、外汇市场和国际金融，从金融运行的微观机制讲到资产组合与定价、业务管理与发展，等等。然而，为了满足当今经济发展对国家金融理论研究、实践管理和人才培养的需求，有必要在此类金融学教科书的基础上强化对国家金融学的研究与教学。因此，笔者建议在金融学原理的基础上，将金融学科细分为三类，具体如图3所示。

$$金融学原理\begin{cases}公司金融学\\国家金融学\\国际金融学\end{cases}$$

图3　金融学科分类

上述分类要求现有的各类大学金融学科在国内层面的教学与研究，不能仅仅局限在金融学基础理论和公司金融学两个领域，还应该包含国家金融学的设置、研究与教学发展。其中，国家金融学属于宏观金融管理范畴，研究并指导国家金融行为，即立足于一国金融发展中最核心、最紧迫的问题，要解决的是国家金融顶层布局、国家金融政策组合、国家金融监管协调、国家金融层级发展、国家金融内外联动、国家金融弯道超车、国家金融科技创新、国家金融风险防范和国家金融国际参与等课题。

公司金融学属微观金融管理范畴，研究并指导公司金融行为，即立足于企业金融行为中急需探讨和解决的问题，如公司治理结构（企业管理）、财税管理（会计学、税法）、公司理财（投资学）、风险管理（审计、评

---

① 弗雷德里克·S. 米什金著：《货币金融学》，郑艳文译，中国人民大学出版社2006年版。
② 黄达、张杰编著：《金融学》（第四版），中国人民大学出版社2017年版。

估)、战略管理(决策运营)、公司融资(金融中介)、金融工程(产融开发)、法律责任(法学、信息经济学)和国际投资(兼并收购)等课题。

金融学各门学科从不同的定位出发,阐述其主要原理和应用这些原理的数理模型,并在演绎或归纳中探讨、解说案例,最终达到引导学生学习、思考的目标。金融学原理、国家金融学和公司金融学(当然也包括国际金融学)等各门学科定位不同,相互渗透,有机组成了完整的金融学科体系。

世界各国的国家金融如果要在国内实践中有效运行,首先要在理论上创设国家金融学的同时弄清楚它与金融学(基础理论)和公司金融学的联系与区别。世界各国的国家金融如果要在国际体系中有序参与,首先也应在理论上弄清楚国家金融学与国际金融学的联系和区别,同时看清楚国际金融体系在现实中的运行与未来的发展方向,只有这样,才能在实践中不断地推动其改革、创新与发展。世界各国都希望在国际金融体系中拥有自己的立足点和话语权,这也是其在国家金融行为属性中需要去面对和解决的事宜。

中国对此已有布局。① 2017年,中国召开全国金融工作会议,提出遵循金融发展规律,紧紧围绕服务实体经济、防控金融风险、深化金融改革三项任务,创新和完善金融调控,健全现代金融企业制度,完善金融市场体系,推进构建现代金融监管框架,加快转变金融发展方式,健全金融法治,保障国家金融安全,促进经济和金融良性循环与健康发展。同时,中国成立国务院金融稳定发展委员会,并强调了四个方面:第一,回归本源,把更多金融资源配置到经济社会发展的重点领域和薄弱环节;第二,优化结构,完善金融市场、金融机构、金融产品体系;第三,强化监管,提高防范与化解金融风险的能力;第四,市场导向,发挥市场在金融资源配置中的决定性作用。中国已从国家金融顶层设计的角度,一方面提出了急需国家金融人才来构建现代金融体系、维护国家金融秩序、保障并提升国家金融竞争力,另一方面也催生了国家金融学的设立、教研与发展。

四、国家金融学的研究对象

创设国家金融学的目的、意义及其他,这里不多阐述。笔者认为,国

---

① 参见新华社《全国金融工作会议在京召开》,见中华人民共和国中央人民政府网(http://www.gov.cn/xinwen/2017-07/15/content_5210774.htm),2017年7月15日。

家金融学的体系至少包括五个层面的内涵,有待我们去研究和深化。

第一层面:国家金融学研究对象①。

国家金融学以现代金融体系条件下的世界各国国家金融行为属性为研究对象,以探讨一国金融发展中最核心而又最紧迫的问题为导向,研究政策,采取措施,促进一国金融健康稳定,推动一国经济繁荣发展。

第二层面:现代金融体系结构②。

国家金融学以现代金融体系条件下的国家金融行为属性为研究对象,从现代金融体系结构中的金融市场要素、金融市场组织、金融市场法制、金融市场监管、金融市场环境和金融市场基础设施六个子体系去探讨世界各国的国家金融行为,维护国家金融秩序,提升国家金融竞争力。

第三层面:现代金融体系内容③。

现代金融体系强调功能结构的系统性,并在其中探讨国家金融行为对一国金融稳定和经济健康发展的影响。现代金融体系至少包括六个子体系:第一,金融市场要素体系。它既由各类市场(包括货币市场、资本市场、保险市场、外汇市场和衍生性金融工具市场等)构成,又由各类市场的最基本元素即价格、供求和竞争等构成。第二,金融市场组织体系。它由金融市场要素与金融市场活动的主体或管理机构构成,包括各种类型的市场主体、各类市场中介机构以及市场管理组织。第三,金融市场法制体系。金融市场具有产权经济、契约经济和规范经济的特点,因此,规范市场价值导向、交易行为、契约行为和产权行为等法律法规的整体就构成了金融市场法制体系。它包括金融市场相关的立法、执法、司法和法制教育等。第四,金融市场监管体系。它是建立在金融市场法制体系基础上的、符合金融市场需要的政策执行体系,包括对金融机构、业务、市场、政策法规执行等的监管。第五,金融市场环境体系。它主要包括实体经济基础、现代产权制度和社会信用体系三大方面。对这一体系而言,重要的是建立健全金融市场信用体系,以法律制度规范、约束金融信托关系、信用工具、信用中介和其他相关信用要素,以及以完善金融市场信用保障机制为起点建立金融信用治理机制。第六,金融市场基础设施。它是包含各类

---

① 参见陈云贤著《国家金融学》,北京大学出版社 2018 年版,序言。
② 参见陈云贤著《国家金融学》,北京大学出版社 2018 年版,第 8~10 页。
③ 参见陈云贤著《国家金融学》,北京大学出版社 2018 年版,第 8~11 页。

软硬件的完整的金融市场设施系统。其中，金融市场服务网络、配套设备及技术、各类市场支付清算体系、科技信息系统和金融行业标准的设立等都是成熟的金融市场必备的基础设施。

第四层面：政府与市场在现代金融体系中的作用①。

现代金融体系的六个子体系中，金融市场要素与金融市场组织是其体系中的基本元素，它们的行为导向更多地体现为市场的活动、市场的要求、市场的规则和市场的效率；而现代金融体系中的金融市场法制、金融市场监管、金融市场环境和金融市场基础设施，是其体系中的配置元素，它们的行为导向更多地体现为对市场的调节、对市场的监管、对市场的约束和对市场原则的规范。世界各国国家金融行为导向，表现在现代金融体系中，应该是市场决定金融资源配置，同时更好地发挥政府的作用。只有这样，现代金融体系六个子体系作用的发挥才是健全的和完整的。

第五层面：国家金融行为需要着手解决的问题②。

在现有的国际金融体系中，处于领先地位的国家总是力图保持强势有为，处于附属前行的国家总是希望弯道超车以后来居上。世界各国就是国际金融体系演进"马拉松"中的"参赛者"。对于大多数发展中国家而言，在这场世界级的金融体系演进的"马拉松赛跑"中，一国的国家金融行为取向表现在现代金融体系的逐渐完善进程中。第一，应加强金融顶层布局的政策探讨；第二，应加强金融监管协调的措施探讨；第三，应加强金融层级发展的规则探讨；第四，应加强金融离岸与在岸对接的模式探讨；第五，应加强金融弯道超车的路径探讨；第六，应加强金融科技创新的趋势探讨；第七，应加强金融危机化解的方式探讨；第八，应加强金融国际参与的方案探讨；等等。这些需要着手解决的问题，厘清了世界上大多数发展中国家金融行为的目标和方向。

五、现代金融体系演进与国家金融行为互动

国家金融学研究对象五个层面的内涵，构成了国家金融学体系的主要框架。其中，现代金融体系的演进及其与国家金融行为的互动呈现出五大

---

① 参见陈云贤著《市场竞争双重主体论》，北京大学出版社2020年版，第179～182页。
② 参见陈云贤著《国家金融学》（第二版），北京大学出版社2021年版，第18～19页。

特点。①

（1）现代金融体系的六个子体系的形成是一个渐进的历史过程。以美国为例，在早期的市场经济发展中，美国主流认可自由放任的经济理念，金融市场要素体系与金融市场组织体系得到发展和提升，反对政府干预经济的理念盛行。1890年，美国国会颁布美国历史上第一部反垄断法《谢尔曼法》，禁止垄断协议和独占行为。1913年，美国联邦储备委员会正式成立。1914年，美国颁布《联邦贸易委员会法》和《克莱顿法》，对《谢尔曼法》进行补充和完善。在"大萧条"之后的1933年，美国颁布《格拉斯－斯蒂格尔法案》。此后，美国的反垄断制度和金融监管实践经历了近百年的演进与完善，整个金融市场形成了垄断与竞争、发展与监管动态并存的格局。从20世纪90年代开始，美国的通信、网络技术爆发式发展，金融市场创新驱动能力和基础设施升级换代成为市场竞争的主要表现。与此同时，美国政府反垄断的目标不再局限于简单防止金融市场独占、操纵价格等行为，金融市场的技术垄断和网络寡头垄断也被纳入打击范围。这一时期，通过完善金融市场登记、结算、托管和备份等基础设施，提高应对重大金融灾难与技术故障的能力，提升金融市场信息系统，完善金融信用体系建设，实施金融市场监管数据信息共享等，美国的金融市场环境体系和金融市场基础设施得到了进一步完善与发展。这一切将美国的金融市场体系推向现代高度，金融市场竞争发展到了全要素推动和系统参与的飞跃阶段。

（2）现代金融体系的六个子体系是统一的。一方面，六个子体系相互联系、相互作用，有机结合成一个成熟的金融市场体系。在金融市场的实际运行中，缺少哪一个子体系，都会导致市场在那一方面产生缺陷，进而造成国家经济损失。在世界各国金融市场的发展过程中，这样的典型案例比比皆是。另一方面，在现代金融体系的六个子体系内，各个要素之间也是相互联系、相互作用、有机统一的。比如，在金融市场要素体系中，除了各类货币市场、资本市场、保险市场、外汇市场等互相联系、互相作用外，规范和发展利率市场、汇率市场等，逐步建立离岸与在岸统一的国际化金融市场，积极发展一国金融产品和金融衍生产品市场，努力提升一国

---

① 参见陈云贤著《经济新引擎——兼论有为政府与有效市场》，外语教学与研究出版社2019年版，第137～141页。

金融的国际话语权和竞争力,等等,都是相互促进、共同完善现代金融体系的重要举措。

(3) 现代金融体系的六个子体系是有序的。有序的金融市场体系才有效率。比如,金融市场价格机制的有序。这主要体现在利率、汇率、债券、股票、期货、期权等投资价格的形成过程中,应充分发挥市场在资源配置中的基础性作用,根据市场反馈的供求状况形成市场定价,从而推动现代金融体系有序运转。又比如,金融市场竞争机制的有序。竞争是金融市场的必然产物,也是实现市场经济的必然要求。只有通过竞争,金融市场要素的价格才会产生市场波动,金融资源才能得到有效配置,从而实现市场主体的优胜劣汰。再比如,金融市场开放机制的有序。现代金融体系是开放的,但这种开放又必定是渐进的、安全的、稳定有序的。这又再次表明,现代金融体系的六个子体系既相互独立又相互制约,它们是对立统一的完整系统。

(4) 现代金融体系六个子体系的功能是脆弱的。其原因主要有三个方面。首先是认识上的不完整。由于金融市场主体(即货币市场、资本市场、外汇市场等参与主体)有自己的利益要求,因此在实际的市场运行中,它们往往只讲自由、竞争和需求,避讲法治、监管和均衡,这导致现代金融体系六个子体系的功能常常出现偏颇。其次是政策上的不及时。金融市场的参与主要依靠各类投资者,金融市场的监管主要依靠世界各国政府。但在政府与市场既对立又统一的历史互动中,由于传统市场经济理论的影响,政府往往是无为的或滞后的,或在面临世界金融大危机时采用"补丁填洞"的方式弥补,等等,这使得现代金融体系六个子体系的功能往往无法全部发挥。最后是金融全球化的冲击。在金融立法、联合执法、协同监管措施还不够完善的全球金融体系中,存在大量金融监管真空、监管套利、金融投机、不同市场跨界发展,以及造假、诈骗等行为。因此,现代金融体系的健全及六个子体系功能的有效发挥,还需要一个漫长的过程。

(5) 现代金融体系六个子体系的功能正在或即将逐渐作用于世界各国乃至国际金融市场的各个领域。也就是说,在历史进程中逐渐形成和完善的现代金融体系,不仅将在各国金融市场上发挥作用,而且伴随着二十国集团(G20)金融稳定委员会作用的发挥和国际金融监管协调机制的提升与完善,在国际金融体系中也将发挥作用。世界各国的金融领域,不仅需要微观层面投资主体的参与，而且需要宏观层面国家金融行为的引导。在世界各国的理论和实践中，这都是正在逐渐完善的现代金融体系的客观、必然的发展趋向。

在当代中国，要加强国家金融学研究，就需要围绕现代金融体系六个子体系的功能，探讨在国内如何建立、完善现代金融体系，在国际上如何定位中国金融的作用。这必然会从国家行为属性的角度，进一步厘清中国国家金融的目标和作用。这其中涉及诸多重大课题：如何协调财政政策与货币政策？如何推进强势人民币政策？中国拥有现行世界金融体系中最优的金融监管架构，如何发挥其作用？中国在探讨国家与地方金融的层级发展时，如何避免要么"金融自由化"、要么"金融压抑"的老路，在"规则下促竞争、稳定中求发展"的前提下闯出一条新路？如何确定粤港澳大湾区离岸与在岸金融对接的路径及切入点？如何发挥中国"碳金融"的作用，在国际金融体系中实现弯道超车？金融科技尤其是网络金融与数字货币在中国如何健康发展？如何坚持金融服务实体经济，并在金融产业链中有效防范系统性或区域性金融风险？在国际金融体系的变革中，如何提出、推动和实施"中国方案"？等等。可见，现代金融体系的建设与完善，在中国乃至世界各国的发展进程中，始终映射着一国的国家金融行为的特征与取向。这些就是国家金融学需要深入研究的对象。

在现代金融体系下，国家金融学的研究与公司金融学、国际金融学和金融科技发展等密切相关、相互渗透。因此，可以预言国家金融学研究的现状与未来，取决于一国在金融理论和实践层面对国家金融与公司金融、离岸金融与在岸金融、金融科技创新发展、金融监管与风险防范，以及国际金融体系改革创新的探研和实践。国家金融学学科的创设，为从理论上探讨国家金融行为对一国乃至国际现代金融体系的影响拉开了一个序幕。它对中国维护金融秩序、提升国家金融竞争力也将发挥重要的推动作用。

《国家金融学》（陈云贤著）已在北京大学、复旦大学、中山大学、厦门大学、暨南大学等10所高校开设的课程中作为教材使用。师生们在教与学的过程中，一方面沉浸于《国家金融学》带来的国家金融领域全方位的知识盛宴，认为教材新颖、视野开阔、知识广博；另一方面又提出了对未来课程的更多设想，希望能有更多材料参考、案例剖析、课后阅研等内容。

鉴于此，中山大学高度重视，组织了以陈云贤为主编，李善民、李广众、黄新飞为副主编的"国家金融学"系列教材编委会。本系列教材共9本。其中，陈云贤负责系列教材的总体设计、书目定排、统纂定稿等工作；9本教材的撰写分工如下：王彩萍、张龙文负责《国家金融体系结构》，赵慧敏、陈云贤负责《国家金融体系定位》，黄新飞、邓贵川负责《国家金融政策组合》，李广众、李光华、吴于蓝负责《国家金融监管协调》，周天芸负责《国家金融内外联动》，李小玲、魏守道负责《国家金融弯道超车》，韦立坚负责《国家金融科技创新》，杨子晖、王姝黛负责《国家金融风险防范》，王伟、张一林负责《国家金融国际参与》。

"国家金融学"系列教材，系中山大学21世纪金融学科重点教材，是中山大学文科重点建设成果之一。它作为一套面向高年级本科生和研究生的系列教科书，力求在现代金融体系条件下探讨国家金融行为属性，从而在一国金融顶层布局、大金融体系政策组合、国家地方金融发展以及国家金融监管协调、内外联动、弯道超车、科技创新、风险防范、国际参与等领域做出实质性探研。本系列教材参阅、借鉴了国内外大量的专著、论文和相关资料，谨此特向有关作者表示诚挚的谢意。

当今世界，全球经济一体化、金融市场国际化的客观趋势无一不要求国际金融体系要更加健全、国际货币体系要改革创新，它需要世界各国国家金融行为的取向能够符合这一潮流。但愿"国家金融学"系列教材的出版，能够助力健全国家金融业乃至国际金融业的体系，开拓全球经济的未来。

2020年10月

陈云贤 北京大学客座教授，中山大学国际金融学院和高级金融研究院名誉院长、博士研究生导师，广东省人民政府原副省长。电子邮箱：41433138@qq.com。

目　录

序　言 ……………………………………………………………… 1

第一章　国家金融学与国际金融学 ……………………………… 1
　第一节　国家金融学及其研究对象 ……………………………… 1
　第二节　国家金融学关注的八个问题 …………………………… 31
　第三节　国家金融学与公司金融学、国际金融学的比较 ……… 57
　思考讨论题 ………………………………………………………… 64

第二章　国际货币体系演进 ……………………………………… 65
　第一节　金本位制 ………………………………………………… 65
　第二节　布雷顿森林体系与牙买加体系 ………………………… 77
　第三节　汇率制度选择 …………………………………………… 95
　第四节　国际货币支付清算体系 ………………………………… 104
　思考讨论题 ………………………………………………………… 112

第三章　国际金融体系构成 ……………………………………… 114
　第一节　国际金融机构与区域性国际金融机构 ………………… 115
　第二节　国际金融监管组织 ……………………………………… 141
　第三节　国际金融评估审计 ……………………………………… 162
　思考讨论题 ………………………………………………………… 171

第四章　国际金融监管协调 ……………………………………… 172
　第一节　国际金融监管的标准 …………………………………… 172
　第二节　国际金融监管协调的形式 ……………………………… 185
　第三节　国际金融监管协调的内容 ……………………………… 196

1

思考讨论题 ………………………………………………… 200

第五章　国际金融体系改革 ………………………………… 201
　第一节　历史与当前国际资本市场的状况 ………………… 201
　第二节　国际金融理念创新 ………………………………… 205
　第三节　国际金融制度创新 ………………………………… 213
　第四节　国际金融组织创新 ………………………………… 223
　第五节　国际金融技术创新 ………………………………… 229
　第六节　结语 ………………………………………………… 240
　思考讨论题 …………………………………………………… 241

参考文献 ………………………………………………………… 242

后　记 …………………………………………………………… 252

序　言

国家金融学是一门新创设的金融学科，它从国家的角度出发，目的是要解决国家金融发展过程中的最迫切的问题。本书作为"国家金融学"系列教材之一，重点着眼于国家金融学视角下的国际金融参与。一国的国际金融参与可以大略被理解成国家作为金融市场参与者的对外贸易收支与其资本输出、输入活动。国际金融参与是维护国家金融利益、开展金融合作、提升金融治理能力的重要渠道。随着各国国际参与的深化，资本跨国流动规模不断扩大，国际上在货币结算、金融和监管协调等方面基本构建了一套较为完善的国际金融体系，也形成了一定的国际金融规范和秩序。

然而，在当前的世界金融格局中，仍有一系列问题有待解决：各国金融先后崛起，但不同国家的金融发展尚不均衡，如何协调各国金融发展，均等地满足不同国家的发展需求？伴随着国际资本的跨国流动，国际金融"黑天鹅"事件[①]时有发生，系统性金融风险与区域性金融风险发生的可能性增加，如何加强各国金融监管的国际协作，防范国际性金融危机的出现？金融全球一体化下，不同国家之间既存在合作关系，也存在竞争关系，如何协调各国的利益关系，维系稳定的国际金融秩序？在数字技术的变革冲击下，全球人工智能与区块链技术逐步被应用在金融领域，国际金融体系能否把握、又该如何把握这场技术变革的浪潮？这些尚未被充分解决的问题构成了现有国际金融体系的不足和缺陷，也给全球金融治理带来了新的挑战。有鉴于此，各国有必要推动国际金融体系的改革，搭建新的国际金融秩序以提高国际金融体系的运行效率。

尽管传统金融学领域已有学科对国际金融体系的运行规律展开了一

---

① "黑天鹅"事件指非常难以预测，且不寻常的事件，通常会引起负面的市场连锁反应甚至颠覆。

系列研究，但传统金融学的研究范式并不能完全适应当前的国际金融环境，也不能给当前的国际金融体系改革提供充分可行的建议。以国际金融学为例，国际金融学是金融学研究领域的一个重要的分支，它从货币金融角度研究开放经济下的内外均衡。国际金融学本质上是开放经济的货币宏观经济学，其研究对象是不同货币之间的静态和动态关系、从货币角度出发的国内宏观经济与国际经济的相互关系，以及从货币角度出发的世界经济及相关问题，重点在于从货币角度出发，以达到国家金融内外均衡的同时实现。然而，从当前的国际环境来看，单纯从货币视角来解读国家行为是不充分的，货币视角难以解释现阶段个别国家的单边贸易保护主义、逆全球化情绪，人们亟须从其他具有实践意义的角度解释国家行为，亟须其他理论去探寻实现国家内外均衡的条件与方法。与国际金融学专注于货币视角下的研究不同，国家金融学不仅从货币角度看待国家间的金融交往，还从金融顶层布局、金融发展措施、金融风险防范等角度给出了内外均衡实现的相关路径。国家金融学研究的是现代金融体系下国家金融行为的属性问题。现代金融体系由金融市场要素体系、金融市场组织体系、金融市场法制体系、金融市场监管体系、金融市场环境体系和金融市场基础设施这六大方面构成，为此，国家金融学认为，国际金融体系也应该在这六大方面构建、提升与完善。

本书将对国家金融学的研究对象和研究内容做简要梳理和分析，而后从国家金融学的视角梳理国际金融体系的过去、现在和未来。考虑到国际金融体系的改革方向以及一国如何参与、推进国际金融体系改革是国家金融学重点关注的问题，本书将提出国家金融学视角下的国际金融体系改革方案。国家金融学观点明确地指出，国际金融体系的改革创新应该从国际金融理念、国际金融制度、国际金融组织和国际金融技术四个方面逐步推进。

国际金融体系的改革创新，首先要创新的便是国际金融理念，也就是要明晰和把握好现代国际金融体系的目标和构建思路。与一个国家的金融体系一样，国际金融体系也有两个主要目标：一是有效监管各国金融风险和控制全球系统性风险，维护国际金融市场的稳定；二是有效服务于全球的实体经济，推动全球经济发展。现有国际金融体系的缺陷和国际经济金融环境的变化都需要国际金融体系进行改革和创新，即构建现代化的国际金融体系，以实现国际金融体系的两个目标。推进国际金融理念创新，至少包括对三大理念的重新强调：一是要坚持金融服务实体经济的本质要求，金融如果脱离了实体经济，就真正成了无源之水、无本之木；二是要按照现代金融体系的六大方面来构建和完善国际金融体系，即国际金融市场要素体系、国际金融市场组织体系、国际金融市场法制体系、国际金融市场监管体系、国际金融市场环境体系和国际金融市场基础设施；三是世界各国在经济金融领域应该加强协调合作。

国际金融制度是一系列有关金融活动的制度安排，各国之间的金融活动都要受其约束，其主要目的是协调各个国家之间的经济与金融活动和维持国际金融秩序的稳定。国际金融制度包括国际货币汇率制度、国际金融监管制度、国际金融标准等。其中，国际货币汇率制度是国际货币关系的集中反映，能够促进国际贸易和国际投资活动的顺利进行。国际金融监管制度是对各国的金融监管活动进行约束和协调的制度安排，能够控制系统性的金融风险，维护国际金融市场的稳定。国际金融标准是在金融法律、金融资产评级、金融信息披露等方面制定的统一标准，能够降低国际金融活动的成本，促进国际金融的进一步发展。国际金融制度创新也应该从上述三种制度着手进行。

国际金融组织由在国际金融市场上活动的各类金融机构和金融市场管理组织构成。国际金融机构更多地被称为业务机构或业务协调机构。本书详述了一些国际金融机构，包括国际货币基金组织、世界银行、国际清算银行，以及一些区域性国际金融机构如亚洲基础设施投资银行和金砖国家新开发银行等。目前，国际金融市场管理组织分为两类：一类是对成员国没有法律约束力的国际监管组织，另一类是以国际法或区域法为基础，对成员国有法律约束力的国际监管组织。考虑到单边化国际金融机构难以满足新兴发展经济体的金融需求，以及部分国际金融监管机构的法律约束力不足，因此，我们有必要推进国际金融组织创新。未来的国际金融组织应促进国际多边金融机构的崛起，加强国际金融监管组织的法律约束力，提高国际金融稳定理事会的运行效能等。

国际金融技术创新是指针对国际金融基础设施（包括软件设施和硬件设施在内）的创新。在以信息技术为主导的第四次工业革命的驱动下，区块链等数字技术和国际金融基础设施的融合应用已经成为未来国际金融基础设施建设的必然趋势。如何抓住数字技术的机遇，实现数字革命与国际金融基础设施的有机融合，是未来国际金融技术创新的重要方向。

本书认为，伴随着国际金融环境的飞速变化，国际金融体系应优化调整以适应最新的国际金融需求，为此，我们必须不断地研究与探索，结合具体的现实问题分析国际金融体系的发展趋势，探寻相应的发展策略，以此推进国际金融的良好发展。

第一章 国家金融学与国际金融学

国家金融学在金融领域中是一门新创设的金融学科。与一般的传统金融学不同，国家金融学从国家的角度出发，目的是解决在国家金融发展过程中最迫切的问题。在世界金融格局中，各国金融逐渐崛起；全球人工智能与区块链技术在金融领域逐步应用；系统性金融风险与区域性金融风险增加；金融全球化下，金融竞争加剧。在这样的情形下，传统金融学中的国家事务相关研究内容已无法支持国家金融的发展，因此，世界各国应更多地关注国家金融学的现在和未来。

第一节 国家金融学及其研究对象

一、国家金融学的研究对象

（一）国家金融学的研究对象是什么

国家金融学以现代金融体系条件下世界各国的国家金融行为属性为研究对象，以探讨一国金融发展中最核心而又最紧迫的问题为导向，研究政策，提出措施，促进一国金融健康稳定，推动一国经济繁荣发展。那么，为什么要研究国家金融行为呢？

在国家危机中，国家金融行为可以挽救国家于危难之中。罗斯福新政（The New Deal）在大萧条时期开创了国家干预经济的新模式，振兴了美国经济。1929 年，疯狂投机活动在美国引发了金融危机，同时也产生了迅速的连锁效应，银行无法继续经营、大量的工厂倒闭、工人集体失业，最终导致美国进入经济大萧条的状态。就在美国处于危难关头的时候，罗斯福（Franklin Delano Roosevelt）就任总统并针对美国现状实行了"百日新政"。新政实施期间，罗斯福总统从整顿金融业入手，制定的金融业的相关法律占 15 项重要立法的 1/3。为恢复金融支柱银行业的信用，1933 年 3 月 9 日，美国国会通过了《紧急银行法》，对银行业进行整顿，出台了许可证制度，对开展银行业务的机构采取个别审查的方式，同时也鼓励有偿付能力的银行尽快恢复经营，使得金融系统有序运行。在对银行进行整改的同时，为提高美国对外的经济地位，罗斯福新政还实行了一系列金融改革的政策措施：从 1933 年 3 月 10 日起，停止黄金的出口；同年 4 月，新政宣布禁止黄金和黄金各类证券私人储存，禁止黄金出口外流，停止美元与黄金互换，放弃一直坚持的金本位制；1934 年年初，为加强美国本土商品对外的竞争能力，新政还采取调节汇率的相关措施，包括发行 30 亿美元纸币，并且以国家有价证券作为担保，最终使得美元贬值近 40%，从而提升了美国商品的相对竞争力，达到稳定美国总体经济形势、促进经济循环的重要作用。罗斯福"国家干预经济"新政的实施使得美国国家对整体经济的宏观控制和管理得到加强，也使得美国从大萧条的困境中走出来，逐步地恢复经济实力，还曾造成第二次世界大战后美国经济长期上升的总趋势。

在国家走向强盛的过程中，国家金融行为可以推动国家经济实力的提升。以马歇尔计划［The Marshall Plan，官方又名"欧洲复兴计划"（European Recovery Program）］推动美元国际化为例。在"二战"后，美国为掌控西欧经济政治格局，计划对在战火中受重创的西欧各国进行经济援助以及重建协助。美国主要采取了直接的美元援助、技术援助、担保等援助的形式。其中，占据较大比重的是直接的美元援助。在计划实施的初期，大量美元被用来购买食物、动物饲料等基础生活商品物资。在援助后期，美元的使用集中于具体的重建工程或者项目，例如，购买生产设备、建设基础交通设施、生产开发能源电力和生产钢铁等。美元资助资金的运用主要是采用对等基金的方式，也就是说，来自美国马歇尔计划的美元援助需要转化为当地货币。因此，为了配合该计划在欧洲的实施，西欧各国于 1948 年 6 月成立欧洲经济合作组织（Organization for European Economic Cooperation，OEEC），负责与美国经济合作管理局进行经济援助与协助重建的协调。1950 年，欧洲成立了欧洲支付联盟（European Payments Union，EPU），其目的是消除欧洲各国货币之间不可互相兑换的障碍或者数量限制。为了平衡欧洲国家之间的财政赤字，EPU 还可以调节国家信贷额度的配额，为进口大于出口的国家提供信贷额度以弥补赤字。马歇尔计划不仅起到了促进欧洲与美国之间的自由贸易的作用,还使得美元滞留欧洲并形成"欧洲美元",扩大了美元的影响力,进一步确定了欧洲各国本币对美元的准确汇率,从而促进了固定汇率下"黄金-美元-外国货币"双挂钩的美元本位制的形成。

国家金融行为主要是指在国际经济竞争中,为提高国家经济实力及地位,国家层面所进行的金融顶层布局,如提升国家金融思想、实行国家金融战略以及国家金融政策、完善国家金融体系等。即使是奉行自由主义经济的美国,也会在国际经济的竞争中采取国家金融行为,由此可见,发达国家能在激烈的国际竞争中拔得头筹,一部分原因是较早地开始国家金融的顶层布局。而在经济全球化的时代,发展中国家的经济活动往往由国内内循环与国际外循环组成,由一般服务贸易转型高端服务贸易,由发展经常项目到发展资本项目,这些均成为国家层面应当关注的问题。市场在配置资源方面发挥着基础作用,但是在保护国家根本的、整体的、长远的利益方面并不能时刻有效地发挥其功能。这也更进一步说明了国家实行国家金融行为、进行金融顶层设计的必要性。

(二) 现代金融体系的结构与内容

国家金融学以现代金融体系条件下的国家金融行为属性为研究对象,从现代金融体系结构中的金融市场要素体系、金融市场组织体系、金融市场法制体系、金融市场监管体系、金融市场环境体系和金融市场基础设施这六大方面去探讨世界各国的国家金融行为,维护国家金融秩序,提升国家金融竞争力。

现代金融体系强调功能结构的系统性,并在其中探讨国家金融行为对一国经济金融稳定和健康发展的影响。其至少包括六个方面的内容:其一,金融市场要素体系。它既由各类市场(包括货币市场、资本市场、保险市场、外汇市场和衍生性金融工具市场等)构成,又由各类市场的最基本元素,即价格、供求和竞争等构成。其二,金融市场组织体系。它由金融市场要素与金融市场活动的主体或管理机构构成,包括各种类型的市场主体、各类市场中介机构以及市场管理组织。其三,金融市场法制体系。金融市场具有产权经济、契约经济和规范经济的特点,因此,规范市场价值导向、交易行为、契约行为和产权行为等的法律法规的整体就构成了金融市场法制体系。它包括金融市场相关的立法、执法、司法和法制教育等。其四，金融市场监管体系。它是建立在金融市场法律体系基础上的、符合金融市场需要的政策执行体系，包括对金融机构、业务、市场、政策法规执行等的监管。其五，金融市场环境体系。它主要包括实体经济基础、企业治理结构和社会信用体系三大方面。对这一体系而言，重要的是建立健全金融市场信用体系，以法律制度规范约束金融信托关系、信用工具、信用中介和其他相关信用要素，以及以完善金融市场信用保障机制为起点建立金融信用治理机制。其六，金融市场基础设施。它是包含各类软、硬件的完整的金融市场设施系统。其中，金融市场服务网络、配套设备及技术、各类市场支付清算体系、科技信息系统等，都是成熟的金融市场必备的基础设施。

（三）政府与市场在现代金融体系中的作用

现代金融体系六个方面发挥的作用各不相同，其中，金融市场要素与金融市场组织是体系中的基本元素，它们的行为导向更多地体现为市场的活动、市场的要求、市场的规则和市场的效率；而现代金融体系结构中的金融市场法制、金融市场监管、金融市场环境和金融市场基础设施，是体系中的配置元素，它们的行为导向更多地体现为对市场的调节、对市场的监管、对市场的约束和对市场原则的规范。世界各国国家金融行为导向表现在现代金融体系中，应该是市场决定金融资源配置，同时更好地发挥政府作用。只有这样，现代金融体系六个方面作用的发挥才是健全的和完整的。

现代金融体系六个方面功能的形成，是一个渐进的历史过程。以中国为例，1949年中华人民共和国成立后，在金融业，国家对官僚主义资本银行采取的是没收的处理方式，同时禁止黄金、白银的流通以及证券交易，并实施十分严格的外汇管制，金融市场体系的功能尚未完善。在中央集权制的计划管理的模式下，金融组织只有一个国家银行，国家银行及其分支机构负责全国范围内几乎所有的金融业务。1978年改革开放以后，中国的金融组织结构得到了丰富，从中国央行中分拆出中国银行、农业银行、工商银行、建设银行四大专业银行，双层银行体系使得金融监管体系也得到了进一步完善。20世纪90年代后，招商银行、中信银行以及华夏银行等金融机构的出现，提升了中国金融体系的活跃度。1990年11月26日正式成立的上海证券交易所和1991年7月3日正式开业的深圳证券交易所揭开了中国资本市场发展的序幕，中国的金融体系在中华人民共和国成立以来逐步走向完整，走向现代化。

现代金融体系的六个方面的功能是统一的、有序的。金融体系各部分并不是独立存在的，金融组织包括监管组织，金融市场发挥作用需要基础建设的支持，并且金融市场与金融组织的发展又与法制环境及金融环境息息相关。因此，现代金融体系的六个方面的功能是互相协调、相互统一的。在金融体系的运作过程中，有序性是关键。一个稳定的、有序运行的金融体系才能真正发挥效能，极具竞争力，在复杂的内外环境中应对各种表面或潜在的威胁，管控金融风险，保障金融安全，从而对国家的经济运行产生正向促进作用。如果金融体系出现紊乱，融资活动难以正常进行，投资活动紧接着也会受到极大的负面影响，最终会扰乱国家的实体经济秩序。更严重的是，金融体系的无序会导致投资者的不良预期，而不良预期的出现和蔓延容易引发公众恐慌与集体的破坏性行动，这对经济活动的冲击是十分巨大的。因此，金融体系的有序对于国家整体经济环境的稳定是至关重要的。

但是，由于世界各国认识上的不完整、政策措施的不及时以及金融全球化的冲击等，现代金融体系的六个方面功能的有效发挥是脆弱的。1997年，亚洲金融风暴席卷泰国。在经济全球化的时代，这场风暴在不久以后波及亚洲的其他国家，如马来西亚、新加坡、日本、韩国和中国等地。金融危机使得处于风暴中央的泰国、印度尼西亚、韩国等国的货币大幅度贬值，也对亚洲大部分国家的证券业产生冲击，使得股市出现暴跌的情况。危机打破了亚洲经济在当时高速发展的境况，造成亚洲范围内很多大型外贸企业的倒闭，进而导致大量工人失业，经济进入萧条的困境。

（四）国家金融行为需要着手解决的问题

在现有的国际金融体系中，处于领先地位的国家总是力图保持强势有为，处于附属前行的国家总是希望弯道超车以后来居上。世界各国就是国际金融体系演进中的马拉松参赛者。对大多数发展中国家而言，在这场世界级的金融体系演进的马拉松赛跑中，一国国家金融行为的取向表现在现代金融体系的逐渐完善进程中。以下需要着手解决的问题，也厘清了世界大多数发展中国家金融行为的目标和方向。

第一是金融顶层布局的政策问题。在金融理念上，国家金融应结合本国的实际，给予一个方向性的选择和定位，并构建包括六个方面的现代金融体系框架。在金融举措上,国家金融应当根据国家产业政策、财政政策等,在权衡短期利弊和长期利弊后推行合适的货币政策。在组织机构上,国家层面应当构建一个管理国家金融事务的机构,对国家金融体系进行协调管理、引导发展。

第二是金融监管协调的措施问题。在金融监管方面,国家应充分认识单一监管与多元监管的优势与劣势,构建国家顶层的金融监管协调、处置、决策机制,加强金融监管政策相互协调、相互补充、共同作用,增加系统重要性机构监管,同时寻求国际金融监管合作。

第三是金融层级发展的规则问题。在纵向层面发展监管中,国家与地方权责不明会导致"金融自由化"与"金融压抑"这两类问题,前者会导致国家金融不稳定,后者又会产生地方经济金融不活跃的问题。因此,要结合国家发展的实际情况,有效界定国家与地方之间的金融权责。

第四是金融离岸与在岸对接的模式问题。在横向发展监管中,离岸与在岸市场互联互通的政策举措、法律法规特别重要,同时要设置人民币离岸业务在岸交易结算中心,这是中国现阶段发展人民币离岸金融市场、推进人民币国际化的必然要求。

第五是金融弯道超车的路径问题。国家金融弯道超车需要有要素和能力。要素是大宗商品交易以及能源交易。能力是指能够看清时刻变化的国际形势,抓住转瞬即逝的时机。

第六是金融科技创新的趋势问题。在目前的国际货币体系中,美元仍处于霸主地位。这样的体系是否会动摇还取决于未来其他货币的相对地位以及相对实力。随着全世界科学技术的不断发展,全球标准的新型数字货币是有可能取代主权货币,并且成为超主权货币的。因此,面对互联网金融的发展,我国应一方面加快建立互联网金融法规、监管体系,另一方面抓紧推动人工智能与区块链的融合发展,创造法定数字货币。

第七是金融化解危机的方式问题。国家层面应当深刻认识到金融存在脆弱性,深入了解金融脆弱性与金融自由化之间相互制约的关系,也应当警惕金融风险与金融危机对国家金融经济与国家经济甚至世界金融经济造成的巨大危害,把金融发展建立在金融稳定的磐石上。

第八是金融国际参与的方案问题。在国际金融结构体系方面,国际金融机构在世界经济和区域经济发展中发挥着一定的积极作用,但发展中国家的声音易被忽视,应呼吁完善国际金融机构体系。在国际金融基础设施方面，金融基础设施作为承载金融活动的硬件设施和制度安排，包括支付清算体系、公司治理、信用准则、法律环境等，其健全与完善对国家的金融经济发展、技术进步都有着极大的促进作用。在国际金融监管协调与国际金融体系构建方面，金融国际化日渐深入，这也给国际层面的金融监管带来了巨大的挑战。国际金融发展与国际金融风险并存，加强国际金融监管协调是势在必行的。

二、现代金融体系

现代金融体系是现代经济正常运转的核心，健全的金融体系能够促进一国经济的发展。国家金融学着眼于现代金融体系功能结构的系统性，并探索国家金融行为对一国经济金融稳定和健康发展的影响。健全的现代金融体系包括：第一，金融市场要素体系。金融市场要素体系包括货币市场、资本市场和外汇市场，各市场的健全、有序发展对于一国金融市场体系发挥有效作用是十分重要的。从现实来看，不同国家的金融市场要素占比差异较大，存在资本市场主导和银行主导两种不同的金融市场体系。第二，金融市场组织体系。任何金融活动的存在都是源自各类金融机构的交互活动，现代金融体系中必须存在管理机构、商业机构、政策性机构等金融机构，不同的金融机构在体系中扮演不一样的角色。第三，金融市场法制体系。这是各种与金融相关的安排、协议、法律、法规等构成的集合，现代金融市场法制体系是随着金融的发展不断完善的，各项制度在不同的阶段发挥不同的作用。第四，金融市场监管体系。随着金融体系的不断发展，金融机构分类界限不清、金融产品与服务类别增多、金融环境日益复杂，这些都对金融监管体系提出了较高要求。金融监管体系只有与国家金融发展历程和具体国情相匹配，才能有效保障金融体系的有序运行。第五，金融市场环境体系。它包括内部环境和外部环境，有实体经济基础、企业治理结构、社会信用体系等，这是金融体系发挥作用的条件。第六，金融市场基础设施。基础设施分为硬件部分与软件部分，两者的共同作用是金融体系运行的基石，一国既要发展建设硬件设施，也要大力完善软件设施。

（一）金融市场要素体系

金融市场是资金供求双方运用各种金融工具、通过各种途径实现货币借贷和资金融通的交易活动总称，主要包括货币市场和资本市场。货币市场主要包括金融同业拆借市场、回购协议市场、商业票据市场、银行承兑汇票市场、短期政府债券市场、大面额可转让存单市场等。资本市场主要包括中长期信贷市场和证券市场，其中，证券市场是通过证券的发行与交易进行融资的市场，包括债券市场、股票市场、基金市场、期货市场等。不论何种市场，风险的流动和分散、经济增长的财富分享机制都是金融市场具有深厚生命力和强大竞争力的原动力。此外，外汇市场的健全、稳定、有序发展将在一国金融市场体系中发挥越来越重要的作用。

根据金融市场要素占比的差异，现代金融市场体系分为银行主导型和资本市场主导型。银行主导型金融体系是以银行间接融资为主要方式进行资金配置，并且以银行为构建基础的金融体系，典型国家是德国、日本和法国等。在该金融体系中，银行业更为发达，银行在金融活动如货币借贷、资金融通、公司治理外部监督、风险管理等方面起到主要的作用，企业的外部融资需求主要通过银行间接融资来满足。资本市场主导型金融体系是指以资本市场为核心和建设基础的金融体系，典型国家是美国。在该金融体系中，直接融资市场较为发达，承担了大部分的融资、公司治理以及控制风险的功能，企业的长期性融资以直接融资为主。

关于资本市场主导型和银行主导型金融体系谁更具有优势这一问题，许多学者都有着不同的见解。支持银行主导型金融体系具有比较优势的研究认为，银行等金融中介机构在风险分担、稳定性、减少代理成本等方面具有优越性，从而对于促进资源的有效配置和经济增长有着积极作用。Diamond（1984）指出，在资本市场主导型金融体系中，企业需要从多个投资者那里融资，由于信息不对称的存在，投资者需要分别监督企业行为。但是，在银行主导型金融体系中，银行可以履行揽储的职责，企业可以通过银行直接获得资金，因此，银行主导型金融体系可以减少多个投资者对企业的重复监督行为，由金融中介即银行统一对企业的经营、偿还行为进行监督，减少监督成本。此外，在信贷过程中，银行在获得信贷信息方面有着优势，同时在贷款发放以及未来合同执行等方面，银行可以形成规模效益，并且通过分散投资降低投资者与企业之间的代理成本。Allen 和 Gale（1999）对不同国家的金融体系进行比较后发现，在一些国家，如德国，银行占据融资主导地位，而在其他国家，如美国，市场扮演着重要的角色。对于不同国家具有不同金融结构这样一种情况，他们认为德国形成了银行主导型的金融体系一种可能的解释是限制性规定会阻碍市场的发展，并且市场的发展需要一定的固定成本。同时，其研究了不同金融体系的功能优势与劣势。研究表明，资本市场主导型的金融体系有不稳定的倾向，而银行主导型的金融体系提供了风险分担机制，如果没有面临金融市场的激烈竞争，银行主导型相比起资本市场主导型的金融体系有更大的能力跨期平滑其资产收益，具有稳定性。

与之相对的，支持资本市场主导型金融体系的研究认为，资本市场主导型金融体系在促进技术创新、促进市场竞争发展、促进经济长期性增长、分散金融风险等方面表现更佳。Rajian（1992）研究表明，在银行主导型金融体系中，银行等中介机构会利用自身的信息优势来获取预期收益，从而使得企业利润减少，因此，有可能导致企业缺乏从事长期性的、有创新性的风险投资的意愿。此外，银行由于监管要求等，在资源配置中会倾向于低风险的项目，但是技术创新型项目一般都是高风险的，长此以往，银行主导型金融体系会阻碍技术的进步和经济的长期增长。Weinstein 和 Yafeh（1998）对日本金融机构与企业进行研究，他们认为，银行主导型的金融体系会导致银行将资源从制造业转移到金融部门，并且采用规避风险的、保守的投资战略。在缺乏可竞争的资本市场的情况下，与行业有密切联系的大型银行会夺取企业利润并且限制企业投资，因此，可能会对经济增长产生抑制作用。吴晓求等（2006）对不同金融体系之间的差异进行了比较研究并指出，资本市场主导型金融体系在保持流动性，以优化资源在经济活动中的配置方面有着优势。相比起银行主导型金融体系，以资本市场为核心的体系能够更有效地将经济运行过程中累积的金融风险分散，同时，还能够使居民以及市场投资者获得享受经济增长财富效应的有效途径。

此外，La Porta、Lopez-de-Silanes、Shleifer 和 Vishny（1997，1998）却认为，对资本市场主导型与银行主导型两种金融体系的争论是不必要的。他们提出了金融的"法律观"，认为不同国家不同的金融结构特征与投资者法律保护有关。在投资者的权利能够得到较好保护的国家，资本市场就会较为发达，逐步形成资本市场主导型金融体系；相对地，在对投资者保护较差的国家中，资本市场无法得到较好的发展，最终形成银行主导型金融体系。同时，良好的法律环境能够使金融中介与资本市场的功能较好地得到发挥，而金融体系整体效能的提升对于经济发展来说更为重要。

龚强、张一林、林毅夫（2014）认为，银行和资本市场在不同经济发展阶段对产业发展具有不同作用。研究发现，资本市场融资对产业风险较不敏感，但对于市场环境变化有着较高的敏感度，而银行融资与之相反。因此，在产业结构变化中，随着产业风险的提高，资本市场融资逐渐变为更有利的选择，但是在市场环境恶化中，银行融资则更为有利。随着经济的不断发展，金融结构需要不断适应产业结构变化，当产业趋于成熟时，银行主导更为有效；在技术前沿产业，由于创新的特性，市场风险往往较高，此时，资本市场主导能够提供更为有效的支持。

一个国家选择何种金融市场体系，或其金融市场体系的内在结构演变，与其历史发展路径、产业经济基础和实际国情不可分割，其评判标准是能否在特定时空条件下实现效率（信息披露、公司治理、透明度）和稳定性（存款保险、风险管理、破产机制）的平衡。金融市场体系的形成是一个内生的过程，它是在特定的历史条件，配合特定的激励结构与组织、资源禀赋与能力的约束下形成的。金融市场体系的各个主体间通过追求自身效用的最大化以及能力建设成本的最小化，不断进行博弈互动，产生了特定时期的金融市场体系。所以，现代金融市场要素体系无论是资本市场主导型还是银行主导型，没有绝对的孰优孰劣之分，只关乎是否适合其所处经济环境的时代背景、禀赋能力等。同样，适合某一经济体的金融市场体系也不是一成不变的，如果经济体的产业结构或者风险水平发生了变化，相对应的金融市场体系也要随之进行转型。

（二）金融市场组织体系

金融市场组织是整个现代金融体系的"细胞"，其包括管理组织、政策性组织、商业组织等。管理组织是一个国家或地区具有金融管理、监督职能，代表国家行使金融监管权力的机构。中国的管理组织包括中国人民银行、中国银行保险监督管理委员会（简称"银保监会"）、证券监督管理委员会（简称"证监会"）等金融监管组织，监督和管理所有银行、证券公司和保险公司等金融企业，起到完善我国系统重要性金融机构监管框架，防范系统性风险，有效维护金融体系稳健运行的重要作用（如图 1-1 所示）。美国的管理组织与中国不同，其管理组织类型更多，对金融业的监管分工更细致。在银行业的监管上，美国设立货币监理署（Office of Comptroller of Currency，OCC）管理国家银行以及美国储蓄协会，同时，设立美联储来负责联邦储蓄体系内的州级银行和外资银行的美国办事处的监管。此外，还建立了联邦存款保险公司（Federal Deposit Insurance Corporation，FDIC），该机构通过保险实施对参保银行的监管。在证券业的监管上，证券交易委员会（United States Securities and Exchange Commission，SEC）起到最主要的作用，其主要是对证券交易所、证券经纪人和交易商、投资顾问与共同基金等证券市场的参与者的信息披露和交易过程进行监管。美国金融业监管局（The Financial Industry Regulatory Authority，FINRA）受SEC的监管，其主要负责管理从事证券行业的个人或者公司的从业执照。在保险业的管理上，美国是由州保险监管部门对从事保险业务的公司的运营等进行监管。

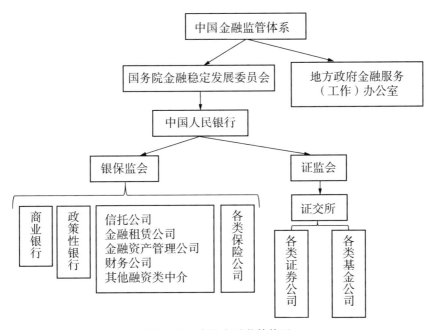

图 1-1 中国金融监管体系

政策性组织是指由政府投资创办、按照政府意图与计划从事金融活动的机构。中国的政策性组织包括政策性银行等。政策性组织的作用体现为配合政府特定的社会经济政策和意图，在法律限定的业务领域内，直接或间接地从事某种特殊政策性融资活动，从而充当政府发展经济、促进社会发展稳定、进行宏观经济调节的管理工具。例如，在中国，中国国家开发银行主要服务于影响国民经济发展的能源、交通等支柱行业，在西部大开发以及东北工业振兴中做出了卓越贡献；中国进出口银行则主要为机电产品与高科技产品出口、境外投资和承包工程等提供服务；中国农业发展银行专注于粮、棉、油等农产品收购、调销、储备等政策性农村农业的支持金融业务。

商业组织是指以经营工商业存放款、证券交易与发行、资金管理等一种或多种业务，以利润为其主要经营目标的金融机构（如图1-2所示）。中国归属国家监管的商业性金融组织主要为全国性商业银行、证券公司、基金公司、保险公司等传统金融机构。在国家产业政策的指导下，商业组织运用市场法则，引导资源合理配置和货币资金合理流动。

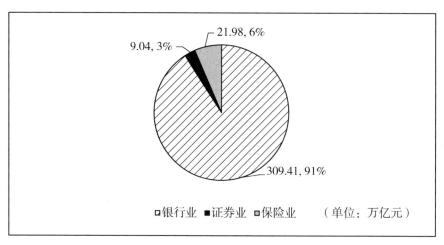

图1-2 中国截至2020年第二季度末各金融业机构总资产

[数据来源：中国人民银行官网（http://www.pbc.gov.cn/goutong jiaoliu）。]

但是，具有庞大规模、海量资金的传统金融机构往往无法满足具有差异化金融需求的金融消费者，因而对传统金融机构进行补充的地方性金融机构和新型组织业态应运而生，如小额贷款公司（如图1-3所示）、融资性担保公司、P2P融资平台（peer-to-peer lending）等，这些地方性金融机构和新型组织更像是"毛细血管"，能够更好地深入传统金融机构无法满足的"三农"、中小微企业、私营企业等领域。对于"三农"领域来说，农业受气候条件以及其他季节性、周期性因素影响较大，收入不确定性大；农民由于手中资金不足，抗风险能力差，难以提供传统金融机构要求的合格的担保物，因此难以获得融资。同样地，中小微企业也缺乏足够的固定资产抵押和担保。中小微企业生产—销售—再生产过程周期短、资金回流速度快。但中小微企业自身的特点决定了其对资金回笼依赖性较强，抗风险能力较弱，缺乏应对资金流动的应急能力。一旦遇到产品销售不畅、资金周转不灵等情况，企业生产能力就会减弱，甚至有倒闭的风险。然而，针对这些情况，传统的大银行无法充分满足中小微企业的融资需求。而对于各个地方性的金融机构和新型组织来说，它们相比大银行不具有能力优势和市场优势，为了存活下来，达成盈利目标，会选择实行差异化战略，针对"三农"、中小微企业提供融资服务。由于这些地方性的金融机构与当地的中小微企业和"三农"主体联系较为紧密，因而掌握了大量的行业及公司信息，信息不对称程度低，相应的逆向选择问题和道德风险问题也可以在一定程度上得到解决。因此，对于我们的经济体系来说，这些"毛细血管"同样扮演着不可忽视的角色。健全的金融组织体系应当从满足多样化的金融需求入手，完善各类不同功能的金融组织业态，为金融消费者提供更多创新型产品和服务。

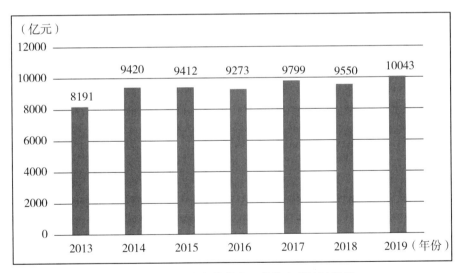

图1-3　中国小额贷款公司贷款余额统计数据

[数据来源：中国人民银行官网（http://www.pbc.gov.cn/goutong jiaoliu）。]

(三) 金融市场法制体系

金融是市场经济的核心，金融体系的有序运行必须始终以法制为基石。不断完善现代金融市场法制体系，包括金融立法、金融执法、金融司法、金融法制教育等多个方面，特别是推进依法监管，确保金融市场的公正与效率。广义的金融法制，还涵盖金融市场和金融活动的通行规则、惯例、秩序等方面。

在国际竞争中，金融是各个国家重要的核心竞争力。金融制度对于金融市场发展的重要性不言而喻，良好的金融制度推动金融发展，进而促进国家的经济发展，最终实现经济与金融的良性循环。金融制度中，金融法制是至关重要的，金融相关法律的完善程度影响一个地区乃至国家金融的稳定发展。健全的金融法律体系也为金融市场交易的安全有序提供了重要的保障。对于各国地方政府来说，探索自贸区等改革创新以及先行先试的各项金融机制，是推进国家金融法制进步的重要助力。

改革开放以来，中国的金融业不断发展，金融市场法制体系也不断完善，逐步形成了以《中华人民共和国中国人民银行法》《中华人民共和国商业银行法》以及《中华人民共和国证券法》等基础金融法律为核心，其他金融法律为补充的金融法律制度框架。中国的金融法制建设可大致分为以下四个阶段。

1978年至1994年是金融法律制度的奠基阶段。中国共产党十一届三中全会提出了经济体制改革，同时也提出要大力建设金融体系以及完善金融相关法律制度。在此期间，国务院先后颁布《国务院关于中国人民银行专门行使中央银行职能的决定》《中华人民共和国银行管理暂行条例》，强化了中国人民银行作为中央银行为宏观经济决策服务的职能。此外，还确定了其对银行等金融机构的监管方向以及监管内容，统筹协调监管机构以及商业机构的运行。随着金融业的不断发展，对证券业以及保险业的监管也逐步完善。政府发布《证券公司管理暂行办法》规范证券公司的金融交易行为，颁布《保险企业管理暂行条例》维护保险交易双方的合法权益，促进保险业健康发展。不仅如此，为了适应经济全球化，配合对外开放业务的展开，国务院还相继制定了《中华人民共和国外汇管理暂行条例》《境外金融机构管理办法》等行政法规。囿于当时的历史状况，这一时期的金融立法具有浓厚的先行性和探索性，在这一时期制定颁布的法规只是初步保障了中国金融体系的发展，既不够深入，又有浓厚的形式化色彩，随着金融市场的发展，也暴露出极大的局限性。在形式上，很多立法缺乏一定的稳定性和相应的权威性，仅表现为暂行办法和暂行条例，缺少金融业相关基本法律。而在范围上，这些条例涉及的领域有限，规章中也经常缺少和惩罚相关的细则，金融执法、金融司法缺乏相关的标准作为依据。

1995年至2002年是中国金融市场法制体系的初步形成阶段。1995年在中国金融法制体系建设中具有标志性意义，全国人大常委会在这一年内相继通过了《中华人民共和国中国人民银行法》（简称《中国人民银行法》）、《中华人民共和国票据法》（简称《票据法》）、《中华人民共和国保险法》（简称《保险法》）、《中华人民共和国担保法》（简称《担保法》）、《中华人民共和国商业银行法》（简称《商业银行法》）等法律。《中国人民银行法》确定了中国人民银行的地位，从法律上明确了中国人民银行中央银行的地位，以及制定货币政策、实行金融监督管理等职责，在法律上建立了宏观金融监管体系，规范了金融行为，维护了金融体系的稳定。而《保险法》规定了保险机构设立和保险经营范围等内容，明确了保险业务对应的权利与义务，调整了保险人与被保险人的关系。《商业银行法》则确定了商业银行作为独立民事主体可以经营的业务范围，以及相应的监督管理办法。《担保法》和《票据法》为规范金融交易行为、保障金融债权的实现提供了法律依据，促进了资金合法、高效地在金融体系中流通。这些法律构成了中国现代金融法律体系的重要基础，具有重要的现实意义。这一时期的金融法制建设体系化已经初步达成，金融领域无法可依的状况大大得到改善，金融监管活动和执法活动日益成熟，形成了分业经营、分业监管的监管体制。与此同时，金融领域也暴露了一些不足之处，过分要求金融市场安全和稳定反而导致了管制过度的情况。

2003年至2011年是金融市场法制体系建设的推进阶段。中国加入世界贸易组织（World Trade Organization，WTO）以后，面临更多的发展机遇和挑战，中国金融行业也不断涌现新的变化，亟待更完善的法律来适应行业新的需求。2003年12月，全国人大常委会通过了《中国人民银行法》修正案、《商业银行法》修正案，以及《中华人民共和国银行业监督管理法》（简称《银行业监督管理法》）修正案，这些法律的修正适应当时中国面临的新形势。为此，中国人民银行重新制定和修订了100多部与金融相关的行政规章，中国的金融执法工作得到加强，金融市场状况得到改善。这些法律法规的颁布和执行，进一步为改革开放保驾护航，维护了金融市场的交易秩序，保证市场有序、平稳地运行。在金融监管方面，2002年以后细化了多方面的监管规则，完善了监管体制，为国家加强对银行业的监督管理提供了更切实的法律保障，与此同时还加大了惩罚金融违法违规行为的力度。

2012年至今是中国金融市场法制体系建设的全面推进时期。自党的十八大以来，中国迈向金融法制的新征程，在全面深化改革开放的背景下，依法治国、金融法制的重要性日益凸显，法治金融的建设亦是"法治中国"的重要内容和内在要求。党的十九届四中全会明确提出，要完善现代金融市场法制体系的建设。现代金融市场法制体系应当具有高度的适应性及普惠性，能够有效防范金融风险，维护整个金融体系的稳定运行。在第五次全国金融工作会议上，习近平总书记强调，做好金融工作的重要原则之一，乃为"强化监管，提高防范化解金融风险能力"。中国金融法制未来将以强化金融监管为重点，以防范系统性金融风险为底线，加强宏观审慎管理制度建设，加强功能监管，更加重视行为监管，最终推动金融体制的改革，促进金融服务实体经济的发展。在提高立法水平的方面，中国推进地方金融监督管理条例等重点方面的立法工作，填补尚未有详细规定的新金融领域，以达到高质量立法、高质量保障。同时，贯彻落实中央的改革政策，落实各部门的监管职责，提高金融风险防范体系的建设，保障金融业各方利益，促进金融行业的健康发展。

经济全球化给各国的金融市场法制都带来了机遇及挑战。国家与国家之间的金融和经济联系日益紧密，国际金融活动的内容也逐步丰富，这对国际金融体系提出了更高的要求。经济全球化的核心是金融全球化，这也意味着各国的金融体系稳定会影响到国际金融体系的稳定，金融监管的全球化协调与合作逐渐成为各国的共识。金融市场的国际化要求规则完整有效的金融体系，因此，各国应确立适应本国根本利益的金融法制规范，加强金融法治建设。

(四) 金融市场监管体系

完备的金融市场监管体系是分散金融风险、维护金融稳定的必要条件。其主要包括：对金融机构设立的监管，对金融机构资产负债业务的监管，对金融政策法规执行落实情况的监管，对金融分业的监管，对金融市场的监管（如市场准入、市场融资、市场利率、市场规则）等。金融监管职能依据事权分属于国家和地方。地方政府的主要职能是维护区域金融稳定，守住不发生系统性、区域性金融风险的底线。

综观世界各国金融市场监管体制，可以大致分为三类：一是单一监管体系；二是多元监管体系；三是双峰监管体系。在单一监管体系中，只有一家主要的金融监管机构对金融业中的金融机构、金融业务等实施高度集中的监管。单一监管体系大多数是在当地金融、政治、历史等因素的共同作用中建立起来的，这是对金融市场体系的进一步整合，也是对金融危机中传统金融监管体系暴露的缺陷的改进。这一结构性改革为世界各国所认识并成为讨论焦点是在1997年英国金融服务管理局（Financial Service Authority，FSA）成立之时，FSA作为独立的非政府组织，对英国金融市场实施统一的监管并直接向英国财政部负责。单一监管体系的形成是历史的结果，是很多发展中国家认同的监管模式，其优点有以下两个方面：第一，在制度方面，单一监管体系要求统一的管理制度、统一的报告制度，这对于制度的形成是十分有利的。此外，在单一监管机构掌握管理权的情况下，监管机构对法定的监管目标承担全部责任，在做出监管决策的同时要考虑相关成本以及监管效率等，因此，单一监管制度还具有全面性。监管机构从全局出发，既能够全面审查管辖范围内各金融机构的经营情况以及各项金融业务的合规情况，也能够对整个金融体系的潜在金融风险进行评估、防范，并做出相应的决定。第二，在实施方面，单一监管体系的监管权集中于单一的监管机构，这避免了监管权责不清的情况出现，减少了因监管边界不清导致的监管漏洞或者重叠；同时，监管权的集中减少了各监管机构之间的竞争，避免了过度监管的出现。因此，单一监管体系能够将监管资源进行适当且合理的配置，将权力以及资源等配置到监管风险较大的监管部门，避免监管套利，形成有效的监管规模经济。

尽管单一监管体系有着较多的优点，但是监管权的过度集中也会产生一些问题，主要表现在：第一，监管权的集中与监管结构的复杂可能会导致监管效率低下。在理论上，单一监管体系是由一家主要监管机构对整体金融业进行监管，但是实际上，金融体系中有着不同的金融行业，同一行业中又会有许多不一样的金融机构。即使是单一监管，也会在主要的监管机构下划分多个功能部门来管辖不同的业务或机构。如此一来，就会产生各管理部门之间沟通不畅的问题，监管信息在体系中的传达存在难度，不同部门之间的信息协调以及信息共享存在阻碍。在缺乏竞争机制的情况下，监管的针对性和深入性不足、信息不畅很可能会降低监管效率。第二，单一监管体系缺乏发现监管漏洞的机制。主要监管机构需要从金融体系总体方面发现问题并且进行监管资源的分配，但是单一的机构进行决策不可避免地会忽略局部的风险，如金融体系某方面的风险或者是某类型的金融机构的潜在风险。在决策过程中，主要机构又会根据总体的目标进行监管资源的配置，从而忽视其他潜在需要的行业或者机构，容易导致金融体系的不稳定。

单一监管体系的代表性国家是日本，日本的监管体系也是逐步建立起来的。"二战"后，日本倾力恢复本国经济，在20世纪中叶形成较为健全的金融监管制度。当时金融监管的行政部门是大藏省，其下设银行局和证券局，分别监管银行业和证券业，日本的保险业则由银行局下属的保险部进行管辖，银行、证券、保险三大行业实行严格的分业经营。但是，到了1996年，日本泡沫经济破灭，引发了严重的金融危机，大藏省在其间的多个举措都没有能够起到很好的成效。为建立更加符合金融市场新形势且透明有效的监管体系，日本内阁于同年12月通过行政改革计划，将金融监管权从大藏省剥离。1998年，新《日本银行法》规定了日本银行作为中央银行的职能，弱化了大藏省对日本银行的控制，提升了日本银行的独立性，同时，法律也赋予了日本银行对在其开户和与其有相关交易的金融机构进行审查的权利。在21世纪，日本政府通过一系列金融改革，达到进一步集中金融监管权力、提升金融监管效率的目的。日本金融体系中的中小金融机构的监管权在2000年前归属于地方，但政府将其收归中央，并交由金融监督厅监管。随后，日本政府将金融监督厅和大藏省金融企划局合并，成立了金融厅，并将金融体系规划的工作改为由金融厅负责。2001年年初，金融机构的破产处置由金融再生委员会交由金融厅负责，从此以后，金融厅成为日本现代金融市场监管体系中的最高级别行政部门。金融厅下设总务企划局、检查局和监督局三个职能部门，分别负责制定金融厅的总体规划和金融制度、对地方金融机构进行检查、对地方金融机构进行监督。除此以外，金融厅还下设证券交易监督委员会、注册会计师监察审查会、金融审议会、企业会计审议会等六个专门委员会，分别对不同种类的金融活动进行监管。此后，日本打破了银行业、证券业、保险业的分业监管模式，实现了金融监管的统一。大藏省在此后更名为财务省，仅有存款保险机构的协同监管权力，并且只有在处置金融破产和金融危机等重大事务时，财务省才有实质性权力，与金融厅协理相关事务。

除了单一监管体系，在金融市场监管体系中还有一类多元监管体系，在该体系中，不同的机构主体监管不同金融业务。多元监管体系随着金融的发展而发展，20 世纪金融业的快速发展也受益于多元监管。该体系有着以下优点：第一，各监管机构分工明确。金融业在发展过程中会逐步衍生出各类分支行业，行业下又会产生不同的金融机构，各行业与各机构从事的金融活动都有着或大或小的差别。在多元监管体系中，各监管机构监管范围交叉较小，能够根据不同的行业与不同的机构等有针对性地、差异化地进行监管，有效控制金融风险。第二，监管机构的专业化程度高。多元监管体系更易于提高监管人员的专业监管水平，增加监管深度，对差异化的监管对象发挥专业性职能。第三，有利于减少权力过于集中而导致的监管漏洞。多元监管下，各金融业务的监管程度深入，各监管部门产生竞争，并且防止权力集中现象的出现，提高监管效率。

尽管多元监管体系的优点较为明显，但是根据不同金融业务进行差别监管也存在着与金融运行不适应的地方。这主要体现在：第一，监管边界模糊。在金融全球化与金融竞争的影响下，不同金融机构与金融业务的联系日益紧密，其边界也逐渐模糊。在这样的背景下，多元监管强硬地按照不同金融业务划分监管职责，容易导致一些交叉性业务无人监管或过度监管，最终导致监管效率的降低。第二，监管制度不一致。金融机构按照机构类型分属于不同监管机构监管，对不同类型金融机构之间相同或相似的业务，各监管机构很可能采用的是不同的监管标准，这在很大程度上会导致监管套利等行为。虽然监管机构之间的沟通与合作可以在一定程度上使上述问题有所缓和，但是机构间合作效率的提升很可能会远落后于金融市场的发展创新脚步。第三，监管协调成本较高。各类监管机构之间相互沟通从而全面掌握各项金融业务或整个金融市场信息的成本较高，较难针对整个金融系统的风险制定有效应对预案和采取强制监管措施。

美国是多元监管体系的代表性国家，其金融市场监管体系在金融危机中变革、发展，最终形成多元监管体系。20 世纪 30 年代，美国的经济大萧条直接催生了分业监管以及美国联邦存款保险公司。在 2008 年的次贷危机以前，美国采取"双线多头"的金融监管模式。"双线"意味着联邦政府和州政府都有权力监督金融市场,"多头"意味着每个级别都有几个机构行使监督职能,美国联邦一级的金融监管机构有美国联邦储备系统(The Federal Reserve System)、货币监理署(Office of the Comptroller of the Currency,OCC)、联邦存款保险公司、全国信用社管理局(National Credit Union Administration,NCUA)、美国证券交易委员会和商品期货交易委员会(Commodity Futures Trading Commission,CFTC)。州一级的监管机构包括各州银行业监管机构、证券业监管机构和保险业监管机构。但"双线多头"的模式使金融监管不断混业化,金融产品不断创新,金融监管难以应对金融产品的创新,因此,监管的尺度不断放松。1999年11月4日,美国参、众两院通过了《金融服务现代化法案》,彻底结束了银行、证券、保险分业经营与分业监管的局面,确定混业监管的事实,建立了伞形监管制度,即美联储是金融控股公司的伞形监管者,其他金融机构仍分别保持原有的监管模式,如图1-4所示。

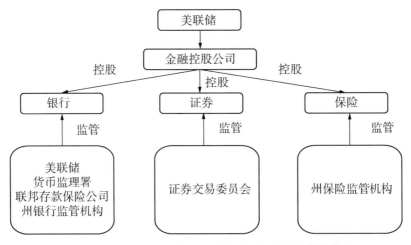

图1-4 2008年金融危机以前的美国金融市场监管体系

经过2008年的次贷危机后,通过总结金融危机,针对次贷危机暴露出的缺乏金融宏观层面审慎监管的问题,美国对本国的金融监管制度开始再度改革,于2010年7月通过《多德-弗兰克华尔街改革和消费者保护法案》,并创立了由九家金融监管机构负责人组成的金融稳定监管理事会,同时,赋予美联储宏观审慎监管职能。于是,美国经历了自20世纪经济大萧条以来最大的金融市场监管体制改革(如图1-5所示)。

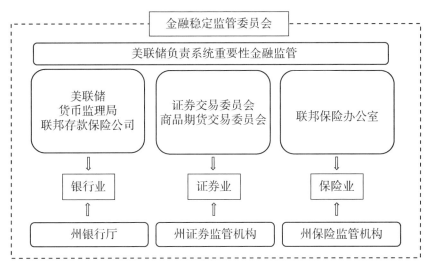

图 1-5 2008 年金融危机以后的美国金融市场监管体系

随着金融监管的不断发展,第三类监管体系即双峰监管体系也逐渐为各国所关注。双峰监管体系把审慎监管与行为监管区分开来:审慎监管是对金融机构防范和控制风险的能力和状况的监督和管理,行为监管是对金融交易行为主体进行的某种限制或规定;前者主要监管银行业与保险业市场,后者主要监管证券业市场。在这种体系下,金融机构既可分业经营、分业监管,又可混业经营、分业监管。双峰监管的优点有以下两方面:第一,兼顾两大监管目标。双峰监管体系下,监管机构有着不同的监管目标,一类监管机构负责整个金融体系的风险防范和维护金融系统安全,另一类机构负责金融市场中交易者的权益保护。两大监管目标都得以兼顾,两者之间的内在矛盾也得以缓和。第二,两类监管机构权责分明、各司其职。审慎监管和行为监管两种职能有效分离,消除监管模糊界限,防止监管套利行为的发生。同时,在两种监管的专业化分工下,两类监管机构可以聘用专业型人才,在审慎监管方面主要选用财务、会计、经济专业领域的人才,而行为监管主要侧重金融行为合规性检查等。两类监管的分离有利于各类监管机构发挥自己的专业性能力。

监管职能的分离有着许多优点,但是也会存在缺陷,而双峰监管体系的缺点在于:第一,监管目标优先性难以抉择。在整个金融体系的运行过程中,两个监管目标即审慎监管与交易者权益保护会发生冲突。在实践中,多数情况下,审慎监管在监管目标中被置于首位,此时,行为监管则无法兼顾。第二,管理成本较高。与多元监管类似,在双峰监管体系下,金融机构需要接受多个监管机构的监管，监管机构之间信息沟通不畅也容易导致监管过程中成本较高，监管效率无法提升。

英国金融市场监管体制在不断发展后，形成了双峰监管体系，如图1-6所示。1997年，英国将金融监管职能从中央银行分离出来，设立金融服务管理局（FSA），对银行机构、保险公司、投资公司以及其他金融服务进行监管，形成英格兰银行、财政部、金融服务管理局三足鼎立的监管格局。但是，2007年，英国北岩银行爆发挤兑事件，对金融体系产生巨大冲击，使得英国政府意识到了宏观审慎监管的缺失以及三方监管的权责不清、危机应对不力的缺点。在此次危机以后，英国通过两轮改革，建立了双峰监管体制。首先，英国出台了《2012年金融服务法案》，在英格兰银行下设立审慎监管局（Prudential Regulation Authority，PRA），主要负责微观审慎监管。与此同时，在财政部和英国议会下设立英国金融行为监管局（Financial Conduct Authority，FCA），主要负责金融市场的行为监管。此外，在英格兰银行下设金融政策委员会（Financial Policy Committee，FPC），负责宏观审慎监管以及PRA和FCA的监管协调。在第二轮改革中，英国为了货币政策与审慎监管的协同以及微观审慎与宏观审慎的联通，进一步出台了《2016年英格兰银行与金融服务法案》，将审慎监管委员会（The Prudential Regulation Committee，PRC）、金融政策委员会（FPC）、货币政策委员会（Monetary Policy Committee，MPC）划入英格兰银行，成为其下设的三大专业委员会。

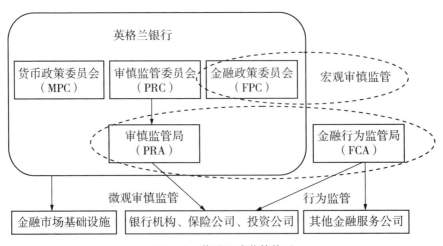

图1-6　英国双峰监管体系

金融市场监管体系在经济、金融发展的过程中经历了不断的发展、变化。中国的金融市场监管体系也处在逐步完善的过程中。1995年，中国进行金融监管体制改革，在法律上确定实施三大金融业（银行、证券以及保险）分业经营、分业监管的模式。1998年，建立了三大行业分业监管的体系框架，即中国人民银行负责监管银行业、中国证券监督管理委员会（简称"证监会"）负责监管证券业、中国保险监督管理委员会（简称"保监会"）负责监管保险业。分业经营与分业监管这种金融体系是与当时的经济与金融状况相适应的。该金融体系在整顿当时中国金融业存在的"三乱"现象中作用突出，并且在1997年的东南亚金融危机中，这种金融体系有效地阻止了金融风险在中国的金融业与经济活动中进一步蔓延。2003年后，修订后的《中国人民银行法》保留了中国人民银行为履行其央行职责所必要的金融监管权力。总体来看，中国的金融监管权力仍集中于政府，由政府设立的金融主管机关和相关机关分别履行金融监管职能，即中国银业监督管理委员会（简称"中国银监会"或"银监会"）、证监会、保监会分别监管银行、证券、保险机构及市场，中国人民银行、审计机关、税务机关等分别履行部分国家职能。随着金融业的不断发展，分业经营、分业监管存在的问题也逐渐暴露出来，如资金使用效率降低、金融创新受到抑制、金融机构业务边界不清等。2017年，中国成立国务院金融稳定发展委员会（简称"金融委"），解决金融监管中的重大统筹协调问题。2018年，全国人大通过了国务院机构改革方案，调整了中央银行的职能，增加了宏观审慎监管以及拟定银行、保险业相关法律法规的权责。此外，该方案还将银监会与保监会合并，成立中国银行保险监督管理委员会（简称"银保监会"），负责金融市场的行为监管，包括交易者保护、金融市场监督等。为防控金融风险，实现金融监管全覆盖，将综合监管和行为监管相结合，这与"双峰监管"的核心要义是基本一致的。此后，中国的金融市场监管体系变更为由金融委、中国人民银行、银保监会、证监会等组成的"一委一行两会"金融监管体系。

（五）金融市场环境体系

金融市场环境体系是现代金融体系得以发挥有效作用的土壤，属于软件部分，包括实体经济基础、现代产权制度、社会信用体系、现代公司法人治理结构等因素。构建良好的金融市场环境体系一般应遵循以下途径。

一是良好的实体经济基础。金融的高速发展如果脱离了实体经济基础，是不符合金融发展的基本规律的，会如同无源之水，导致金融发展的泡沫化，进而引发经济危机。在中国，金融业占比最大的就是银行业，银行作为中国企业主要的融资渠道，其拥有的总资产是证券业以及保险业总计的近十倍。截至2020年8月，中国人民币贷款余额高达166.34万亿元，而直接融资的企业债券仅27.29万亿元，股票融资更是仅7.85万亿元。由此可以看出，中国是银行主导型金融体系，银行业的发展对整个金融体系乃至经济的可持续发展而言是关键一环。反之，银行业以及整个金融体系的健康发展离不开实体经济发展的基础。改革开放以来，中国经济、金融高速发展，银行业也积累了巨额的资产。但是，在这个过程中，经济的过快发展以及经济的转型会使得金融环境恶化，也会使得银行业付出大量的成本，以至增加金融业的风险。

20世纪90年代，中国的经济经历了大幅度的变动，先是经济过热，随即经济紧缩，对银行业以及金融体系产生了一定的负面影响（如图1-7所示）。1992年年初，邓小平同志视察南方并进行谈话。当年年底，党的十四大明确提出建立社会主义市场经济体制。1992年，中国国内生产总值（GDP）增长率达到14.2%，中国经济开始升温。但是到了1993年，中国国内生产总值增长14%，全社会固定资产投资增长率则高达61.78%。这是经济过热的信号。在这一年中，中国许多地方出现"房地

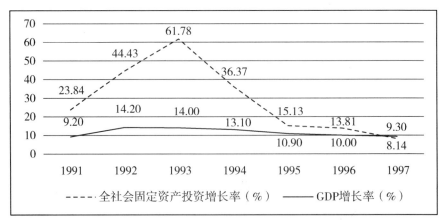

图1-7 全社会固定资产投资增长率对比GDP增长率

[数据来源：国家统计局官网（https://data.stats.gov.cn/）。]

产热"和"经济开发区热",许多信贷资产被用来进行房地产投机和股票投机。从整体经济环境上来看,投资规模增长过快,社会总供给和总需求失衡,经济环境日趋严峻。经济的持续发展需要国家对国民经济进行宏观调控。1993年,政府下发了《中共中央、国务院关于当前经济情况和加强宏观调控的意见》,对经济过热的情况开启了经济的宏观调控。随后两年,宏观调控的范围不断扩大,调控深度也不断增加,中国经济过热的情况得到明显缓解。到1996年,中国国内生产总值增长10%,全社会固定资产投资增长率为13.81%。

1992年至1997年,中国经济波动较大,形势也比较严峻,而这六年也是中国银行业的不良贷款快速增长的时期。起初的经济过热使得房地产以及股市吸引了大量的投资,而投资资金多是来源于银行借贷。在经历了1993年的宏观调控后,经济迅速紧缩,"房地产热"以及"经济开发区热"得到"降温",投资资金无法收回,大量信贷资金被套牢,进而形成银行业的不良贷款。除此以外,经济体制的转变也会导致部分企业的不适应,如一部分国有企业在转变过程中无法适应新的经济环境,出现亏损且亏损不断增加。在中国,国有企业是银行贷款的主要借款人,如果国有企业经营状况不佳,将会直接影响贷款的偿还,无法被偿还的贷款就会累积,成为银行的不良贷款,加剧金融系统的风险。由此可以看出,良好的实体经济基础是金融发展的基本要求,金融发展也是实体经济发展的助推器。与此同时,金融发展情况也反映了经济运行情况。

二是健全的社会信用体系。社会信用体系为金融业的发展构建了良好的外部生态环境,促进了金融业态的不断升级演进。中国金融征信体系主要采集的是金融机构传递的信用信息,主要的服务对象也是金融机构。同时,由于金融征信体系具有准公共征信的特点,其一方面要秉承银行为广大社会公众服务的公共性,保护投资者的利益,保护国家金融安全;另一方面也要考虑到股东的利益以及信用信息的市场需求与价值。金融征信中心是这个体系的核心,是信用信息采集、加工、传播的专业机构,其主要以金融机构为采集对象,获取企业和个人的正面与负面授信信息,用于金融机构的授信信用风险管理,并在金融体系内共享信息,以降低交易风险,促进金融业的健康发展,保障金融安全。

在一些发达国家,社会信用体系已经较为健全,不同的国家有着不一样的建设模式,如政府经营、行业协会管理、企业主体征信等模式。政府经营模式是指由政府部门、政府机构或者是国家管理的金融机构等作为主要的征信中心的信用体系建设模式。这类模式一般是由中央银行、商业银行等共同构建的，并且为金融机构提供各类借贷信息、个人征信、企业征信等。在金融业中，该模式使得各金融机构可以通过征信中心交换借款人的有关信息，进而实现信息资源共享，使金融机构了解贷款申请者的特点，并对其偿付可能性做出预测，做出合理的信贷决策，以降低金融系统中的金融风险。早在1934年，德国就成立了第一个公共信用调查机构，以加强对金融风险的管控。在政府经营模式以外，还有行业协会管理模式。该模式一般以金融业内各机构联合出资创办的信用局作为征信中心，不以营利为目的，依据相关法律和行业相关规定进行运作。信用局要求各成员为其提供各类准确的信息，也只有信用局成员才能获得信息分享。1961年，芬兰信用局成立，其主要成员为芬兰四大银行及其他金融机构，信用局的信息不向政府部门披露，只为其成员服务。除了以上两类模式外，还有一种企业主体征信模式。这种模式是以非政府机构，如个人或者企业等为征信中心的征信体系。由于征信中心是由个人或者企业所控制，该模式的运行一般都遵循市场规律，以营利为目的，经营较为灵活，在提供业务方面也更有创新点。美国便是这种征信模式的代表性国家，其征信体系以企业为主体，提供各类收费征信服务。社会信用体系的建立是金融市场基础设施软件建设的重要部分。信用体系对于金融业的运行是至关重要的，信用体系的建立和完善是金融风险防范重要的一环。

同样地，中国也在逐步加强社会诚信建设。在互联网金融不断发展的时代，信贷诚信在金融体系中越来越重要。为完善中国金融征信体系，注入征信体系市场新活力，2018年3月，在中国人民银行的指导下，芝麻信用、腾讯征信等8家市场征信机构以及中国互联网金融协会共同发起成立中国首家个人征信市场化运营机构——百行征信有限公司。百行征信运用大数据、云计算等金融科技，致力于与国家金融征信系统实现功能互补，专注于互联网金融、小微金融和普惠金融的征信业务。2019年年末，百行征信系统收录个人信息主体超过6500万人，信贷账户1.75亿个，信贷记录18亿条，基本实现了网络借贷人群的全覆盖。

三是完善的公司治理结构。完善的公司治理结构有助于理顺政企关系，更好地实现现代金融体系的市场化发展。中国目前的金融改革被认为进入了攻坚阶段，这种艰巨性主要表现为要在市场化改革的基础上建立起现代公司治理结构和相应的有效内部控制体系。而中国金融机构目前普遍存在缺乏现代公司治理结构和有效内控体系的问题。金融机构作为承担风险和管理风险进而获取风险收益的公司，承担风险和管理风险是金融机构最根本的责任、权力、利益所在。治理结构是金融机构风险管理的原动力所在。董事会应提高决策的效率以及科学性，监事会强化监督职能，同时机构要健全激励约束机制、完善信息披露制度，最终构建内部治理风险控制机制。在一个自上而下的风险管理系统中，只有良好的治理结构才能为金融机构风险管理提供充足的原动力。

（六）金融市场基础设施

金融市场基础设施是现代金融体系发挥有效作用的基础条件，它既包括硬件部分，又包括搭建稳健的支付清算体系、安全的科技信息系统、便捷的金融服务网络，以及配套设备技术等，如网上智能终端、POS 机（Point of Sale Terminal，意为销售点终端）、自动取款机（Automated Teller Machine，ATM）等。

交易所主要指基于信息平台，汇集交易信息或者物品的双方，并为之提供市场或设施的组织、协会或团体。交易所是现代金融体系中提高资源配置效率、增强金融市场活力的重要的金融市场基础设施。为了建设中国的金融市场基础设施，1990 年 11 月 26 日，上海证券交易所正式成立；1991 年 7 月 3 日，深圳证券交易所正式开业。在多层次资本市场体系中，上海证券交易所与深圳证券交易所发挥了极其重要的作用，拓宽了企业直接融资的渠道。此外，还为投资者提供了股票、各类债券、基金等丰富的、可选择的投资产品。到 2019 年年末，在上海证券交易所与深圳证券交易所上市的公司合计 3777 家，上市公司总市值超过 59 万亿元。

1994 年 4 月，为顺应国家外汇体制改革发展趋势，中国成立中国外汇交易中心，其主要负责全国银行间外汇交易、货币市场交易、债券交易以及利率衍生品市场交易的组织以及监管。中国外汇交易中心的成立夯实了中国银行间市场发展的基础，它在支持人民币汇率稳定、服务央行货币政策传导、服务各类金融机构、加强金融监管部门宏观审慎监管等方面发挥了重要的作用。此外，1990 年以来，中国先后成立了各类期货交易所，例如郑州商品交易所，交易品种有小麦、白糖、菜籽油等；上海期货交易所，交易品种有黄金、白银、铜等；大连商品交易所，交易品种有玉米、黄大豆、豆粕等；中国金融期货交易所，交易品种有股指期货、国债期货。期货交易所负责组织安排期货等金融衍生品的上市交易、结算以及交割，维护期货市场的公平、公正、公开和诚实信用。2010年以来，金融资产交易所在全国范围推出设立，其中以北京金融资产交易所、重庆金融资产交易所为代表。金融资产交易所主要为市场提供债券产品、债权融资计划、私募股权、信托产品登记以及交易等服务。2016年6月，上海保险交易所正式揭牌，丰富了中国保险要素市场。交易所为市场提供保险、再保险、保险资产等交易服务。

清算所是指为金融市场金融产品的交易提供清算服务的机构。清算所为金融资产交易的顺利进行提供基础，成为未来金融体系发展重要的金融市场基础设施。2009年11月28日，银行间市场清算所股份有限公司（简称"上海清算所"或"上清所"）在上海正式成立。自成立以来，上清所按照《金融市场基础设施原则》国际标准，建立了高效的中央对手清算服务体系，其业务覆盖各类固定收益产品、利率产品、外汇产品、信用衍生品等。上清所在完善中国场外交易风险管理制度方面起到了极大的作用。经过多年的发展，上清所建立了多边净额清算机制，各产品业务规模不断增加（如图1-8所示）。到2019年，上清所清算量达363万亿元，其中，中央对手清算量为124万亿元，各类清算会员超过90家。

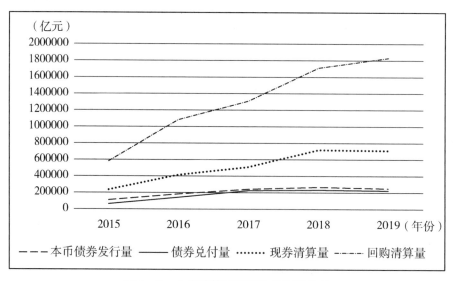

图1-8　上海清算所固定收益产品业务

［数据来源：上海清算所官网（https://www.shclearing.com/sjtj/tjyb/）。］

在经济发达的地区，清算所成为越来越重要的金融市场基础设施。欧洲清算所（European Central Counterparty N. V.，EuroCCP）是国际领先的清算所，其目前每天在欧洲30个证券交易所、多边贸易机构和其他贸易来源中清算500万至800万个贸易方，各类贸易方的交易总价值在30亿至400亿欧元之间。清算所提供的净额结算减少了操作风险，因为它减少了需要结算的交易数量，EuroCCP的净额结算率超过99.5%。清算所净额结算还减少了贸易公司承担的市场风险和流动性成本，因为它降低了需要结算的交易的成本，而EuroCCP消除了约75%的交易成本。

此外，互联网技术的飞速发展，如远程支付、人脸识别开户、移动交易等，极大地提升和扩展了金融功能和手段，推动了金融市场基础设施硬件建设发生革命性的进步。经过多年的发展，中国已形成以中央银行人民币跨境支付系统（Cross-Border Interbank Payment System，CIPS）等支付系统为核心，银行业内部支付系统为基础，票据支付系统、银行卡支付系统、互联网支付等方式为重要组成部分的支付清算体系。2019年，中国银行账户数超过113亿户，是2010年的3.4倍；非现金支付业务金额共计3779万亿元，是2010年的4.2倍；支付系统处理业务金额约6902万亿元，是2010年的3.7倍。

同时，金融市场基础设施又包括软件部分，即与硬件相对应的金融业法律、会计、审计、评估、信用、规则、程序、标准等的设立、确定与实施。它也是金融市场基础设施的重要组成部分，并结合金融市场基础设施的网络化、虚拟化、智能化，成为现代金融体系建设的重要方向。欧美成熟经济体针对金融市场基础设施建立了较完善的法律框架体系。美国在《多德-弗兰克华尔街改革与消费者保护法案》中对包括金融市场基础设施在内的金融体系运行规则和监管架构进行了定位，明晰了监管机构职责。欧盟在2012年发布的《欧洲市场基础设施监管规则》和2016年发布的《中央对手方恢复与处置监管规则》中，对金融市场基础设施的定义及监管细则进行了明确规定。

此外，在经济与金融全球化的时代，软件部分中的金融标准逐渐被各国重视，成为金融市场基础设施建设的重点。金融标准为金融业稳定发展提供技术支持，在现代金融业治理体系中发挥着越来越重要的作用。在发展普惠金融的过程中，金融标准能够对金融服务者进行约束和激励，提升相关服务水平，为弱势金融需求者提供适当、有效的金融服务。在消费者权益保护方面,金融标准为金融消费者提供了法律保护,消费者在获取金融产品和服务时,可以依此有效识别侵害自身合法权益的行为并依法进行维权。金融消费者的权益保护能够反映金融服务机构的内控制度的执行情况以及相关金融监管政策的实施情况,最终对金融体系的稳定发展产生积极的影响。在金融科技发展方面,金融标准为技术与金融的深度融合提供了基础。在科学技术不断革新的时代,互联网、大数据、云计算等技术应用到金融业,推动了金融业的高速发展,产生了如移动支付、智能投顾等金融新业态。金融标准也与时俱进,覆盖金融科技领域,保障了金融科技的健康快速发展,让金融科技能够为投资者提供更高效、更便捷、更安全的金融服务。在金融风险防控方面,金融标准是保证金融安全、降低金融风险的有效工具。金融安全关系到整个金融体系的稳定,关系到经济运行的可持续性,是金融发展、经济发展的基础。而金融安全监管高度依赖金融标准,金融标准为金融信息、金融产品、金融服务划定安全底线,保证了金融监管有法可依。

国家的金融标准化是一个递进的过程。在改革开放后,中国金融标准化事业经历了萌芽阶段、高速发展阶段、全面推进阶段。1991年,全国金融标准化技术委员会成立,标志着中国金融标准化事业探索起步。在此后的10年间,中国发布了约20项金融国家标准、金融行业标准等,例如,全国清算中心代码标准、中国金融集成电路卡规范、银行金库标准等,保障了中国清算中心、银行等的安全运行。

在2001年至2012年这一高速发展阶段,为适应金融科技、金融信息的发展需要,中国制定并发布国家、行业标准超过130项。其中,银行集中式数据中心标准、银行卡联网联合安全规范、征信数据标准、证券登记结算业务数据交换协议、上市公司信息披露电子化规范等标准的制定实施,有力地支持了银行业、证券业、保险业等金融各行业的快速发展。在国家金融标准不断完善的同时,中国还致力于与国际金融标准接轨。2004年,中国成为国际标准化组织金融服务技术委员会(International Standardization Organization Technical Committee 68,ISO/TC68)的正式成员。

2012年党的十八大以来,中国金融标准化进入全面推进阶段。在这段时间,国家的有关部委颁布了一系列政策,这些政策服务于金融标准化建设,其中包括各项金融国家、行业标准。2017年,中国人民银行、银监会、证监会、保监会、国家标准化管理委员会联合发布《金融业标准化体系建设发展规划（2016—2020年）》（简称《规划》），重点关注金融风险防控标准化、绿色金融标准化、互联网金融标准化、金融标准认证体系、金融标准化基础能力。截至2020年，正在实行的金融国家标准有65项，行业标准超过250项，公开的团体标准约22项。在《规划》的指导下，中国初步建立了新金融标准体系，即以金融国家标准作为底线，金融行业标准作为门槛，金融团体标准与金融企业标准协同，在普惠金融、金融产品及服务、金融科技、金融网络安全等各金融领域都实现了较为全面的覆盖。同时，中国也在不断提升自身在国际金融标准化方面的影响力，总体上基本适应了现代金融体系发展的需要。

第二节　国家金融学关注的八个问题

本章的第一节已经初步阐述了国家金融学的研究对象及国家金融发展中需要着手解决的问题，这些问题厘清了世界大多数发展中国家金融行为的目标和方向。在本节中，我们将进一步对这些国家金融发展过程中的重点问题进行探讨——在国家金融顶层布局和监管模式选择之后，纵向层面国家与地方、横向层面离岸与在岸的金融发展。在世界各国金融崛起、金融科技迅猛发展的今天，各国应如何应对竞争与相互合作？如何防范和处置国际系统性金融风险？

一、国家金融顶层布局

在一个国家的金融发展的过程中，不论是国家金融最高层，还是市场参与主体，都面临着许多金融难题。国家金融最高层如何对这些难题进行金融规划和指引，市场主体又如何做好金融遵循和参与，都需要有一个战略性的全盘规划。国家金融顶层布局即是针对这些国家金融发展中最重要而又最迫切的问题所进行的一系列顶层规划。

（一）国家金融顶层布局势在必行

当今世界，以美国为首的西方发达国家，一方面在理论上不断宣扬"自由经济"，另一方面却频频对他国实施金融制裁。以美国为例，"二战"后，美国凭借其主导的国际金融体系和美元在跨境业务中的核心地位，发展形成了一套涵盖完整法律法规及专门的决策、执行与监督机构等在内的金融制裁运作体系。法律上，美国分别于1976年和1977年通过了《美国全国紧急状态法》和《国家紧急经济权力法》，赋予总统在国家进入"紧急状态"时对有关外国人士采取包括禁止与其进行交易、没收其处于美国司法管辖范围内的财产等各种经济制裁措施的权力。以这两部法律为核心，美国国会配套出台了多项相关法规以对金融制裁的发起与实施进行补充性说明和规定，如《美国爱国者法案》《国防授权法案》等。当美国总统依据相关法律决定对某个国家实施金融制裁时，美国财政部的外国资产控制办公室（Office of Foreign Asset Controls，OFAC）及负责金融制裁政策制定和实施的国务院泛金融威胁和制裁部门（Division for Counter Threat Finance and Sanctions，TSF）将负责执行，同时，美国国内其他的情报和行政部门相互协调与配合。一方面，其通过美元清算系统，如资金电划系统（Federal Reserves Wire Transfer System，Fedwire）、纽约清算所银行同业支付清算系统（Clearing House Interbank Payment System，CHIPS）、自动清算中心（Automatic Clearing House，ACH）等对被制裁者相关的交易进行筛查拦截，甚至冻结相关资产；另一方面，其通过环球银行金融电讯协会（Society for Worldwide Interbank Financial Telecommunication，SWIFT）拒绝为被制裁者提供国际结算服务，使得被制裁者无法在以美元为支付结算货币的金融体系内活动。通过一系列完整的金融体系，美国先后对伊朗、朝鲜、俄罗斯等多个国家和地区发起了不同程度的金融制裁。随着全球经济金融更为深度的融合，金融制裁已成为美国实现其对外政策目标的常用工具。

可见，在发达国家，国家金融顶层布局起步较早，已形成一套较为完整的金融运转体系并发挥优势。而在发展中国家，经济往来仍然由"商品贸易→一般服务贸易→高端服务贸易"组成，经济开放则常由"经常项目→资本项目"推进，在金融顶层布局上相对滞后，对金融制裁也缺乏必要的反制和保护措施，常常由于金融体系不完善而在金融往来中处于弱势地位。因此，一国从国家层面进行金融顶层布局是势在必行的。

（二）国家金融顶层布局思路

那么，如何进行国家金融顶层布局？首先应围绕国家现代金融体系，在认识上清楚定位应向银行主导型还是资本市场主导型倾斜。确定了适合自身的金融结构后,再从政策上选择合适的货币政策、财政政策、产业政策相互配合,并在措施上建立一个能主事协调国家金融事务的机构,完成国家金融重大决策和实施相关事宜。

首先,在认识上,进行国家金融顶层布局的目的是:①用于金融规划、指引;②用于金融遵循、参与;③用于金融布局、实施。要达成一系列国家金融顶层布局的目标,就需要了解现代金融体系的类型及每种类型的特点,结合自身实际选择合适的金融体系。

现代金融体系是一个经济体中资金或资产在专门体制机制和制度规范的约束下流动与交易的基本框架,是资金流动的工具、市场参与者和交易方式等各金融要素构成的综合体。一般而言,可以将国家现代金融体系分为两种类型:资本市场主导型和银行主导型(见表1-1)。由银行等金融中介机构主导融资,即间接融资方式是企业主要外部资金来源的金融体系,被定义为银行主导型金融体系,以德国、日本、法国等为代表;而企业直接从资本市场通过发行股票、债券等获得资金,即直接融资方式是企业主要外部资金来源的金融体系,被定义为资本市场主导型金融体系,以美国为主要代表。

表1-1 现代金融体系划分

现代金融体系类型	资本市场主导型	银行主导型
金融市场	规模大、高流动性	规模小、低流动性
在股票市场上市公司的股票	多	少
风险分担	市场:跨部门	银行:跨期
所有权和控制	分散	集中
影响的方式	退出	披露
公司控制市场	敌意接管频繁	敌意接管罕见
主要代理冲突	股东和管理层	控制和少数股东
银行在外部融资中的作用	小	非常大
债务/股票比率	低	高

(资料来源:陈云贤《国家金融学》,北京大学出版社2018年版。)

从数量上看,当今世界大多数国家的金融体系为银行主导型或混合型,在历史上相当长一段时期内,银行也处于金融体系的主导地位。由于金融市场的不确定性风险,相较于资本市场主导型体系,银行主导型体系会更有利于风险管理与金融稳定,也更有利于工业化、产业化加速发展。此外,由于健全完善的资本市场并非一朝一夕便能够建立起来的,因而在未来,世界金融体系仍旧会以银行主导型为主。而国家在进行金融顶层设计时,则应该综合考虑国家经济发展水平、金融市场深度和风险管理能力等现实因素,谨慎考虑并给予一个方向性的定位和选择。

选择了适合自身的金融体系之后,各国需要在政策上加以配合,促进金融的发展。目前,世界各国在确定了宏观金融目标后,将主要的宏观风险分为四类:国内风险、国外风险、需求冲击和供给冲击。与之对应的金融风险管理工具主要包括财政政策、货币政策、汇率政策、监管政策等。财政政策主要分为积极的财政政策、紧缩的财政政策和中性的财政政策。货币政策主要包括货币供应量、利率、汇率三大要素。在选择货币政策工具时,各国应结合本国经济与金融发展实际,选择合适的指标作为货币政策的"锚",有效地调节与稳定经济。汇率政策则指一国政府利用本国货币汇率的升降来控制进出口及资本流动以达到国际收支均衡之目的。

最后在措施上,各国应考虑建立国家金融顶层布局机构,形成国家金融顶层设计、金融重大事务调剂、金融重大事项决策和金融系统性风险防范的领导协调机构。例如,在中国,金融领导机构成员主要由国家分管财政、金融的领导和财政部、中国人民银行、银保监会、证监会等金融专家,以及北京、上海、广东分管金融的负责人组成,主要工作职责是在综合分析国内外宏观金融形势的基础上,依据国家宏观金融设计和调控目标,讨论重大的金融政策制定和调整,直接对国家负责。

对各国来说,加强国家金融顶层设计,更加关注国内、国际现代金融体系的现在与未来,建立国家金融顶层布局机构必不可少,健全与完善国内、国际现代金融体系时不我待。

二、国家金融监管协调

金融监管是世界各国都面临的共同话题,无论是从金融市场本身的风险还是从保护投资者利益的角度,金融监管都是国家金融发展中不可或缺的一部分。一国政府应当结合该国发展阶段、所处的国际金融环境,审慎制定相应的金融监管政策,以防范化解潜在的金融风险,维护金融市场有序、有效运行,促进经济稳定、可持续地增长。在此过程中,国家金融监管需要选择适合自身的较为有效的金融监管模式，妥善处理功能监管与行为监管、宏观审慎监管与微观审慎监管之间的权责关系，通过建立高层金融稳定发展委员会统筹监管部门，共同努力，相互协调，做好金融监管工作。

（一）国家金融监管理论依据

国家金融监管理论依据主要有两个：金融风险论和投资者利益保护理论。

金融风险论认为，金融是一个高风险行业。金融本身是商品经济高度发展的产物，从本质上说，金融是一种价值符号，其价格是市场对资本未来预期收益的折现。而人们的预期是受到利率、汇率、通货膨胀、个人和社会心理等多种因素影响的，难以准确度量。因此，金融自其形成起就存在诸多风险，比如，利率风险，指市场利率变动的不确定性给金融机构带来损失的可能性；汇率风险，指一定时期的国际经济交易中，经济实体以外币定价的资产、负债、收入、支出等由于货币汇率的变动而蒙受损失的可能性；流动性风险，指商业银行虽然有清偿能力，但无法及时获得充足的资金或无法以合理成本及时获得充足资金以应对资产增长或支付到期债务的风险；信用风险，指交易对方不履行到期债务而造成损失的可能性；等等。

一旦这些风险被触发，金融行业内部复杂的运作机制又会引发连锁反应，直接影响货币制度和宏观经济稳定，对社会、经济造成巨大的冲击和破坏。例如，美国1929年的股市崩溃加剧了银行体系的混乱，公司大量倒闭，引发了社会的信用危机。据统计，美国1929年至1930年间有6000多家银行倒闭，超过800万人失业，700万人死亡（约占当时美国总人口的7%），对整个美国的经济和社会造成了巨大的冲击。

投资者利益保护理论认为，市场当中存在着信息不对称的情况，不同的交易人拥有的信息不同。而在金融市场，往往是各个证券公司、企业等掌握了比较充分的信息，在市场经济活动中处于较为有利的位置。市场中拥有信息优势的公司可能会做出损害投资者利益的行为——逆向选择与道德风险问题。逆向选择即是指市场的某一方如果能够利用多于另一方的信息使自己受益而使另一方受损，便会倾向于与对方签订协议进行交易；道德风险则是在信息不对称条件下，利用不完全合同使得负有责任的经济行为主体不承担其行动的全部后果,在最大化自身效用的同时,做出不利于他人行动的现象。

因此,投资者需要一个公平、公正的投资环境以确保他们的利益不会因信息不对称而受损。对金融的严格监管就是为了减缓由于信息不对称而引发的逆向选择和道德风险问题。

(二)金融监管模式借鉴

在本章第一节中,我们将世界金融监管体系分为三种模式:①单一监管模式,即由一家金融监管机构对金融业实施高度集中监管;②多元监管模式,即由不同机构主体监管不同金融业务;③双峰监管模式,即把审慎监管与行为监管区分开来,前者主要监管银行业与保险业市场,后者主要监管证券业市场。

衡量各种不同的监管模式成功与否的关键在于这种模式的实际效率、专业技术与协调性。监管模式没有绝对的"最佳",但有被证实是更加"有效"的模式——双峰监管模式。在2008年的金融危机中,与美国毗邻的加拿大的应对表现较为良好。截至2009年1月31日,加拿大五大银行(加拿大皇家银行、道明银行、丰业银行、帝国银行和蒙特利尔银行)全部盈利,合计27亿加元。从2007年美国金融危机被引爆到2009年传遍世界各国,加拿大五大银行已经盈利189亿加元,加拿大银行也因此被世界经济论坛评选为全球安全性最高的银行。

加拿大银行业对金融危机的成功应对得益于其金融监管体制。由于加拿大的银行业曾在20世纪80年代经历过金融危机,加拿大在1987年建立起了新的审慎监管机构——加拿大金融机构监管署(Office of the Superintendent of Financial Institute,OSFI),采取了双峰监管的模式。1996年,加拿大通过的C-15法案明确提出了监管署的主要职责,并促使其开始构造新的监管框架,综合风险评估制度在此基础上应运而生。在此制度下,OSFI负责整个金融体系的审慎监管,确保银行业在竞争的同时保持稳健,对具有系统性影响的大型金融机构加强监督。在加拿大金融机构监管署成立后,加拿大金融机构监督委员会也随之成立。该委员会主要负责协调解决监管机构间可能出现的分歧,并保障监管署行使监察权力。2001年10月,在C-8法案的支持下,加拿大又成立了金融消费者管理局,意在加强对消费者的权益保护并监察相关金融机构。此外,省级监管机构与联邦监管部门的对话合作机制也进一步完善。加拿大的各监管机构之间还具有定期监管例会等良好的监管沟通机制，职责边界清晰、沟通协作有效，大大降低了监管套利的空间，因此，加拿大在2008年的全球金融危机中表现较为良好。

全球金融危机让各国意识到了宏观审慎监管的必要性，为应对可能再次发生的系统性金融危机，各国有必要建立自己的宏观审慎监管机构，以配合各国金融监管模式。如美国于2010年成立了金融稳定监督委员会（Financial Stability Oversight Council，FSOC）；英国于2012年成立了金融政策委员会（FPC）；欧盟于2012年成立了欧洲系统性风险理事会（European Systemic Risk Board，ESRB）；中国也于2017年成立了国务院金融稳定发展委员会。

当然，要防范和化解金融风险，加强宏观审慎监管和行为监管，还需要财政政策、货币政策、汇率政策和监管机构相互协调。比如，货币政策和宏观审慎监管拥有不同的政策目标和政策工具，当经济过热时，如果一国的货币政策仍然宽松，监管机构的监管工具就可能失效。也即是说，宏观审慎监管的结构性调节需要以适当的货币政策总量调节为基础。因此，在制度设计上，还需要有一套应对金融运行中的重大问题或金融监管重大事项的磋商机制，有效协调国家金融监管和金融发展的各项事务，共同应对潜在的金融风险。

三、国家金融层级发展

金融的本质是一种中介，就是用简单有效的方式将储蓄转化为投资，实现资金跨时间和跨空间的转换。而国家金融发展就是在有效配置资源的同时使中介成本最小化，降低资金两端建立信任的成本。因此，金融发展对一个国家资源的有效配置和促进经济增长具有不可或缺的作用。在国家金融学研究中，金融发展专指金融体系结构的变化。它有狭义和广义之分。狭义的金融发展专指现代金融体系结构中的金融市场要素体系和金融市场组织体系的变化。广义的金融发展则指整个现代金融体系结构的变化。金融在一个国家内纵向层面的发展表现为由国家发展到地方发展，这一过程中，国家和地方面临着监管权责界定的问题。在国家层面，实施"金融自由化"容易导致经济运行动荡不稳；在地方层面，实施"金融压抑"又会导致地方经济不活跃。

(一) 金融自由化

金融自由化主要表现为"放松",即面对金融发展涉及的利率、汇率、货币市场、资本市场、机构、工具、衍生产品等,金融当局一味地"放松"管制。金融自由化主要起源于20世纪80年代末,在当时世界经济衰退,发展中国家面临经济增长率萎缩、经济增长动力不足等问题的背景下,经济学界盛行新自由主义思潮。新自由主义学者看到了发达国家和发展中国家政府对市场干预程度的巨大差异,认为发展中国家经济之所以萎靡,是由于政府过度干预而扭曲市场,从而造成资源错误配置和寻租腐败等政府失灵的结果,发展中国家如果要改善经济绩效,就必须建立起像发达国家那样完善的市场制度。1990年,位于美国华盛顿的国际货币基金组织、世界银行和美国政府参与达成了"华盛顿共识"。该共识延续新自由主义的思想,针对当时的世界经济提出了十条政策建议:①加强财政纪律,压缩财政赤字,稳定宏观经济形势;②把政府开支的重点转向经济效益高的领域和有利于收入分配的领域;③开展税制改革,降低边际税率,扩大税基;④实施利率市场化;⑤采取具有竞争力的汇率制度;⑥实施贸易自由化,开放市场;⑦放松对外资的限制;⑧对国有企业实施私有化;⑨放松政府的管制;⑩保护私人财产权。

虽然这十项政策主张对各国经济发展都有一定合理的经济内涵,但忽视了各国现代金融体系六大方面建设的重要作用,从而导致政府对经济和金融自由化无法发挥调控作用,金融市场发育不健全、金融法制欠缺等问题则逐渐显露。这种理论主张和政策建议没能形成持久的生命力,最终被证明是失败的。当时,智利、墨西哥、阿根廷、巴西、俄罗斯、波兰和其他东欧各国等均实施了"华盛顿共识"政策。但各国历史资料均显示,实施"华盛顿共识"政策后,各国基本上都会遭遇通货膨胀、外债大增、产出下降等严重的经济问题,直至各国停止实施这些政策,才逐渐摆脱经济困境。

(二) 金融压抑

金融压抑则主要表现为"抑制",即在金融资产、金融机构、金融环境、金融基础设施等方面存在过多管制,造成金融效率低下,从而抑制了创新和经济发展。例如,中国曾经的金融压抑政策有其独特的历史原因——改革开放初期,中国采用了双轨制改革策略,国企和民企之间、计划和市场之间都是实行双轨制政策。双轨制的一个目的是保护国有企业，维护转型期经济与政治的稳定。但是，由于国有企业承担了政府的政策性负担和部分社会责任，经济效率往往不如民营企业。为了支持国有企业的持续生存和发展，就形成了改革期间不对称市场化改革的现象，即产品市场全部放开，但要素市场普遍扭曲。在金融上，金融压抑表现在压低正规部门的利率，同时在资金配置上偏好国有企业。在这种制度环境下，民营企业、小微企业等往往面临融资难、融资贵的问题，作为市场的主体，缺乏资金来源的小微企业只能转向体制外的非正规金融体系，如民间借贷、影子银行、互联网金融等部门。这导致民营企业融资成本过高，地方经济不活跃。

世界各国不管是产业转型升级还是地方经济竞争，充满活力的地方经济发展都需寻求金融支撑，地方金融发展又反过来会促进和推动地方经济的发展，这就要求各国地方经济剔除"金融压抑"，促进和推动地方金融发展。"金融压抑"将会造成金融机构单一、金融资产单一、金融环境恶劣、金融基础设施落后、金融效率低下，从而抑制创新、抑制地方经济发展。

世界各国应紧紧围绕市场在金融资源配置中起决定性作用这一主题，通过科学划分、合理界定一国国家与地方金融监管的职责权限，构建符合多层次实体经济和多层次金融体系发展需要的"有效协调、权责明晰、高效运行"的分层级金融监管体制，更好地推动各国金融体系现代化和金融治理能力现代化，提升金融资源配置效率和水平，增强现代金融体系市场的活力和竞争力。

四、国家金融内外联动

当今，世界各国共同的发展特征就是实体经济全球一体化与金融市场国际化。一方面，实体经济发展全球一体化的生产、服务、贸易、投资、跨国公司形成等需要金融配套服务支撑，推动着金融市场国际化的发展；另一方面，金融也以自身特有的规律，不断沿着国际化方向迈进。因此，金融在国家层面的横向发展表现为本国与其他国家的金融互动，也即金融离岸市场与在岸市场的有序对接、互动和便利。这要求国家在发展自身金融体系的同时，需要对离岸金融的概念、特征、类型、作用等进行更加深入的研究，以确定离岸市场与在岸市场的对接模式，加强内外联动。

（一）离岸金融市场

离岸金融市场是指发生在某国，却独立于该国的货币与金融制度，不受该国金融法规管制的金融活动场所，即在境外提供本币金融交易和业务的一种国际金融市场。

生产和资本的国际化，促成了一国离岸金融市场的形成和发展。20世纪50年代，美国马歇尔计划的实施使得欧洲长期保持对美贸易顺差，大量的美元流入欧洲，逐渐形成了"欧洲美元市场"。这一阶段的离岸金融市场主要从事批发性银行业务，存款、贷款金额大，交易对象通常为银行或跨国公司，基本不涉及私人领域。20世纪60年代至70年代，欧洲的联邦德国马克、法国法郎、荷兰盾等其他境外货币也出现在这一市场，使得欧洲美元市场进一步发展为欧洲货币市场。这一时期，由于国际贸易增多和投资扩张，各国货币的需求得到快速提升，欧洲离岸货币市场高效率的运作适应了信用需求扩张的趋势，其规模和业务范围迅速扩大。20世纪80年代，离岸金融市场的发展达到高潮，在瑞士、伦敦、纽约等老牌离岸市场的基础上，亚洲的新加坡、中国香港、东京等建立了一批新兴离岸金融中心。据统计，20世纪80年代中期，全球已经有67个国家或地区建立了离岸金融市场，全球离岸金融市场资产规模从20世纪70年代末的不足万亿美元猛增至29840亿美元。随后，世界离岸金融市场的发展趋缓稳定并逐渐成熟。

（二）离岸金融市场特征

离岸金融市场具有一系列的特征：①业务活动很少受到法规管制，手续简便，实行低税或免税，效率较高；②离岸金融市场由"境外银行"，即经营境外货币业务的全球性国际银行网络构成；③离岸金融市场借贷货币属于境外货币，借款人可以自由挑选货币种类；④离岸金融市场利率一般以伦敦银行同业拆借利率为标准。一般来说，其存款利率略高于国内金融市场，利差很小。这些特征使得离岸金融市场在推进本国货币的国际化进程中具有独特优势。比如，在美元的国际化进程中，欧洲美元市场的发展壮大帮助其打通欧洲市场，扩大了美元的受众。此外，美国于1981年开设了美国国际银行设施（International Banking Facilities，IBFs），根据美国法律，IBFs开设的离岸金融特殊账号业务与美国国内业务分开，专门供给美国境内的国内外银行使用，极大地丰富了美元在世界的应用场景，对美元的国际化进程起到了很好的助推作用。

(三) 离岸金融市场模式选择

人民币要国际化，也必须经过"支付货币—储备货币—锚货币"这一过程，人民币离岸金融市场在这一过程中将发挥重要作用。目前，世界货币存量的50%~70%是通过离岸金融中心周转的，世界银行资产的1/3、私人财富的30%~40%都投资于离岸金融市场，一国货币国际化必须首先培育和发展本币离岸市场。当前，国际上已初步形成了中国香港、新加坡、伦敦三个人民币离岸业务中心，上海、深圳、珠海等地也开展了人民币离岸业务。而作为货币发行国，要防止离岸本币对国内货币政策、金融稳定造成冲击，在培育离岸市场的同时还需要妥善处理离岸市场发展与在岸市场开放之间的关系，推动离岸市场与在岸市场的有序对接。

当前，国际离岸金融市场主要有四种模式：内外混合型、内外分离型、渗透型、避税港型，见表1-2。

表1-2 国际离岸金融市场的四种模式

模式	典型市场	交易主体	形成方式	业务范围	特点
内外混合型	伦敦、中国香港	非居民、居民、离岸金融机构	自然形成	中长期资金借贷	离岸机构无严格申请程序，不设单独离岸账户，与在岸账户并账运作，资金出入无限制
内外分离型	美国IBFs、日本JOM	非居民、离岸金融机构	人为创设	中长期资金借贷	离岸机构设立须经当局审核，离岸业务只能在专门账户中进行，离岸交易与在岸交易分开，严禁离岸、在岸资金渗透
渗透型	雅加达、曼谷	非居民、居民、离岸金融机构	人为创设	中长期资金借贷	三种情况：OUT→IN型、IN→OUT型、IN↔OUT型
避税港型	开曼、巴哈马、百慕大	非居民、离岸金融机构	人为创设	只处理账务，无实际交易	簿记型、采用英美法系、税负低，基本无金融管制

（资料来源：陈云贤《国家金融学》，北京大学出版社2018年版。）

采取的模式应当由该国金融市场开放程度、风险监控水平、经济发展情况等因素决定。以中国设立人民币离岸业务在岸交易结算中心为例，现阶段中国人民币离岸市场建设刚刚起步，同时，中国金融市场的开放程度还相对较低、监管制度还不健全、资本项目未自由兑换，所以，内外分离型模式在现阶段会更加适合中国离岸业务在岸交易结算中心。在内外分离模式下，机构的设立需经过政府审批，且严禁离岸资金渗透，这样既可以较好地防范系统性金融风险，保护在岸金融市场免受离岸市场金融波动的影响，也可以打破在岸金融市场政策法规的限制，吸引境外资金流入。从长远来看，随着中国金融市场的进一步成熟开放及监管体系的健全，人民币离岸业务在岸交易结算中心可以再向渗透型转变，让离岸资金直接为在岸市场所使用。在这一建设过程中，国家总体思路应坚持金融服务实体经济，坚持改革创新、先行先试，坚持风险可控、稳步推进，建立多层次、国际化的人民币离岸业务在岸交易结算中心，促使人民币离岸业务在岸交易结算中心与中国香港、新加坡、伦敦等离岸市场的对接互动、发展共赢。

五、国家金融弯道超车

现有国际体系下，每个国家都是完善现代金融体系的马拉松参赛者，处于领先地位的选手时常能够享受更完善的金融体系和货币体系所带来的便利和经济发展，而处于落后地位的选手则需努力赶超，摆脱不利地位。国家金融要弯道超车，需要有弯道超车的要素和能力。从国际和历史的经验来看，要素主要是指大宗商品交易和能源交易，能力主要是指抢抓天时地利等机遇的能力。19世纪，英国利用"煤炭交易"成功将英镑变成世界货币；20世纪，美国抓住机遇捆绑"石油贸易"，使美元成为迄今为止的主要国际交易结算货币和国际储备货币。在这里，我们试图探讨"碳交易"捆绑"人民币结算"，作为中国在国际金融体系中弯道超车的新路径。

（一）碳商品和碳市场

首先，我们要了解缔造当今世界无形商品贸易体系的重要条约：《联合国气候变化框架公约的京都议定书》（又称《京都议定书》）。《京都议定书》于1997年12月在日本京都由联合国气候变化框架公约参加国三次会议制定，2005年2月16日开始强制生效。它规定了碳商品的形成、碳市场的发展，成为全球贸易中的新亮点。它把全球各国大气中的温室气体排放量确定在一个稳定的适当水平以共同执行，其核心是允许发达国家之间相互交易碳排放权［碳排放权是指人类社会生产活动中存在排放温室气体总量的前提下，允许温室气体（碳）排放的权利或许可］。碳排放权是具有价值的资产，可以作为商品在市场上进行交换，减排困难的企业可以向减排容易的企业购买碳排放权，后者替前者完成减排任务，同时也获得收益。

在规定碳排放权的基础上，全球形成了一个人为规定的国际碳交易市场，也称碳市场。碳市场的供给方包括项目开发商、减排成本较低的排放实体、国际金融组织、碳基金、技术开发转让商等。需求方有履约买家，包括减排成本较高的排放实体；自愿买家，包括出于企业社会责任或准备履约进行碳交易的企业、政府、非政府组织、个人。金融机构进入碳市场后，也担当了中介的角色，其中包括经纪商、交易所和交易平台、银行、保险公司等一系列金融机构。目前，世界碳交易所主要有四个：欧盟的欧盟碳排放交易体系；英国的英国排放配额贸易团体；美国的芝加哥气候交易所；澳大利亚的新南威尔士州温室气体减排体系。由于美国及澳大利亚均非《京都议定书》成员国，因此，只有欧盟和英国的交易所属于国际性交易所，美国与澳大利亚的两个交易所更多地具有象征意义。

（二）中国碳商品交易现状

中国碳现货交易市场已正式启动，从试点的碳现货交易市场看，中国试点碳市场均为强制减排碳市场，即基于"总量控制与交易"体制下的配额交易市场。虽然全国碳排放交易体系仍处于基础设施建设阶段，但8个试点地区碳市场已经在持续拓展和完善其交易体系（见表1-3），无论交易量还是交易额都在稳步增长。例如，北京调整了发电企业基准值，并于2020年3月16日发布通知，要求14家航空公司提交排放数据，预示了将其纳入北京碳排放交易试点的可能性。广东省于2019年11月发布的2019年配额计划将配额拍卖二氧化碳规模从200万吨扩大至500万吨。同时，该计划将基准设定扩大至热电联产领域，并对钢铁、电力、水泥、造纸和民航等行业的基准进行了进一步完善。湖北省则实行了更为严格的配额规则，将覆盖范围扩大到供水领域，并将供热和热电联产的配额方式从基准法改为按历史排放强度分配。天津碳排放交易试点于 2019 年开始配额拍卖并将覆盖范围扩大到建材、造纸、航空等行业的企业。

表 1-3 2019 年各省市试点地区碳配额成交额情况

试点碳市场	配额总成交量（吨）	配额总成交额（元）	配额成交均价（元/吨）
北京	3068544	255530753	83.27
上海	2610222	109961028	41.70
广东	44659311	846579709	18.96
深圳	8425353	91311321	10.84
湖北	6128611	180772065	29.50
天津	620484	8685172	14.00
重庆	51160	3535538	6.91
福建	4065266	68681147	16.89

（数据来源：wind。）

国内外实践表明，相比碳税政策和单纯的行政强制减排，碳交易是在市场经济框架下解决气候、能源等综合性问题最有效率的方式。碳交易的本质是通过市场机制来解决碳排放的负外部性，将外部成本内化为排放主体的内在成本，进而实现减排，并在全球范围内优化配置碳资源的一种制度安排。未来 10 年是中国减碳关键期，碳交易可以通过市场手段促进减排成本向碳收益转化，引导金融资源更好地向低碳经济领域倾斜，最终实现全社会的整体减排成本最小化，有利于加快产业结构转型升级和经济发展方式转变。

（三）人民币国际化弯道超车新路径

"碳交易——人民币结算"演绎出人民币国际化弯道超车的新路径。与能源绑定往往是国家崛起和本国货币充当国际货币的助推剂，一国货币崛起的起点往往与国际大宗商品，尤其是与能源的结算、支付定价权或绑定权的结合直接相关。1840 年，英国最先完成工业革命，并最早成为以煤炭为主体的国家。19 世纪中叶，英国的煤炭产量已占世界总产量的 2/3 左右，既成为世界煤炭供给主要来源地，又将"煤炭交易"捆绑"英镑结算"，使英镑成为国际贸易中的关键货币，在金本位体制下，英镑地位显赫，当时国际结算中 90% 使用了英镑。而"二战"之后，石油逐渐取代煤炭成为核心能源，美国则在"二战"后几乎掌握了世界原油产量的2/3。20世纪70年代，美国与沙特达成"不可动摇协议"，将美元确立为石油唯一计价货币，受益于此，美元逐渐取代英镑成为世界主要货币，确保了美国运用美元兑换石油大宗商品的国际定价权和国际货币格局的美元本位制。"煤炭—英镑"与"石油—美元"的崛起展示了一条清晰的货币地位演化之路。未来发展以低碳经济作为全国的经济增长模式，伴随着清洁能源技术的新突破、新应用，碳排放交易权会蓬勃兴起。中国作为全球第二大温室气体排放量国家，被世界各国认为是最具潜力的排放市场，中国越来越多的企业参与碳排放权交易。根据世界银行测算，全球碳交易总量在2020年有望达到3.5万亿美元，从而超越石油成为世界第一大交易市场。中国抢先以"碳交易—人民币结算"为载体，建立与东南亚等国家和地区的低碳经济发展金融体系，可演绎一条人民币国际化在能源贸易中崛起的弯道超车新路径。

当前，中国国内碳交易市场仍不完善，缺乏统一的交易平台，定价机制缺失，国际碳排放权交易价格掌握在买方手中，导致中国参与国际碳交易时的价格低廉。为提高中国在碳交易市场的话语权，改变当前中国处于市场产业链最低端的被动地位，首先需要尽快创建碳期货交易所。实践表明，碳市场体系建设的有效路径是统一交易与现货、期货市场同步对接。2020年5月14日，中国央行、证监会、银保监会等部委发布《关于金融支持粤港澳大湾区建设的意见》，提出研究设立广州期货交易所，并以碳排放权期货期权作为首发品种。这将打破当前中国各省市碳市场仍以二级市场现货交易为主的现状，更好地发挥广州在绿色金融、碳金融等方面积累的经验和优势。

其次，要以标准化建设为抓手，完善碳排放期货合约设计及基础交易机制。在期货合约设计方面，至少应将交易单位、报价单位、最小变动价位单位、涨跌停板幅度、最低交易保证金、交割日、最后交易日、合约月份等要素标准化，对碳期货合约的初步设计见表1-4。

最后，要加强法制建设，捆绑碳期货交易与人民币国际结算。制定健全的全国碳资产财产权保护法，以立法手段进行权利责任配置。同时，吸纳亚太国家和地区参与中国碳期货交易，促使人民币成为主要结算货币，抢占亚洲碳期货市场话语权，提高人民币的国际地位。

表1-4 中国碳期货合约的初步设计

合约条款	具体内容
交易单位	1000吨二氧化碳/手
报价单位	元（人民币）/吨
最小变动价位单位	0.01～0.05元（人民币）/吨或10～50元（人民币）每手合约
涨跌停板幅度	上一交易日结算价的±8%左右
最低交易保证金	合约价值的10%
交割日	合约到期月份的最后一个星期一，遇到国家法定节假日则顺延
最后交易日	交割日的前一个工作日
合约月份	1、2、3、4、5、6、7、8、9、10、11、12月（按月份交割）

资料来源：陈云贤《国家金融学》，北京大学出版社2018年版。

六、国家金融科技创新

金融科技主要是指以人工智能、区块链、云计算、大数据等新技术共同驱动的金融创新领域。金融科技引领着现代货币体系和现代金融体系的重大变革，它既包括世界各国货币发行、货币结算、货币运行及货币监管体系的变革发展，又包括世界各国金融市场要素、组织机构、监管体系、法律制度、信用健全的变革创新。当前，在国家金融科技创新方面，数字货币和网络金融取得了较大的发展，这也是国家金融学重点关注的两个领域。

（一）数字货币

数字货币是以数据或电子形式存在，通过计算机网络进行传输的货币。分为"私人数字货币"和"法定数字货币"两种类型。

1. 私人数字货币

数字货币最初以私人数字货币的形式出现，主要包括两种形式。

一是基于区块链的原生代币，指依赖区块链系统并在该系统内产生和使用的数字货币，又称加密数字货币，主要包括比特币（Bitcoin）、以太坊（Ethereum）、莱特币（Litecoin）、瑞波币（Ripple）等。全球私人数字货币在2008年中本聪发明了比特币之后呈指数级增长，据cryptocurrencies网站数据，截至2020年12月17日，全球私人数字货币的数量达8036种，市值达到6232.4亿美元。这种加密数字货币无国家主权信用背书，内在价值为零，价格波动幅度较大。其价值主要来源于两个方面：①加密数字货币挖矿的速度和成本，通过合理的区块链奖励机制确保货币供应量稳定；②暗网交易对其存在需求，以加密货币作为支付手段。

二是在区块链上发行运营，但以链外资产支持的数字货币，又称稳定币。它以一系列法定货币计价的资产作为储备资产，币值相对较为稳定。一方面，它可以发挥分布式账本即时交易、开放匿名等特点；另一方面，它通过挂钩链外资产，保持了交易过程中的价值稳定。稳定币典型的例子是美国的 Libra 数字货币。2019 年 6 月 18 日，Facebook 发布 Libra 白皮书 1.0，正式推出 Libra。在 1.0 版本的白皮书中，Libra 协会号称要建立一套简单的、无国界的货币和为数十亿人服务的金融基础设施，Libra 币被定义为由多种现实世界资产（如美元、欧元、英镑、日元等）做后盾的单一加密货币。这种愿景严重挑战了国家的主权货币，也受到监管当局的关注。2019 年 7 月 16 日，美国参议院银行、住房和城市事务委员会举办听证会，对 Facebook 提出的数字货币及数据隐私问题进行审查。随后 9 月 13 日，法国和德国达成一致，同意抵制 Libra 加密货币。在监管当局的压力下，2020 年 4 月 Libra 协会发布了白皮书 2.0，对监管当局的疑虑做出了四项关键改革措施：①针对 Libra 可能干扰主权货币的疑虑，Libra 协会提出每种单货币稳定币有充分的储备金支持，储备金包括现金、现金等价物以及以该货币计价的非常短期的政府证券。②针对 Libra 可能成为规避资本管制、逃避监管的工具的疑虑，Libra 协会提出对金融合规和全网络的风险管理建立一个缜密的框架，并从反洗钱、打击恐怖主义融资、遵守制裁法规及防止非法活动方面出发，制定强有力的制度。③针对 Libra 网络的控制范围将难以保证该网络的合规规定得到维持的疑虑，Libra 协会提出通过营造一个开放、透明且鼓励竞争的网络服务和治理市场，对成员进行严格的尽职调查来确保新成员符合要求。④针对 Libra 币的稳定性完全由 Libra 储备资产保证，面临流动性风险与信用风险的疑虑，Libra 协会提出进一步完善其储备资产的质量，设计强大的保护机制。Libra 白皮书 1.0 与 2.0 版本的对比见表 1-5。

表 1-5　Libra 白皮书 1.0 与 2.0 版本对比

对比内容	Libra 白皮书 1.0	Libra 白皮书 2.0
使命	建立一套简单的、无国界的货币和为数十亿人服务的金融基础设施	建立一个简单的全球支付系统和金融基础设施，旨在使数十亿人受益
Libra 币属性	由多种现实世界资产做后盾的单一加密货币	多个单货币稳定币和多货币背书的 Libra 币
货币挂钩机制	完全由 Libra 协会决定	由 Libra 协会在其主要监管机构瑞士金融市场监管局（Swiss Finacial Markets Snperrisory Authority，FINMA）的指导下，与监管机构、中央银行和国际组织（如国际货币基金组织）协商后定义
Libra 网络	需要许可，但计划转向非许可型网络	许可型网络
合规性与监管机制	未定义	通过全面的框架进行定义，以实现财务合规性和全网络风险管理，包括：反洗钱；打击资助恐怖主义；遵守制裁规定；防止非法活动；建立针对网络参与者的金融情报职能部门

（资料来源：根据 Libra 白皮书整理。）

这两类私人数字货币具有很多共同特征：①去中心化带来的成本降低和效率提高；②共识算法带来可靠性；③加密算法带来的匿名化和安全性。由于私人数字货币存在的去中心化和匿名化的特点可能对金融稳定造成冲击，因而多国监管机构对私人数字货币都是持谨慎态度。部分国家认为私人数字货币是合法的，如美国、加拿大、澳大利亚等，这些国家通过实施一些监管措施，间接同意了私人数字货币的使用。另一些国家则严格禁止私人数字货币的使用。例如，中国人民银行早在 2013 年就禁止金融机构参与比特币交易。2017 年，中国人民银行等七部门联合发布《中国人民银行　中央网信办　工业和信息化部　工商总局　银监会　证监会保监会关于防范代币发行融资风险的公告》,明确表示非货币当局发起的首次代币发行是非法的。

2. 法定数字货币

法定数字货币也称为央行数字货币(Central Bank Digital Currencies, CBDC),它可以取代纸币现金流通,保持货币主权的控制力,更好地服务于货币发行和货币政策。根据国际清算银行 2019 年的调查,世界 80% 的国家正在研究主权数字货币问题,但目前所涉及的研究大部分是概念性的,主要集中在主权数字货币的投放、重塑支付体系对国家的潜在影响等。巴曙松等(2020)对当前主要国家的法定数字货币发展做了详细的梳理。(见表 1-6)

表 1-6 各国央行数字货币研究现状

国家（地区）	探索情况
中国	2014 年,中国人民银行成立法定数字货币研究小组,论证央行发行法定数字货币的可行性
	2016 年 1 月,中国人民银行召开数字货币研讨会,论证央行数字货币对中国经济的意义,并认为应尽早推出央行数字货币
	2017 年 1 月,中国人民银行正式成立数字货币研究所,并在国务院的批准下,开展 DC/EP 的法定数字货币研发工作
	2019 年 11 月,中国人民银行副行长范一飞表示,央行法定数字货币已基本完成顶层设计、标准制定
	2020 年 4 月,央行法定数字货币推进试点测试
美国	2020 年 2 月,美联储主席表示,美联储正在对央行数字货币进行研究,但尚未决定是否推出
英国	2015 年 3 月,英国央行宣布规划发行一种数字货币
	2016 年,在英国央行授意下,英国伦敦大学研发法定数字货币原型——RSCoin 以提供技术参照框架
	2020 年 3 月,英国央行发表央行数字货币报告,探讨向数字经济转变
新加坡	2016 年 11 月,新加坡金融管理局和区块链联盟 R3 合作推出 Project Ubin,探索分布式账本技术在数字货币领域的应用
	2019 年,新加坡金融管理局和加拿大银行完成了使用央行数字货币进行跨境货币支付的试验

续表 1-6

国家（地区）	探索情况
瑞典	2017年9月，瑞典央行启动E-Krona计划，探索法定数字货币在零售支付方面的可行性
	2018年4月，瑞典央行宣布将与IOTA区块链公司合作，研发推出国家数字货币
	2020年2月，瑞典央行宣布开始开展数字货币e克朗（E-krona）试点项目
加拿大	2016年6月，区块链联盟R3与加拿大银行共同发起法定数字货币Jasper项目
	2019年，新加坡金融管理局和加拿大银行完成了使用央行数字货币进行跨境货币支付的试验

（资料来源：巴曙松、张岱晁、朱元倩《全球数字货币的发展现状和趋势》，载《金融发展研究》2020年第11期，第3—9页。）

可以看到，当前各国央行数字货币还处于研发和试点阶段，尚未全面发行。但其具有一些共同特征：在发行模式上，基本都采用中心化的形式发行，百分百全额缴纳储备金，从而避免了币值的剧烈波动和货币过度发行造成的恶性通货膨胀的风险。在投放机制上，基本采用双层投放机制，避免对金融体系造成冲击。双层投放机制是指由央行负责数字货币的投放和回笼，但消费者需要通过商业银行向央行申请兑换数字货币，央行与消费者不直接接触。在监管设计方面，普遍采用多层级的匿名监管设计，满足合规性和匿名性的双重需求。

（二）网络金融

网络金融，又称电子金融（e-finance），是指基于金融电子化建设成果在国际互联网上实现的金融活动，包括网络金融机构、网络金融交易、网络金融市场和网络金融监管等方面。从狭义上讲，网络金融是指在国际互联网上开展的金融业务，包括网络银行、网络证券、网络保险等金融服务及相关内容；从广义上讲，网络金融就是以网络技术为支撑，在全球范围内的所有金融活动的总称，它不仅包括狭义的内容，还包括网络金融安全、网络金融监管等诸多方面。

网络金融具有两大类风险：系统运行风险和业务风险。

系统运行风险主要包括下述风险。①安全风险：网络及计算机本身软硬件故障或技术不成熟造成网络金融运转不畅,也可能由于人为破坏计算机,导致网络金融系统瘫痪。②管理风险:网络金融系统技术设计或运行过程中可能出现危害系统安全性和稳定性的风险,在管理过程中也可能由于技术人员个人道德素质不高或不法牟利造成风险。③认证风险:客户认证系统在用户证书发放、证书管理方面存在的风险。④外包风险:承担大型金融机构技术外包的公司一般创办时间较短,金融机构难以对其资信和技术水平做出准确判断而造成的风险。

业务风险主要包括下述风险。①战略风险:由于网络及内容机构经营决策错误或执行不当而造成对金融机构收益的负面影响;②信誉风险:由于对网络信息的安全性、准确性、及时性等处理不妥当,对客户问题无法及时回复、客户隐私无法保障等因素造成信誉损失的风险;③法律风险:由于网络金融的创新性与现行法律制度的滞后性冲突造成的风险;等等。

金融业永恒不变的主体是安全性、流动性、效益性的平衡。作为网络金融接入的任何经济主体,其追求的目标也不外乎是避险、流动和获利三者。而这三个目标往往是相互矛盾的,尤其是获利与避险,相互兼容又相互排斥。因此,对于世界各国央行来说,一方面,要推动网络金融的发展;另一方面,要用"确定性"来代替风险、防范风险。认清和防范网络风险成为各国的首要选择。

笔者认为,基于主权安全和抢占发展先机的角度,各国应把网络安全的发展纳入国家的战略布局来考虑。一方面,国家层面应转变思维模式,规划好统一的路线图。另一方面,国家层面也要站在促进整个金融业发展的高度,进行顶层规划。各国应建立行之有效的网络金融清算体系、多层级的网络金融法律监管体系、立体化的网络金融风险控制体系,全力推动网络金融知识产权保护与标准化建设。同时,要加强国际合作,稳健发展网络金融。

七、国家金融风险防范

金融危机是指全部或大部分金融指标的急剧、短暂和超周期的恶化。传统的金融危机主要包含银行危机、货币危机、债务危机、股市危机、并发性危机等。现阶段金融危机表现出一些新的特点:顺周期行为和制度加剧了风险恶性循环;系统重要性金融机构起着关键作用;金融创新增加了危机传递链条。在本节,我们通过对比亚洲金融危机、美国金融危机和欧债危机的发展过程、爆发的原因、产生的影响等方面因素,解析国家金融中风险防范的方法和策略。

(一) 金融危机发展过程

亚洲金融危机爆发于1997年7月,当时泰国将汇率制度由固定汇率制度转向浮动汇率制度,直接导致了泰铢兑美元的汇率下降了17%,印度尼西亚、菲律宾、新加坡、马来西亚、日本、韩国、中国等都受到严重影响。1998年,随着国际货币基金组织撤销对印度尼西亚的救助,这场危机迅速蔓延至整个东南亚,甚至连日元的汇率也持续下跌,金融危机不断深化。最后直到1999年,国际金融投机者对中国香港发动新一轮进攻,但当时中国金融政策比较谨慎,国际金融投机者并没有在中国香港完成收割;同时,俄罗斯突然改变其金融政策,没收国际投机者相关资产,导致其元气大伤。至此,亚洲金融危机才逐渐平息。

美国金融危机又称美国次贷危机。2007年4月,美国第二大次级抵押贷款公司新世纪金融公司(New Century Financial Corporation)申请破产保护,次贷信用风险在此阶段已经向亚洲、欧洲等地蔓延。2007年8月之后,美国贝尔斯登(Bear Stearns)投资银行旗下的两支基金倒闭,日本瑞穗银行(Mizuho Corporate Bank)损失了6亿日元等一系列事件爆发,金融危机愈演愈烈,逐渐成为全球性事件。2008年9月,随着美国财政部被迫接手房利美和房地美公司,第四大投资银行雷曼兄弟宣布破产,美林公司被美国银行收购,金融危机摧毁了华尔街的投资银行。

欧债危机一般指欧洲主权债务危机。早在2008年美国金融危机爆发时,北欧冰岛的主权债务问题就已经存在。2009年,国际评级机构连续降低希腊主权信誉评级,导致其主权债务问题越发激烈,欧债危机率先在希腊爆发。2010年之后,欧洲央行、国际货币基金组织对希腊的援助方案迟迟不能及时出台,希腊债务危机持续恶化,并向葡萄牙、爱尔兰、意大利等国家蔓延。

(二) 金融危机爆发原因

亚洲金融危机爆发的直接原因是以乔治·索罗斯(George Soros)为首的国际金融投机者利用市场游资对亚洲金融体系进行冲击。亚洲部分国家采取了不恰当的固定汇率制度,为引入外资,一些国家利用外汇储备来弥补逆差,导致外债负担加重。在债务负担较重的情况下,坏账、呆账等不良资产持续膨胀,加上金融市场的监管松散,在面对外部游资冲击时显得无能为力。

美国金融危机起源于其不合理的房地产金融政策。在货币政策宽松的环境下,资产证券化和金融产品过度创新导致美国房地产贷款的风险不断累积。例如,"两房"(即房利美和房地美公司)购买银行贷款并将其资产证券化在金融市场发行,再由投资银行进行组合创新,向国际各家银行出售,加上金融监管的放松,导致这场危机波及全球。

欧洲债务危机首先是由于欧洲各国为刺激经济增长长期采取量化宽松政策,加上社会的高福利,公共财政盈余无法支撑过度的举债消费。其次,爆发债务危机的国家产业结构也不平衡,缺乏实体经济的支撑,国际评级机构因此不断下调其主权信誉评级,使得"欧洲五国"(葡萄牙、爱尔兰、意大利、希腊和西班牙)的借款利息不断升高,进入恶性循环,陷入债务危机。

(三)金融风险防范方法

这三次金融危机发生的过程中,有一些相同的风险特征值得注意:①宏观审慎监管缺失,对风险的累积没有做出及时的反应;②对系统重要性金融机构监管不足;③宏观政策失误,财政政策、货币政策、汇率政策未能合理搭配;④对投资者权益的保护力度不足。

世界各国应该把金融的发展建立在金融稳定的磐石上,在规则下促竞争,在稳定中求发展。当前,为防范金融风险演化为金融危机,世界各国尤其要加强金融市场自身的定位发展和法制法规的监管制度建设。

一是要更加注重把握金融服务实体经济的本质要求。近年来,世界各国实体经济加速转型升级,为金融创新提供了广阔的空间。但是,这种创新需要以服务实体经济为核心,着力解决中小微企业融资难、融资贵,农村金融服务薄弱,科技产业化金融支持薄弱等实际问题,切实发挥金融应有的作用。

二是要更加注重完善金融监管体制。健全的监管组织形式和长效机制,是做好金融风险处置工作的基本保障。各国需要在国家层面建立金融稳定工作协调、信息共享和监管机制,对交叉性金融业务、重大金融风险事件等影响金融稳定的问题需要实施联合管理。同时,建立多维度的金融风险监测、评估和预警体系,及时发现并防范风险苗头。

三是要更加注重中小投资者的利益保护。开展金融创新,绝不能以牺牲中小投资者利益为代价来换取短期的虚假繁荣。各国更应该积极探索投资者保护措施,建立专门的金融消费者维权组织,完善投资者投诉、金融纠纷仲裁等机制,切实提高金融产品的透明度和规范性,保护中小投资者的利益。

世界各国需要从金融危机当中总结经验教训,深刻认识金融的脆弱性和风险性,并及时采取措施,多管齐下,更有效地防范和处置金融风险。

八、国家金融国际参与

在本章第一节中,我们已经论述了现代金融体系的六大方面——金融市场要素体系、金融市场组织体系、金融市场法制体系、金融市场监管体系、金融市场环境体系和金融市场基础设施。当今的世界金融发展越来越要求世界各国相互合作,共同构建符合大多数国家利益的国际金融体系。根据当前这一现实需求,国家金融学主要侧重从国际金融机构体系、国际金融基础设施和国际金融监管协调三方面进行分析和思考。

(一) 国际金融机构体系

金融机构主要分为商业机构、监管机构、政策机构三类。现有的国际金融机构,更多地被称为业务机构或业务协调机构,包括国际清算银行、国际货币基金组织、世界银行,以及区域性国际金融机构如亚洲基础设施投资银行、金砖国家新开发银行等。主要国际金融机构的简介见表1-7。

表1-7 国际金融机构简介

机构名称	成立时间	总部	主要宗旨
国际清算银行	1930年5月	瑞士巴塞尔	促进各国中央银行之间的合作,为国际金融业务提供便利,接受委托或作为代理人办理国际清算业务等
世界银行	1945年6月	美国华盛顿	通过对生产事业的投资,协助成员国经济的建设,鼓励不发达国家对资源的开发等
国际货币基金组织	1945年12月	美国华盛顿	促进国际货币合作,为国际货币问题的磋商和协作提供方法等

续表1-7

机构名称	成立时间	总部	主要宗旨
美洲开发银行	1959年12月	美国华盛顿	集中各成员国的力量,对拉丁美洲国家的经济、社会发展计划提供资金和技术援助
非洲开发银行	1964年9月	科特迪瓦阿比让	促进非洲地区成员国的经济可持续发展和社会进步
亚洲开发银行	1966年11月	菲律宾马尼拉	通过援助亚太地区发展中成员,帮助其消除贫困,促进亚太地区的经济和社会发展
金砖国家新开发银行	2015年7月	中国上海	资助金砖国家及其他发展中国家的基础设施建设
亚洲基础设施投资银行	2015年12月	中国北京	促进亚洲地区的建设互联互通化和经济一体化进程,并且加强中国与其他亚洲国家或地区的合作

(资料来源:根据有关公开资料整理。)

可以发现,现有的国际金融机构主要是美国主导下"二战"之后的产物。一方面,这些国际金融机构在世界经济和区域经济的发展中起到一定的积极作用;另一方面,这些国际金融机构被少数国家所掌控,大多数国家的诉求、建议和呼声未得到足够的重视,各国改革、完善国际金融机构体系的意愿日渐强烈。

(二) 国际金融基础设施

狭义的国际金融基础设施主要指以国际中央银行为主体的支付清算体系;广义的国际金融基础设施还包括确保国际金融市场有效运行的法律程序、会计和审计体系、信用评级以及相应的金融标准及交易规则等。它既是国际金融体系有效运行的必要条件,又是实现国际金融安全交易、风险对冲和信息获取的关键因素。它主要包括支付清算体系(场内)、中央交易对手和交易信息库(场外)、三大信用评级机构、四大会计师事务所、金融业标准等。

支付清算体系是指由提供支付清算服务的中介机构和实现支付指令传递及货币资金清算的专业技术手段共同组成,用以实现债权、债务清偿的一种金融安排。主要包括资金电划系统（Federal Reserves Wire Transfer System，Fedwire）、纽约清算所银行同业支付系统（Clearing House Interbank Payment System，CHIPS）、欧洲跨国大批量自动实时快速清算系统（Trans-European Automated Realtime Gross Settlement Express Transfer，TARGET）、人民币跨境支付系统（Cross-Border Interbank Payment System，CIPS）、瑞士跨行清算系统（Swiss Interbank Clearing System，SIC）、英镑清算系统（Clearning House Automated Payment System，CHAPS）、日本银行金融网络系统（Bank of Japan Financial Network System，BOJ-NET）。中央交易对手相当于为场外金融衍生产品建立一个集中清算机制，交易信息部门则负责为监管者、市场参与者和公众提供信息，提高场外验收产品市场的透明度。主要包括环球银行金融电讯协会（Society for Worldwide Interbank Financial Telecommunication，SWIFT）、支付清算体系委员会（Committee on Payment and Settlement Systems，CPSS）等。世界三大信用评级机构包括惠誉国际（Fitch Ratings）、标准普尔公司（Standard & Poor's）和穆迪（Moody's）。四大会计师事务所包括普华永道（PWC）、毕马威（KPMG）、德勤（DTT）和安永（EY）。金融业标准是国际金融行业必须共同遵守的统一规范和通用语言，包括会计准则、巴塞尔协议、风险管理标准、统计标准等。

（三）国际金融监管协调

金融国际化发展日益强劲，对国际金融监管形成了新的挑战。当前的国际金融监管协调组织主要有两类：一类是对成员国没有法律约束力的国际监管组织，包括巴塞尔银行监管委员会、国际证券会组织、国际保险监督官协会等；另一类是以国际法或区域法为基础，对成员国具有法律约束力的监管组织，包括欧盟金融监管系统（European System of Financial Supervisors，ESFS）、金融稳定理事会（Financial Stability Board，FSB）等。

从国际金融监管的实际来看，监管协调主要存在四种形式：双边谅解备忘录、多边论坛、以统一监管标准为基础的协调及统一监管。监管内容主要包括六个方面：①建立监管信息共享机制；②加强跨国金融机构监管；③实施跨国金融机构的并表监管；④建立国际统一监管标准；⑤强化金融集团监管；⑥实施区域性金融监管一体化。

但是，现存的国际金融监管协调体系仍存在不少障碍。首先，双边监管协调缺乏一种稳定的保障机制。这使得谅解备忘录往往流于形式。其次，多边监管协调又往往流于理念探讨，没有法律约束力。例如，欧盟实施了部分统一监管，但监管实质权力还是分散在各国监管当局中。最后，国际三大金融监管协调组织的监管标准难以适应各国发展水平不一致的需要。当前的国际金融监管协调面临着国际金融监管失效和监管空白的问题。

现代金融国际监管协调和强化统一监管的趋势正越来越强，如金融稳定理事会等正在发挥越来越大的作用，信息技术、机构体系、标准规则统一化趋势也在不断加强。在寻求推进国际金融监管的过程中，国际金融稳定性和国际金融监管有效性的问题摆在世界各国面前，需要各国共同探讨，寻求改革创新的完善方案。

第三节　国家金融学与公司金融学、国际金融学的比较

一、公司金融学

（一）公司金融学的定义与研究对象

公司金融学又称公司财务管理、公司理财等。它是金融学的分支学科，用于考察公司如何有效地利用各种融资渠道，获得最低成本的资金来源，并形成合适的资本结构；包括企业投资、利润分配、运营资金管理及财务分析等方面的内容。它会涉及现代公司制度中的一些诸如委托–代理结构的金融安排等深层次的问题。一般来说，公司金融学会利用各种分析工具来管理公司的财务，例如，使用贴现法来为投资计划总值做出评估，使用决策树分析来了解投资及营运的弹性。

公司金融学主要研究企业的融资、投资、收益分配以及与之相关的问题。一般而言，企业的"财务"或"理财"是以现金收支为主的企业资金收支活动的总称，是建立在企业的会计信息基础上加以管理的。而公司金融学所研究的内容要庞大得多。一是它不再局限于企业内部，因为现代公司的生存和发展都离不开金融系统，所以，必须注重研究企业与金融系统之间的关系，以综合运用各种形式的金融工具与方法，进行风险管理和价值创造。这是现代公司金融学的一个突出特点。二是就企业内部而言，公司金融学所研究的内容也比"财务"或"理财"要广，它还涉及与公

司融资、投资以及收益分配有关的公司治理结构方面的非财务性内容。

（二）公司金融学的主要研究问题

从现代公司金融理论的研究文献来看，大致包括以下五个部分的内容。

1. 公司的融资问题

公司融资的核心问题是资本结构。1958年，莫迪利亚尼与米勒合作发表了开创性的论文《资本成本、公司融资与投资理论》，奠定了现代公司金融理论研究的基点。此后，公司金融学的大量文献集中于研究公司最优资本结构是否存在以及如何决定的问题。研究者探讨影响和决定企业目标资本结构的各种因素，考虑到税差效应、破产成本、信号效应和代理成本，由此产生了信号理论、代理成本理论、权衡理论、新优序融资理论等一系列的理论成果。

2. 公司的投资决策问题

主要研究公司投资进行的有关重大活动，诸如对投资方向、投资规模、投资结构、投资成本与收益等所作出的判断和决定。在选择投资项目时，常见的投资决策方法有 NPV 法（净现值法）、IRR 法（内部收益率法）、回收期法、盈利指数法等，用以衡量可投资项目的优劣。

3. 公司的治理结构问题

公司治理是一套程序、惯例、政策、法律及机构，影响着如何带领、管理及控制公司。公司治理方法也包括公司内部利益相关人士及公司治理的众多目标之间的关系。主要利益相关人士包括股东、管理人员和理事。其他利益相关人士包括雇员、供应商、顾客、银行和其他贷款人、政府政策管理者、环境和整个社区。例如，股权结构分散使任何单一股东缺乏积极参与公司治理和驱动公司价值增长的激励，会导致公司治理系统失效，产生管理层内部人士控制问题，形成公司管理层强、外部股东弱的格局。因此，为了调和公司管理层与外部股东之间的利益偏差，减少代理成本，可通过恰当的薪酬结构设计，使双方的利益趋于一致。

4. 与公司融资、投资以及估价相关的技术问题

这些问题包括融资产品定价、融资时机与方式、融资工具创新、风险管理等。资本资产定价模型、期权定价模型等金融估价的理论与技术的发展，对公司金融学的发展起到了强大的推动作用。一些以企业融资与风险管理为目的所创新的金融工具，如混合证券设计，正是建立在这些重要的原理与技术基础之上。

5. 金融研究方法

与标准的金融理论假设不同，融合心理学的行为公司金融研究方法开始受到理论界的重视。学者们运用行为方法所进行的IPO（首次公开募股）、增发股票、股票回购和公司分立方面的研究，得出了与传统研究方法所不同的结论，进一步丰富了公司金融理论。

（三）国家金融学与公司金融学的比较

国家金融学与公司金融学的对比见表1-8。传统的金融理论，如公司金融，更多地关注微观主体，从企业的视角出发，研究与企业相关的投资、融资问题等，目的是实现微观金融管理，使得经济体系中的企业价值最大化。但是，国家金融学不同，它从国家的视角出发，研究现代金融体系下各国的国家金融行为，目的是实现宏观金融管理，促进一国金融健康稳定，推动一国经济繁荣发展。

表1-8　国家金融学与公司金融学对比

	国家金融学	公司金融学
研究目的	揭示国家金融行为以及国与国金融相互关系的一般规律	企业利润最大化、企业每股盈余最大化、企业价值最大化
研究对象	现代金融体系条件下的世界各国国家金融行为属性	研究企业的融资、投资、收益分配以及与之相关的问题
研究问题	国家金融顶层布局 国家金融监管协调 国家金融层级发展 国家金融内外联动 国家金融弯道超车 国家金融科技创新 国家金融风险防范 国家金融国际参与	公司的融资问题 公司的投资决策问题 公司的治理结构问题 与公司融资、投资以及估价相关的技术问题 金融研究方法

公司金融学属于微观金融，而国家金融学属于宏观金融。宏观金融是在微观金融的基本思想、基本逻辑的基础上发展起来的。但是，两者又有着一定区别。以公司金融学为代表的微观金融更关注某个组织、个人或者

企业在经济体系中的决策，以及这些决策会对组织、个人、企业造成的影响。但是，以国家金融学为代表的宏观金融则更关注整个国家的金融体系如何运行，如何作用于实体经济，使金融以及经济运行、发展得更稳定、更迅速。这两者是金融体系运行的两个不同层次，微观金融是宏观金融的基础，宏观金融的良好状况是微观金融活动可以有序进行的必要条件。

如此看来，公司金融学就有了一定的局限性。在金融管理上，公司金融学只关注微观上的管理，企业为了实现企业价值最大化的目标，往往只需要考虑局部的利益。但是，从宏观上来看，一个国家需要调节金融顶层布局与其他各方面之间的平衡，不能只考虑局部利益最大化，还需要考虑地区平衡、国家金融安全、国家战略和国际竞争力等多个方面的问题。国家金融学在这其中就扮演着极其重要的角色，补足了公司金融学的缺陷，从国家宏观调控的视角，实现国家利益的最大化。

二、国家金融学与国际金融学

国际金融学是从货币金融的角度研究开放经济下内外均衡同时实现问题的一门独立学科。而国家金融学有别于一般金融学所涉及的国家金融事务方面的问题，它是从国家金融发展最核心和最迫切需要解决的问题着手进行研究的学科。两者在研究对象、理论特征、对国际金融体系的研究等方面存在着区别和联系。

（一）国际金融学的研究对象

首先，国际金融学研究国际贸易与资本流动，必然涉及不同货币之间的相互兑换问题以及兑换的比价问题。比价的确定、调整，以及比价高低对本国经济的影响等，是国际金融学研究的第一个对象。其次，在开放条件下，国家之间互相对对方的货币有需求，由此出现了货币兑换的外汇市场。开放环境除了为各国的发展实现优势互补提供条件外，也带来了一些新的问题，即如果想进口外国的产品，就需要外汇，而外汇的取得必须通过出口或者吸引外国资本，这就产生了国际收支问题，即国际金融学的第二个研究对象。最后，国际经济往来的加强，要求有一种世界货币来充当媒介以促进世界贸易和经济的发展。本国货币、外国货币与世界货币的相互关系和各种不同类型的世界货币之间的相互关系是什么，以及国际间的货币的流通如何引起通货膨胀，是国际金融学的第三个研究对象。由此，现代国际金融学形成了三项主要理论。

第一，汇率决定理论。汇率决定理论是用以说明如何决定一国货币与另一国货币的兑换比率的理论。国际金融学主要从影响两国兑换比率的若干个因素中，选择最有影响的因素加以说明。与汇率决定问题联系在一起的还有汇率波动原因的分析、维持汇率基本稳定的对策的分析以及汇率升降的经济效应的分析等。

第二，国际收支调节理论。国际收支调节理论是用以说明一国的国际收支如何进行调节的理论。国际金融学主要从国际收支调节的内在因素和外部因素进行分析，并在若干个有影响的因素中选择最有影响的因素加以选择。与国际收支调节问题联系在一起的问题包括国际收支均衡与失衡的原因分析、国际收支从失衡到均衡的对策的分析等。

第三，国际通货膨胀理论。国际通货膨胀理论是用以说明国际上的通货膨胀如何发生、如何从一国传递到另一国的理论。与国际通货膨胀问题联系在一起的有不同国家和地区通货膨胀率差异的原因分析、应付通货膨胀从国外传递到本国的主要对策分析、消除国际通货膨胀对本国不利影响的对策分析等。

这些研究对象和基于此发展的理论服务于国际金融的核心目标——内外均衡的实现。但是，这一目标又在一定程度上是存在矛盾的。例如，我国为了实现国内经济均衡，必须将过剩的产品出口，而过多的出口将带来长期的贸易顺差和外汇储备的大量积累，使得国际收支不平衡，而这种不平衡是不可以长期维持的。由于外汇代表了外国的购买力，即外国的资源，因此，从实际资源角度看，国际收支不平衡意味着资源持续地从一国流向另一国，这必然是一种不可持续的过程。而如果为了追求国际收支平衡，有时就要牺牲国内的经济均衡。因此，如何处理这一矛盾是国际金融理论研究的中心问题。

（二）国际金融学的理论特征

现代国际金融学理论本身具有两个明显的特征：一是带有较大程度的西方经济理论的学派色彩。比如，在国际收支调节理论方面，国际收支调节的吸收理论便带有凯恩斯学派的色彩，而货币理论则带有货币学派的观点。又比如在国际通货膨胀理论方面，结构理论就带有制度学派的色彩。二是国际金融学的发展同"二战"以来的国际金融活动密切相关。"二战"以来，国际金融领域发生了一系列的变化，如资本的国际流动大幅增加，资本的国际流动和投放形式出现巨大转变，布雷顿森林体系产生、发展再到崩溃，国际货币基金组织和世界银行所发挥的重要作用，等等。汇率决定理论、国际收支调节理论、国际通货膨胀理论的发展，都同这些变化相关，因此，现代国际金融学是具有较强的应用性质的学科。

从方法论上看，首先，国际金融学研究充分注意宏观经济运行问题，把国际金融活动尽可能纳入宏观经济运行的范围内进行分析。其次，国际金融学研究突出微观个体预期因素的作用，使心理分析同经济运行分析紧密地结合在一起。再次，国际金融学研究将存量分析与流量分析进行结合，使之日益成为常用的分析方法。最后，国际金融学大量采用数量分析方法，并强调实证分析的意义，有助于使复杂的国际金融现象变得比较清晰。

（三）国际金融学研究中的国际金融体系

国际金融体系是调节各国货币在国际支付、结算、汇兑与转移等方面所确定的规则、管理、政策、机制和组织机构安排的总称。国际金融学研究的国际金融体系的主要内容包括：①国际收支及调节机制。它能够有效地帮助与促进国际收支出现严重失衡的国家通过各种措施进行调节，使其在国际范围内能公平地承担国际收支调节的责任和义务。②汇率制度的安排。由于汇率变动可直接影响各国之间经济利益的再分配，因此，形成一种较为稳定的、各国共同遵守的国家间汇率安排，成为国际金融体系所要解决的核心问题。③国际储备资产的选择与确定。例如，采用什么货币作为国家间的支付货币？在一个特定时期如何确定中心储备货币，以维护整个储备体系的运行？④国家间金融事务的协调与管理。各国实行的金融货币政策会对相互交往的国家乃至整个世界经济产生影响，因此，如何协调各国与国际金融活动有关的金融货币政策，通过国际金融机构制定若干为各成员国所认同与遵守的规则、惯例和制度，也构成国际金融体系的重要内容。

（四）国家金融学与国际金融学的比较

前面我们已经介绍了国际金融学的研究对象、理论特征和国际金融体系，国家金融学在这几个方面与国际金融学存在一些区别和联系。

在研究对象方面。概括起来，国际金融学的研究对象是不同货币之间的静态和动态关系、从货币角度出发的国内宏观经济与国际经济的相互关系以及从货币角度出发的世界经济及相关问题，重点在于从货币角度出发，以达到国家金融内外均衡的同时实现；而国家金融学在研究对象上则是现代金融体系条件下的世界各国国家的金融行为属性，重点是从国家金融行为出发，以促进经济和金融的发展。由此，国家金融学将国际金融学中同时实现内外均衡的目标进一步细化落实到国家的具体金融行为上，不仅从货币角度看待国家间的金融交往，还从金融顶层布局、金融发展措施、金融风险防范等角度给出实现内外均衡的相关路径。这些区别尤其体现在关注的具体问题方面，相较于国际金融学，国家金融学不仅关注国家金融在国际金融体系中的参与，还关注国家金融的纵向和横向发展、金融科技创新与赶超、金融风险防范和监管等国家金融运行当中的重点问题。

在理论特征方面，与国际金融学不同，国家金融学理论本身并不拘泥于某一特定学派的理论解释，而是针对国家金融发展中最核心又最迫切的问题提出解决方案。国际金融学的研究方法虽然庞大而繁杂，但世界各国从事金融工作的人员在进行决策时，仅从货币角度进行宏观分析，无法得出有说服力的政策；又或者过于将精力聚焦于微观个体预期的某个计算数式或时节片段上，而在面对国家跨国域的金融布局、跨行业的金融改革和跨层级的金融举措时显得茫然无措。国家金融学则在国家层面为研究决策提供了一个准确的切入点，它以国家金融发展中的核心问题作为切入点，深入研究国家层面的金融发展和监管，为国家金融决策提供有力的支持。国家金融学与国际金融学的相同之处在于，国家金融学也是一门理论结合实践、具有较强实践意义的学科，其发展也同当今世界各国的国家金融实践密切相关，它们都能作为各国制定对外经济政策和建立经济合作的依据。

在国际金融体系研究方面，国家金融学不同于国际金融学的研究范式，在研究国际金融体系时，首先提出现代国际金融体系所应包含的六个方面：金融市场体系、金融组织体系、金融法制体系、金融监管体系、金融环境体系、金融基础设施体系。通过系统梳理当前国际金融体系的现状及存在的不足，提出现代金融体系结构和要素的配套与健全将是下一阶段现代国际金融体系改革和完善的方向，并从国际金融理念创新、国际金融制度创新、国际金融组织创新、国际金融技术创新等角度给出了完善当前国际金融体系的建议和路径。本书的第二章、第三章、第四章将结合国家金融学所主张的现代国际金融体系的六大功能架构来梳理当前的国际货币体系、国际金融体系和国际金融监管体系,并在第五章提出在国家金融学视角下国际金融体系改革的方向和建议。

总体来看,国家金融学作为一门新创设的金融学科,以国际金融学作为基本理论指导,并且在研究对象、理论特征和国际金融体系等方面更进一步聚焦于国家金融行为,有助于完成国际金融学所寻求的经济对内对外均衡的同时实现,也拓宽了国际金融学在实践领域的应用范围。

◆思考讨论题◆

1. 为什么要研究国家金融学?
2. 国家金融学的研究对象的五个层次是什么?
3. 国家金融学的现代金融体系包括哪六个方面的内容?
4. 简述现代金融监管体系中的三种模式。
5. 国家金融学、公司金融学和国际金融学的异同点是什么?
6. 进行国家金融顶层布局的意义是什么?
7. 金融监管的理论依据主要有哪些?
8. 金融压抑和金融自由化的内涵是什么?
9. 分析离岸业务在岸交易结算模式的四种类型的利弊。
10. "碳交易"捆绑"人民币结算"能否演绎人民币国际化弯道超车的新路径?
11. 什么是数字货币和网络金融?
12. 如何防控系统性和区域性金融风险?
13. 如何看待国际金融监管的协调与挑战?
14. 国家金融学和国际金融学的主要区别体现在哪里?

第二章 国际货币体系演进

上一章对国家金融学及其研究对象做了梳理，并简要地比较了国家金融学与国际金融学的异同。在接下来的章节中，本书将重点着眼于国家金融学视角下的国家金融国际参与和国际金融体系的改革创新。想要明确国际金融体系下一阶段改革和完善的方向，首先需要厘清国际金融体系的演进逻辑和当前存在的缺陷和不足。有鉴于此，本书在具体提出国际金融体系改革的建议之前，需要梳理总结国际金融体系的过去和现在。本书的第二、第三、第四章将结合国家金融学所主张的现代国际金融体系的六大功能架构来梳理当前的国际金融体系。本章首先对国际货币体系的发展脉络、演进逻辑进行梳理和总结。

第一节 金本位制

国际金本位通过避免"第N种货币"问题，解决了储备货币本位制固有的不对称性问题。[①] 在金本位制下，各国能够随时准备用本国货币兑换黄金来维护本国货币的官方价格，因此，本国货币实现了与黄金相挂钩。因为有N种货币导致了N种以这些货币计算的黄金价格，所以没有一个国家在这个体系中占据特殊地位，每个国家都有责任将本国货币的价格与官方国际储备资产黄金挂钩。

---

① 在储备货币本位制中，储备货币发行国占有天然的特殊地位，因为它从不需要干预外汇市场：如果世界上有N个国家的N种货币，那么对储备货币的汇率就只有N-1种。如果N-1个非储备货币国家固定了它们对储备货币的汇率，那么储备货币发行国就没有必要固定自己的汇率了。因此，储备货币发行国不需要进行外汇干预，也不需要承担维持国际收支平衡的压力。上述问题即为储备货币本位制下，"第N种货币"问题引起的不对称性。

一、什么是金本位制

金本位制的起源与金币作为交换媒介、计算单位和价值储存手段有关。事实上,黄金自古以来就扮演着这些角色。金本位制作为一种法律制度可以追溯到 1819 年,当时,英国议会废除了从英国出口金币和金条的长期限制。在 19 世纪,美国、德国、日本等国家也采用了金本位制。当时,英国是世界经济强国,其他国家也希望通过效仿英国来取得类似的经济成功。鉴于英国在国际贸易中的卓越地位及其在金融业和工业的先进性,伦敦自然成为了建立在金本位基础上的国际货币体系中心。

由于各国在金本位制下将本国货币与黄金挂钩,因而官方的国际储备大多采取黄金的形式。金本位制还要求每个国家都允许无限制地跨境进出口黄金。在这些安排下,金本位就像储备货币体系一样,使所有货币之间的汇率固定下来。例如,如果美元与金价的兑换固定为每盎司 35 美元,英镑与黄金的兑换价格固定为每盎司 14.58 英镑,则美元与英镑的汇率必然会固定为 2.40 美元/英镑。储备货币体系下的套汇过程同样也保持了金本位制度下的汇率稳定。

(一) 金本位制下的对称货币调整

由于金本位制度内在的对称性,该体系中没有一个国家会因为不需承担干预义务而占据特权地位。通过考虑中央银行购买国内资产的国际效应,我们可以更详细地了解货币政策在金本位制度下是如何运作的。

假设英国央行(英格兰银行)决定通过购买国内资产来增加货币供应量,英国货币供应量的增加将给英国利率带来下行压力,这使得外币资产比英国货币更具吸引力,英镑存款的持有者会试图卖出英镑从而换取外国存款。事实上,在浮动汇率制下,英镑将会贬值直到重新确立利率平价为止。然而,当所有货币都与黄金挂钩时,就不可能出现这种贬值的情况。在金本位下,不愿意持有英镑存款的持有者可以将资产出售给英格兰银行,而英格兰银行不得不按照固定价格以黄金兑换英镑。获得黄金后,投资者可以将黄金卖给其他国家的中央银行从而兑换外币,从而投资利率比英镑资产回报率更高的外币存款。在这个过程中,英国经历了私人资本的外流,而其他国家则经历了私人资本的流入。

上述过程恢复了外汇市场的平衡:英格兰银行失去了外汇储备,因为它被迫卖出黄金，以保持黄金与英镑的兑换价格；外国央行则用本国货币购买黄金，从而获得外汇储备。各国平均分担了国际收支调整的负担。由于英国的官方外汇储备在下降，英国的货币供应量随之将会下降，由此推动英国利率回升；而外国的外汇储备在增加，因此，外国货币供应量将会上升，由此推动外国利率下降。一旦各国利率再次趋于相等，资产市场就处于均衡状态，英国央行失去黄金、外国央行获得黄金的趋势将不复存在。世界总货币供应量最终会比英国央行购买国内资产的数量要高，此时，世界各地的利率都有所下降。这个例子说明了金本位制下国际货币调整的对称性。当我们看到一个国家因失去外汇储备而导致货币供应量减少时，其他国家就会增加外汇储备使其货币供应量增加。

（二）金本位制的利弊

金本位制的拥护者认为，除了对称之外，金本位制还有另一个可取之处。由于世界各国央行都必须确定黄金的货币价格，而过快的货币供应量增长最终会提高包括黄金在内的所有商品和服务的货币价格，因而央行绝对不允许货币供应量的增长速度超过实际货币需求的增长速度。由此可见，金本位制度自动抑制了扩张性货币政策带来的价格水平上升。这些限制可以使货币的实际价值更加稳定且具有预测性，从而促进货币使用所产生的贸易经济。

当然，金本位制也存在明显的缺陷。

（1）金本位制度对央行使用货币政策抗击失业造成了不必要的限制。例如，在全球经济衰退中，所有国家联合增加货币供应量可能是一种可取的措施，即使这会提高以本国货币计算的黄金价格。

（2）只有在黄金和其他商品及服务的相对价格稳定的情况下，将货币价值与黄金挂钩才能确保总体价格水平的稳定。

（3）建立在黄金基础上的国际支付体系存在问题，因为各国央行无法随着经济增长而增加其国际储备，除非有源源不断的黄金出现。各国央行都需要持有一些黄金储备，以固定其货币的黄金价格，并将其作为不可预见的经济灾难的安全垫。各国央行可能会试图通过出售国内资产来争夺外汇储备，从而减少货币供应量，导致全球性的失业率上升。

（4）金本位可以使那些黄金潜在产量巨大的国家（如俄罗斯和南非）有相当大的能力通过黄金的市场销售来影响全世界的宏观经济状况。

由于上述缺点的存在，鲜有经济学家支持回归金本位制。早在 1923 年，英国经济学家约翰·梅纳德·凯恩斯就把黄金描述为早期国际货币体系的"野蛮遗迹"。虽然大多数中央银行继续持有一些黄金作为其国际储备的一部分，但黄金价格在影响各国货币政策方面已没有特别的作用。

（三）与金本位制相关的其他本位制

1. 复本位制

直到 19 世纪 70 年代早期，许多国家都坚持以金银为货币基础的复本位制。美国从 1837 年到 19 世纪 60 年代一直坚持复本位制，而法国曾是世界上最重要的复本位制国家。

在复本位制下，一个国家的铸币厂将一定数量的黄金或白银铸成国家货币单位。例如，在内战前的美国，371.25 格令的银和 23.22 格令的黄金可以分别铸币为面值 1 美元的银币或面值 1 美元的金币，这一铸币平价使得相同单位黄金的价值是白银的 16 倍。

不过，铸币平价可能会与这两种金属的市场相对价格不同，一旦出现这种情况，其中一种金属可能会退出流通。例如，如果以白银计算的黄金价格上升到 20：1，白银将相对于 16：1 的铸币平价贬值，此时，任何人都不愿意在铸币厂把黄金变成金币，因为任何人都可以在市面上使用黄金购买白银，然后将白银铸造成美元银币，这将可以获得更多面值的美元。因此，当黄金的相对市场价格超过造币厂的相对价格时，黄金就会退出货币流通，而金币则会消失。

复本位制的好处是它可以减少由于单独使用一种金属而造成的价格水平不稳定的情况发生。一旦黄金变得稀缺而昂贵，廉价而相对丰富的白银将成为主要的货币形式，从而减轻纯金本位所带来的通货紧缩。尽管有这一优点，但到 19 世纪末，世界上大多数国家仍普遍追随英国采用纯金本位制。

2. 金汇兑本位制

处于金本位制和纯粹储备货币本位制之间的是金汇兑本位制。在这一本位制下，中央银行的储备包括黄金和价格固定的货币，每个中央银行都将其汇率固定在一种价格固定的货币上。金汇兑本位制可以像金本位制一样在抑制全球货币过度增长方面发挥作用，但它在国际储备的增长方面比金本位具有更大的灵活性，因为国际储备可以包括黄金以外的资产。然而，金汇兑本位制仍受制于前文所列示的其他限制。

实际上，"二战"后以美元为中心的储备货币体系最初是作为金汇兑本位制而建立的。在外国央行将汇率与美元挂钩的同时，美联储负责将黄金的美元价格保持在每盎司 35 美元的水平。到 20 世纪 60 年代中期，该体系的运作实际上更像是一个纯粹的储备货币体系。到了 1971 年 8 月，时任美国总统尼克松单方面切断了美元与黄金的联系，不久之后，固定美元汇率体系就被放弃了。

二、1870—1914 年之间金本位制下的国际宏观经济政策

在 1870—1914 年实行金本位制期间，国际宏观经济政策理念与"二战"以后相关的理念大不相同。然而，这段时期值得关注，因为随后基于固定汇率尝试改革国际货币体系，可被视作在巩固金本位制度优势的同时避免其弱点。本节将探讨在第一次世界大战（简称"一战"）之前，金本位制是如何在实践中发挥作用的，并检视金本位制如何有效地帮助各国实现内部和外部平衡的目标。

（一）金本位制下的对外收支平衡

在金本位制下，中央银行的主要职责是固定其货币与黄金之间的汇率。为了维持这个官方黄金价格，中央银行需要足够的黄金储备。因此，政策制定者并不从经常账户目标的角度来看待外部平衡，而是将其视为一种情况，即央行既没有从国外获得黄金，也没有以过快的速度流失黄金。

中央银行试图避免国际收支的剧烈波动，即经常账户和资本账户余额与国外非储备资金净流动余额之间的差额。因为在这一时期，国际储备采取了黄金的形式，国际收支的盈余或赤字必须通过中央银行之间的黄金转移来解决。为避免金价大幅波动，各国央行采取了将国际收支平衡推向零的政策。当一个国家的经常账户和资本账户的总和减去资本账户的非储备部分等于零时，这个国家的经常账户和资本账户的余额完全由私人国际贷款来提供，而没有官方储备的流动，这个国家就被称为处于国际收支平衡。

许多政府对经常账户采取放任的态度。1870 年至"一战"期间，英国的经常账户盈余占其国民生产总值的 5.2%。以 1945 年后的标准来看，这个比例显得相当高。然而，有几个借款国在偿还其外债时确实一度遇到

困难。也许是因为英国在那些年是世界上主要的资本出口国,引领着国际经济理论,所以金本位时代的经济学说很少出现经常账户调整的问题。

(二) 物价—现金流动机制

金本位制包含一些强有力的自动机制,有助于所有国家同时实现国际收支平衡。其中,最重要的是物价—现金流动机制(Price-Specie-Flow Mechanism),其在18世纪得到了广泛的认可。1752年,苏格兰哲学家大卫·休谟使用下列语言描述了这一机制。

> 假如一夜之间,全英国五分之四的钱都消失了,全国的硬币数量也相应锐减,结果会怎样呢?难道所有劳动力和商品的价格不应该按比例下降,所有商品不应该都廉价出售吗?有哪个国家会在国外市场与我们发生争执,或者假装以同样的价格操纵或销售产品,这样我们就能获得足够的利润?因此,我们必须在多长时间内收回我们失去的钱,并将其提高到所有邻国的水平?届时,我们马上就失去了劳动力和商品廉价的优势,而源源不断的资金流入被我们的丰足所阻止。再假设一下,英国所有的钱一夜之间翻了五倍,难道不会产生相反的效果吗?不能把所有的劳动力和商品价格都涨得太高,以致邻国都买不起我们的东西;而另一方面,外国的商品相对便宜,不管有什么法律障碍,国外商品还是会流入,而我们的钱就会流出;直到我们的货币供应量回落到和外国一样的水平时,我们是否就失去了那种使我们处于不利地位的巨大财富优越感?[①]

我们很容易把休谟对物价—现金流动机制的描述转述成更现代的术语。假设英国的经常账户和资本账户盈余大于其非储备金融账户的赤字,因为外国人从英国的净进口不能完全由英国的贷款来提供资金,缺口必须由国际储备来弥补,即英国发生了黄金流入,那么这些黄金流动会自动减少外国的货币供应量,推动外国价格水平下降;而英国货币供应量上升,英国价格水平上升。

在固定汇率下,英国物价的上涨和外国物价的下跌标志着英镑的实际

---

① David Hume. "On the Balance of Trade," in Barry Eichengreen, Marc Flandreau, *The Gold Standard in Theory and History*. London: Routledge Press, 1997.

升值，因此，减少了外国对英国商品和服务的需求，增加了英国对外国商品和服务的需求。这些需求转变将减少英国的经常账户盈余和外国经常账户赤字。在这一机制下，储备流动最终停止，所有国家都达到国际收支平衡。同样的过程反过来也会起作用，即外国盈余和英国赤字的初始局面将回归至国际收支平衡。

（三）金本位制的规则

理论上，物价—现金流动机制可以自动运行。但各国央行对跨境黄金流动的反应，提供了另一个恢复国际收支平衡的潜在机制。在不断丧失黄金储备的情况下，央行将面临无法兑现纸币的风险。因此，当黄金价格下跌时，他们有动机出售国内资产，推高国内利率，吸引外国资金流入。而相对地，当黄金不断流入时，央行减少黄金进口的动机则变得很弱。其主要的诱因是，与"贫瘠"的黄金相比，可生息的国内货币资产有更大的盈利能力。一个正在积累黄金的央行可能会受到购买国内资产的诱惑，从而降低国内利率，增加资本外流，并将黄金推到国外。

如果中央银行采取上述信贷措施，将会通过推动所有国家的国际收支平衡，加强物价—现金流动机制。"一战"后，在面临赤字时出售国内资产、在面临盈余时购买国内资产的做法，被称为金本位的"游戏规则"。由于这些措施加速了所有国家向其外部平衡目标的移动，因而提高了金本位制度内在自动调整过程的效率。

但事实上，根据后来的研究回顾，在1914年之前，金本位的所谓"游戏规则"经常被违背。如上所述，赤字国家比盈余国家更有动力遵守这一规则，因此，实际上是赤字国家承担了使所有国家的收支平衡的负担，因为盈余国家经常不采取行动来减少黄金流入，这使得金本位制下的国际协调关系被恶化。赤字国家可能会采取过度紧缩的货币政策来争夺有限的黄金储备，由此损害了国民就业，同时也无助于改善它们的储备头寸。

事实上，各国往往会颠倒规则，冲销黄金流动，即在外汇储备上升时出售本国资产，在外汇储备下降时购买本国资产。政府对私人黄金出口的干预也破坏了这一机制。因此，"一战"前国际收支自动平稳调整的情况并不总是与现实相符。政府有时忽视了"游戏规则"，并且不顾及它们的行为对其他国家的影响。

(四) 金本位制下的内部平衡

通过以黄金为单位来确定货币价格,金本位制旨在限制世界经济中的货币增长,从而确保世界物价水平稳定。虽然金本位国家的物价水平在1870年至1914年之间的涨幅没有"二战"后那么大,但随着通货膨胀和通货紧缩的交替出现,各国物价水平在较短时间内的波动是不可预测的。

此外,金本位制似乎并没有在充分就业方面发挥有效的作用。例如,1890年到1913年间,美国的平均失业率为6.8%,高于1948年到2010年间5.7%的平均失业率。

在1914年以前的金本位制度下,短期内部不稳定的一个根本原因是经济政策服从于外部目标。在"一战"之前,各国政府并没有像"二战"之后那样充分承担起维持国内平衡的责任。在美国,由此带来的经济困境导致了政治上对金本位制的反对。就货币政策的三难困境①而言,金本位制可以保证汇率的高度稳定和国际金融资本的自由流动,但不允许货币政策追求内部政策目标。

由于两次世界大战时期世界经济的不稳定,各国开始意识到国内政策目标的重要性。1918年后恢复金本位的尝试造成了极为不良的后果,这为1945年后采用的布雷顿森林体系奠定了基础。为了理解"二战"后的国际货币体系如何试图协调内部和外部平衡目标,必须深入审视两次世界大战期间的经济事件。

案例2-1:黄金走私和阿联酋迪拉姆的诞生

在20世纪早期,现在的阿拉伯联合酋长国(由于当时与英国签订了休战协议,因此被称为休战国家)和海湾阿拉伯国家合作委员会(Gulf Cooperation Council)的大部分国家使用印度卢比作为流通货币。最初,卢比由传统贸易基础——白银支撑。在新世界发现的大型金矿对白银造成了毁灭性的打击,与那些以黄金作为货币支撑的国家相比,这无疑降低了印度经济的购买力。最终,印度放弃了银元制,转而采用英镑计价的货币体系。

为了消除黄金交易投机的可能性,以及这种投机可能对印度经济造成的影响,印度禁止了黄金的私人进出口,但允许国内拥有和交易黄金。由

---

① 三难困境指在开放经济下,货币政策独立性、汇率稳定性和资本自由流动三个目标不可能同时实现。各国充其量实现其中两个目标,而不得不放弃第三个目标。

于缺乏独立的中央银行设施,海湾地区的政府采用印度卢比作为官方货币。印度储备银行(印度中央银行)承诺,其将以固定的汇率将卢比兑换为英镑。这一承诺使公众对卢比的信心大增,卢比在海湾地区被广泛接受,甚至可以用来兑换黄金。当时,卢比不仅成为交易媒介,还起到价值储存的作用。这种货币的特性给印度带来了很高的铸币税(政府在发行货币过程中获得的实际利益被经济学家们称为铸币税)。

不幸的是,同样的特征也导致了卢比在该地区的衰落。因为大量卢比涌入该地区并被用于兑换黄金,而这些黄金后来被走私到印度,由此直接导致私人拥有的黄金数量在印度国内激增。据估计,1959 年印度国内大约有 2 万亿美元黄金,占流通中货币价值的比例高达三分之二。按照承诺,印度储备银行将海湾地区银行提供的卢比兑换成英镑。例如,1957 年,印度向海湾地区的银行支付了 9240 万美元的英镑。显然,其中一些卢比是非法黄金交易的结果。为了解决这个问题,印度政府于 1959 年 5 月 1 日颁布了一项法律,创造出一种特殊货币——海湾卢比,使其专门在国外流通。海湾卢比在大多数海湾国家(包括今天的阿拉伯联合酋长国)仍然享有与印度卢比相同的地位,直到 1966 年 6 月 6 日印度让卢比贬值后才被部分国家慢慢放弃。

从印度的角度来看,这样的举动或许是不可避免的,因为当时印度面临着一系列无法克服的经济、自然、政治和社会问题。结果,由于印度和英国拒绝承担由此产生的财政负担,海湾国家蒙受了巨额财富损失。

此后,海湾地区开始使用当地货币。卡塔尔和迪拜联合发行了一种名为卡塔尔-迪拜里亚尔的货币,除阿布扎比于 1966 年采用巴林第纳尔外,该货币在所有的阿拉伯联合酋长国流通。在新货币出现后不久,1971 年 12 月 2 日,除哈伊马角外,所有国家都加入了阿联酋(哈伊马角亦于 1972 年 2 月 11 日加入),这也见证了新货币阿联酋迪拉姆的引入。1973 年 5 月 19 日,阿联酋成立了一个专门负责发行迪拉姆的货币发行局。随着 1980 年 12 月阿联酋中央银行的成立,该系统的制度化工作已经完成。在短暂使用国际货币基金组织的虚拟货币——特别提款权后,迪拉姆自 1997 年 11 月起,以 3.67 迪拉姆兑 1 美元的汇率与美元挂钩。自迪拉姆问世以来,其在阿联酋的国家统一中发挥着重要作用。

(案例来源:Peter Symes, "Gulf Rupees-A History," pjsymes page, http://www.pjsymes.com.au/articles/gulfrupees.htm)

三、两次世界大战之间的年份——1918年至1939年

在"一战"期间,各国政府基本都摒弃了金本位制,并通过印刷纸币来为其巨额军事开支提供资金支持。此外,由于战争造成的经济损失,世界各国的劳动力和生产能力急剧下降。当1918年战争结束时,各国的物价水平都相对较高。一些国家试图通过公共开支来加速重建进程,但出现了失控的通货膨胀,因为这些国家的政府只是单纯地通过印刷纸币来为重建提供资金,这和它们在战争期间的行为如出一辙,其结果自然是货币供应量和价格水平的急剧上升。

(一)金本位制的短暂回归

1922年,在意大利热那亚举行的一次会议上,包括英国、法国、意大利和日本在内的一些国家达成了一项协议,呼吁世界全面回归金本位制,并提议各国中央银行进行合作,以实现内部和外部目标。当意识到黄金供应可能不足以满足央行国际储备的要求后,热那亚会议批准部分小国可以持有大国的货币作为外汇储备,而这些大国则全部以黄金资产作为国际储备。

1925年,英国以"一战"前的价格将英镑与黄金重新挂钩,恢复了金本位制。时任英国财政大臣的丘吉尔主张恢复此前的黄金价格,理由是任何偏离"一战"前价格的行为都将破坏世界对英国金融机构稳定性的信心。在金本位时代,英国金融机构在国际金融中发挥了主导作用。尽管英国的物价水平自"二战"以来一直在下降,但在1925年仍高于"一战"前的金本位制时期。为了使黄金的价格恢复到"一战"前的水平,英格兰银行被迫采取紧缩的货币政策,这导致了严重的失业。

20世纪20年代,英国经济的停滞加速了伦敦作为世界主要金融中心的衰落。事实证明,英国经济的疲软对金本位制的稳定性造成了巨大影响。根据热那亚会议的建议,许多国家都以存款的形式在伦敦持有国际储备。然而,英国的黄金储备是有限的,而其持续的经济停滞也无助于激发公众对其偿债能力的信心。1929年大萧条开始后不久,世界各地的银行纷纷倒闭。到了1931年,外国英镑持有者对英国维持其货币价值的承诺彻底失去信心,并不断将英镑兑换成黄金,这迫使英国最终放弃了金本位制。

（二）世界经济的崩溃

随着大萧条的持续，许多国家开始放弃金本位制，并允许本国货币在外汇市场上自由浮动。面对不断增长的失业率，倾向于固定汇率的三难困境变得难以维持。美国在 1933 年放弃了金本位制，但又在 1934 年进行了恢复，并将黄金的美元价格从每盎司 20.67 美元提高到了每盎司 35 美元。在大萧条期间，坚持金本位制的国家遭受的损失最大。事实上，最近的研究已经将大萧条在全球的蔓延归咎于金本位制本身。

金本位制对国际贸易和支付的限制造成了重大的经济损失，并且由于各国试图通过抑制进口来增加国内总需求，使得经济损失的情况进一步恶化了。1930 年美国实施的《斯姆特-霍利关税法》本意是保护美国的就业，但却对国外的就业产生了破坏性的影响。外国的回应包括报复性的贸易限制和国家集团之间的特惠贸易协定，由此导致了世界贸易的崩溃。一项提高国内福利的措施被称为"以邻为壑"政策，即以国外经济状况恶化为代价，为本国带来好处。但是，当各国同时采取"以邻为壑"的政策时，没有国家可以独善其身。

政府政策的不确定性导致固定汇率制国家的外汇储备大幅变动，以及浮动汇率制国家的汇率大幅波动。许多国家禁止私人资本账户交易，以缓解外汇市场带来的这些影响，这是解决三难困境的另一种方式。美国和欧洲工业经济的贸易壁垒和通货紧缩导致了国际债务危机，特别是出口市场正在消失的拉丁美洲国家。西欧各国政府拒绝偿还因"一战"而欠美国和英国的债务。简而言之，在 20 世纪 30 年代初，世界经济已经瓦解成为众多日益自给自足的国家个体。

面对大萧条，大多数国家通过减少与世界其他地区的贸易联系和政府法令来消除任何重大外部失衡的可能性，在外部平衡和内部平衡之间做出选择。这种做法减少了贸易的收益，世界经济为此付出了高昂的代价，经济复苏变得极为缓慢，许多国家甚至在 1939 年仍未完成复苏。如果国际合作能帮助每个国家在不牺牲国内政策目标的情况下保持外部平衡和金融稳定，那么所有国家在一个更自由的国际贸易世界里都会过得更好。正是这种认识推动了"二战"后国际货币体系的发展——布雷顿森林协议（Bretton Woods Agreement）。

案例 2-2：国际金本位制和大萧条

从 1929 年开始且持续时间长达 10 年的大萧条（the Great Depression），其最突出的特征就是影响的全球性。大萧条导致的经济衰退并不局限于美国及其主要贸易伙伴，还迅速地蔓延到了欧洲、拉丁美洲和其他地区。那么，如何解释大萧条影响的广泛性？最近的研究表明，国际金本位制在这一 20 世纪最大的经济危机的开始、深化和传导中发挥了关键作用。

1929 年，大多数市场经济体恢复了金本位制。然而，当时试图通过货币紧缩来减缓过热的经济发展的美国，以及刚刚结束通货膨胀期并回归黄金本位的法国，都面临着大量资金流入的情况。通过由此产生的国际收支顺差，这两个国家以惊人的速度吸收着全球的货币性黄金。到了 1932 年，仅这两个国家持有的黄金就已占据了 70% 的份额。对其他实行金本位制的国家而言，如果想要维持其日益减少的黄金储备，除了出售国内资产并提高利率外已别无选择。这使得全球开始出现货币紧缩。加上 1929 年 10 月纽约股市崩盘引发的冲击波，世界迅速陷入深度的衰退中。

世界各地一系列的银行倒闭加速了全球经济的下行，而金本位制再次成为罪魁祸首。许多国家希望保护他们的黄金储备，以便能够保持金本位制。这种愿望常常使这些国家的央行不愿向陷入困境的商业银行提供救济性贷款，因为央行向银行提供任何数量的现金都会增加私人部门对政府所持黄金的潜在赎回权。正是由于金本位制的存在，濒临破产的商业银行最终失去了继续经营的可能性。

对于较早脱离金本位制的国家（如英国）以及固执坚守金本位制的国家，它们之间产出和价格水平的强烈对比或许是金本位制度作用最明显的证据。放弃金本位制的国家可以采取更具扩张性的货币政策，从而抑制通货紧缩和产出下降。而在 1929—1935 年之间，通货紧缩和产出下降最严重的国家包括法国、瑞士、比利时、荷兰和波兰，这些国家直到 1936 年都实行金本位制。

（案例来源：kindleberger, Charles Poor, The world in Depression, 1929—1939.）

第二节 布雷顿森林体系与牙买加体系

一、布雷顿森林体系

1944年7月,44个国家的代表在美国新罕布什尔州布雷顿森林举行会议,起草并签署了《国际货币基金组织协定》。回想两次世界大战期间灾难性的经济事件,同盟国的政治家们希望设计一种国际货币体系,既能促进充分就业和价格稳定,又能让各国在不限制国际贸易的情况下实现对外平衡。

布雷顿森林协议建立的国际货币体系要求对美元实行固定汇率制,黄金以美元计价的价格保持不变,即35美元/盎司。成员国持有的官方国际储备以黄金和美元资产组成,它们有权以官方价格将美元卖给美联储来换取黄金。因此,该体系是一个以美元为主要储备货币的黄金兑换标准。用前文的术语来讲,美元是"第N种货币",系统的N-1个汇率是根据它来定义的。美国本身很少干预外汇市场,因此,在通常情况下,其他N-1个外国的中央银行会在必要时进行干预,以确定该体系的N-1种货币汇率,而美国则在理论上只负责确定以美元计价的黄金价格。

(一)布雷顿森林体系和国际货币基金组织

1. 国际货币基金组织的目标和结构

国际货币基金组织(International Monetary Fund,IMF)的协议条款希望通过纪律性和灵活性的配合,避免重复两次世界大战之间的动荡情况。货币管理的主要原则是要求汇率与美元挂钩,而美元又与黄金挂钩。如果美联储以外的央行追求过度的货币扩张,其将失去国际储备,最终无法维持其货币与美元的固定汇率。由于美国货币供应量的高速增长会导致外国央行积累美元,因此,美联储本身的货币政策也受到了约束,因为它有义务将这些美元兑换成黄金。35美元/盎司的官方价格进一步限制了美国的货币政策,因为如果发行过多美元,黄金价格就会被推高。

然而,固定汇率制度不只被视为对该体系施加约束的一种手段。无论对错,两次世界大战之间的经历让IMF的创始人确信,浮动汇率是造成投机和不稳定的原因之一,对国际贸易有害。

此外，两次世界大战之间的经验还表明，各国政府不愿意以国内长期失业为代价来维持自由贸易和固定汇率。大萧条之后，人们普遍认为政府有责任维持充分就业。因此，国际货币基金组织的协议试图在国际货币体系中纳入足够的灵活性，以允许各国在不牺牲内部目标的情况下有序地实现外部平衡。

IMF协定条款的两个主要特点有助于促进对外调整方面的灵活性。首先，IMF成员国贡献了自己的货币和黄金，形成了一个资产池，国际货币基金组织可以为有需要的国家提供贷款。其次，尽管各国国币与美元的汇率是固定的，但在国际货币基金组织的同意下，这些汇率可以进行调整，而这种贬值和重估通常只有在经济处于根本失衡的情况下才会发生。尽管国际货币基金组织的协议没有定义什么是"根本失衡"，但这个术语旨在涵盖国家出现产品需求发生永久性不利变化的情况。如果不进行货币贬值，这些国家将面临长期的失业和外部赤字。然而，布雷顿森林体系的第N种货币——美元却没有这种可调整汇率的灵活性。

那么，布雷顿森林体系如何解决三难困境？从本质上说，该体系建立在这样一个假设之上：私人金融资本的流动可以受到限制，从而允许国内的货币政策在一定程度上具有独立性。因此，布雷顿森林体系与金本位的观点截然相反：金本位制认为，货币政策必须服从于诸如资金流动自由等外部因素。在经历了两次世界大战期间的高失业率之后，布雷顿森林体系的设计者希望确保各国在面临经济衰退时，不会因国际收支平衡的原因而被迫采取紧缩的货币政策。

有了对就业率的高度支持，限制跨境金融流动将允许在持续失衡的情况下"有序"地改变汇率。从理论上讲，政策制定者将能够有意识地改变汇率，而不会受到大规模投机攻击的压力。然而，这种办法仅在最初时有效，随着时间的推移，布雷顿森林体系在获得重建国际贸易方面成功的同时，决策者越来越难以避免投机性攻击。

2. 可兑换性和私人资本流动的扩大

正如一国货币的普遍可接受性消除了经济体内的交易成本一样，在国际贸易中使用各国货币能使世界经济的运转更加有效。货币之间的不可兑换将使国际贸易极其困难：法国公民可能不愿意将商品卖给德国人以换取不可兑换的德国马克，因为这些德国马克只有在德国政府限制的范围内才能使用；由于不能自由兑换的法国法郎没有市场，德国将无法获得法国货币来支付法国商品。此时，贸易的唯一方式就是以货易货，即货物对货物的直接交换。

为了促进有效的多边贸易，国际货币基金组织协议条款敦促成员国尽快实现本国货币的自由兑换。可兑换货币是指可以自由兑换成外币的货币。美元和加元在1945年实现了可自由兑换。这意味着加拿大居民获得美元后可以在美国境内购买商品和服务，也可以将其在外汇市场上兑换加元，抑或是卖给加拿大央行，然后加拿大央行有权利将该部分美元卖给美联储以换取黄金。大多数欧洲国家的货币直到1958年年底才恢复可兑换性，日本的货币在1964年也恢复了可兑换性。

由于美元在早期就实现了可兑换性，加上它在布雷顿森林体系中的特殊地位，以及美国在经济和政治上的主导位置，美元已经成为"二战"后的主要货币。由于美元是可自由兑换的，大部分国际贸易都倾向于以美元计价，进口商和出口商也因此在交易中使用美元进行结算。实际上，美元成为一种国际货币——一种通用的交换媒介、计算单位和价值储存手段。各国央行发现，持有生息美元资产的国际储备将是有利的。

欧洲的货币于1958年恢复可兑换性，并开始逐渐改变政策制定者外部约束的性质。随着外汇交易的扩大，不同国家的金融市场更加紧密地结合在一起，这是朝着创建全球外汇市场迈出的重要一步。随着资金跨境流动的机会越来越多，各国利率之间的联系也变得更加紧密，政策变化导致一个国家失去或获得国际储备的速度也相应加快。1958年后的15年里，各国央行不得不密切关注外国的金融状况，否则突然出现的外汇储备损失可能会使它们失去维护汇率稳定的必要资源。例如，面对外国利率的突然上升，央行将被迫出售国内资产，提高国内利率，以保持其国际储备的稳定。

可兑换性的恢复并没有导致迅速和完全的国际金融一体化。相反，大多数国家继续保持对金融账户交易的限制，这也是国际货币基金组织明确允许的做法，但资本流动的速度却急剧上升。例如，一个国家的进口商可以通过提前向外国供应商付款并推迟实际货物装运，从而有效地购买外国资产；他们也可以通过延期付款，有效地从外国供应商那里借到钱。这些贸易行为分别被称为"预先付款"和"延期付款"，通过这两种途径，可以规避官方对私人资本流动的限制。

3. 投机性资本流动与危机

在私人资本流动日益增强的新情况下，投机资本流动和危机问题显得更为重要。根据国际货币基金组织协议条款，一个长期存在巨额经常账户赤字的国家可能会被怀疑处于"根本失衡"状态，货币贬值的时机已经成熟。而对即将贬值的预期和怀疑，可能反过来引发国际收支危机。

例如，在英镑贬值期间，任何持有英镑存款的人都会遭受损失，因为英镑资产的外币价值会随着汇率的变化而突然下降。因此，如果英国出现经常账户赤字，英镑的持有者就会变得紧张，并将他们的财富转换为其他货币。为了保持英镑对美元的汇率固定，英格兰银行将不得不购买英镑，并提供市场参与者希望持有的外国资产。如果外汇储备的损失足够大，就可能使英格兰银行失去足够的储备来支撑原有汇率，最终被迫采取贬值措施。

同样，拥有巨额经常账户盈余的国家可能会被市场视为升值的对象。在这种情况下，这些国家的央行将拥有大量的官方储备，这是为了防止本币升值而在外汇市场上抛售本国货币的结果。处于这种状况的国家将面临货币供应增长失控的问题，这可能推高价格水平，打破内部平衡。因此，各国政府越来越不愿意考虑汇率调整，担心由此引发的投机攻击。

然而，在整个20世纪60年代和70年代初，国际收支危机变得越来越频繁和猛烈。1964年初，英国贸易逆差创下了历史纪录，并引发了在一段时间内对英镑的间歇性投机，使英国的政策制定变得极其复杂，直到1967年11月英镑最终贬值为止。1969年，在经历了类似的投机袭击后，法国让法郎贬值，德国则让马克升值。当时，法国面临投机性资金流出，德国面临投机性资金流入。到20世纪70年代初，这些危机变得非常严重，最终导致实行固定汇率制度的布雷顿森林体系崩溃。由此可见，国际收支危机的可能性加强了经常账户目标这一外部目标的重要性。即使是因国际投资机会不同造成的合理的经常账户失衡，或纯粹由临时因素造成的经常账户失衡，也可能会加剧市场对汇率平价即将改变的怀疑。在这种环境下，政策制定者有了避免经常账户急剧变化的额外动机。

（二）分析实现内部和外部平衡的政策选择

在布雷顿森林体系的规则下，各个国家是如何实现内部和外部平衡的？我们可以通过一个简单的图示（图2-1）来考察可行的政策选择。

根据布雷顿森林体系的近似条件，我们将假定金融资本具有高度的跨境流动性，因此，国内利率的设定不能独立于汇率之外。

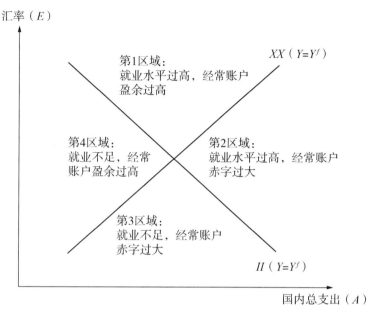

图2-1 内部平衡（II）、外部平衡（XX）和经济不协调的四个区域

图2-1在固定汇率制度和浮动汇率制度下均是适用的。其显示了一个国家在其内外目标方面的实现取决于其汇率和国内支出水平，而且这种立场不一定会受到汇率制度的限制。自始至终，E是外国货币（布雷顿森林体系下的美元）的本国货币价格。该分析适用于短期，因为它假设国内和国外的价格水平（分别为P和P^*）是固定的。

1. 保持内部平衡

首先考虑内部平衡，它要求总需求等于充分就业时的产出水平Y^f。回想一下，总需求是消费C、投资I、政府支出G以及经常账户余额CA的加总。其中，国内总支出也称为国内吸收，即$A = C + I + G$。我们可以将经常账户盈余表示为实际汇率EP^*/P的递增函数和可支配收入的递减函数。然而，由于进口支出随着国内总支出A的增加而增加，我们同样可以将经常账户表示为支出的递减函数和实际汇率的递增函数。在这个新的符号下，内部平衡（充分就业下的产出等于总需求）的条件是

$$Y^f = C + I + G + CA\left(\frac{EP^*}{P}, A\right) = A + CA\left(\frac{EP^*}{P}, A\right) \quad (2-1)$$

方程（2-1）显示了短期内影响总需求和产出的政策工具。例如，政府可以通过财政政策直接影响国内总支出 A。即使额外支出仅有一小部分用于进口购买，财政的扩张也会刺激总需求并导致产出上升。同样，货币贬值会使国内商品和服务相对于出口商品和服务更便宜，从而增加需求和产出。政策制定者可以通过财政政策或汇率变动，将产出稳定地保持在充分的就业水平上。

需要注意的是，货币政策不是固定汇率制度下的有效政策工具，因为中央银行试图通过购买或出售国内资产来改变货币供应，这将导致外汇储备的抵消性变化，从而使国内货币供应量保持不变。然而，如果把图2-1解释为适用于浮动汇率的情况，那么就可以认为，货币政策可能会带来汇率变化，使其与内部和外部的平衡一致。

图2-1中的曲线 II 显示了汇率和国内总支出的组合，使产出保持 Y^f 不变，从而保持内部平衡。由于货币贬值和国内吸收增加，这两项措施都有提高产出的趋势，因而该曲线呈现向下倾斜的形状。为了保持产出不变，货币升值必须与更高的国内总支出相匹配。图2-1精确地显示了国内总支出应当如何随着汇率 E 的变化而变化，以保持充分就业。在曲线 II 的右边，支出高于充分就业的需要，因此，经济的生产要素被过度使用。而在曲线 II 的左边，支出过低，失业率高。

2. 维持外部平衡

从图2-1可以看到国内消费和汇率变化如何影响产出，从而帮助政府实现充分就业的内部目标。那么，这些变量如何影响经济的外部平衡？为了回答这个问题，假设政府对经常账户盈余有一个目标值 X。外部平衡的目标要求政府管理国内总支出和汇率，使等式 $CA\left(\frac{EP^*}{P}, A\right) = X$ 得到满足。

在 P 和 P^* 给定的情况下，E 的上升会使国内商品更便宜，经常账户状况被改善。然而，国内总支出的增加对经常账户有不利的影响，因为它会导致进口增加。为了在货币贬值时将经常账户余额维持在目标值，政府必须制定提高国内总支出的政策。因此，图2-1显示了外部平衡保持的曲线 XX 是正向倾斜的。曲线 XX 表示当货币贬值到一定程度时，为维持经常账户盈余目标值 X 所需要增加的额外支出。由于 E 的上升提高了净出口，经常账户处于盈余状态并高于目标值，位于曲线 XX 上方；同样，如果低于曲线XX，经常账户就会出现赤字。

3. 支出—变动政策和支出—转换政策

曲线II和曲线XX将图2－1划分为四个区域，有时被称为"经济不协调的四个区域"，每个区域代表了不同政策安排的结果。在第1区域，就业水平过高，经常账户盈余过高；在第2区域，就业水平过高，但经常账户赤字过大；在第3区域，就业不足，经常账户赤字过大；在第4区域，就业不足，经常账户盈余过高。总之，支出变化和汇率政策可以将经济置于曲线II和XX的交叉点，在这一点上内部平衡和外部平衡都保持不变，该点也显示了将经济置于决策者偏好位置的政策设置。

如果经济最初偏离了该点，就需要对国内总支出和汇率进行适当调整，以实现内部平衡和外部平衡。政府可以改变财政政策，影响消费，从而使经济运行到该点，这被称为支出—变动政策，因为它改变了经济对商品和服务的总需求水平。与此相对应，汇率调整则被称为支出—转换政策，因为它改变了需求方向，使需求在国内产出和进口之间转换。一般来说，要实现收支平衡，既需要支出的改变，也需要支出的转换。除货币政策外，财政政策也是政府推动国内总支出上升或下降的主要政策工具。

根据布雷顿森林体系的规定，汇率变动即支出—转换政策不应被过度使用，因为这使得财政政策成为推动经济走向内部平衡和外部平衡的主要政策工具。但如图2－2所示，财政政策这一工具通常不足以实现内部平衡和外部平衡这两个目标。只有当经济位于点1的水平线上时，财政政策才能单独完成这项工作。此外，财政政策的灵活性不足，没有经过立法批准往往无法实施。例如，财政扩张的另一个缺点是，如果它导致政府长期预算赤字，一段时间后可能不得不逆转。

由于布雷顿森林体系时期的汇率缺乏浮动，政策制定者有时会陷入困境。根据图2－2中点2所示的支出水平和汇率，出现了如图2－1所示的就业不足和经常账户赤字过大情形。政府只有将货币贬值和支出扩张相结合，才能使经济达到内外平衡（点1）。若单独采取扩张性财政政策，可以通过将经济移动到点3来消除失业，但减少失业的代价是更大的外部赤字。尽管仅靠紧缩的财政政策就能实现外部平衡（点4），但结果是产出下降，经济进一步偏离内部平衡。因此，点2那样的政策困境会让公众怀疑货币将会贬值。贬值可以一次性提高实际汇率EP^*/P，从而改善经常账户和总需求。另一种选择是在政治上不受欢迎的长期失业时期，可以通过价格的下跌来实现实际汇率的同等上升。

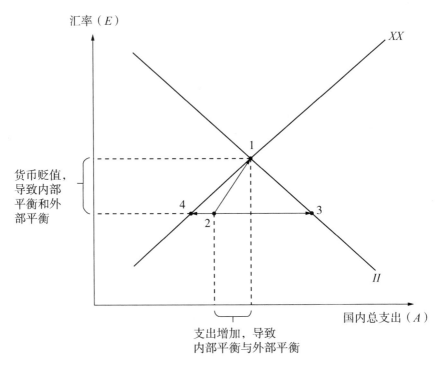

图2-2 实现内外部平衡的政策手段

在实践中,各国有时会利用汇率的变化来取得内部平衡和外部平衡,尽管这种变化通常伴随着国际收支危机。许多国家还加强了对资本账户交易的控制,以切断国内外利率之间的联系来提高货币政策的有效性。然而,在这方面,他们只取得了部分成功,正如导致布雷顿森林体系崩溃的事件所证明的那样。

(三) 布雷顿森林体系下美国的外部平衡问题

美国的外部平衡问题与布雷顿森林体系中其他国家所面临的问题有所不同。作为"第N种货币"的发行国,美国不需要对美元汇率挂钩负责。正如前文所述,美国的主要职责是将黄金的美元价格保持在35美元/盎司,特别是保证外国央行能够以这个价格将其美元储备转换成黄金。为此,美联储必须持有足够的黄金储备。

由于美国被要求与外国央行进行以黄金兑换美元的交易,其他国家可能将其美元储备转换成黄金的可能性是对美国宏观经济政策的一个潜在外部约束。然而，在实际操作中，外国央行愿意持有它们积累的美元，因为这些美元支付了利息，实现了资产增值。由于世界黄金供应的增长速度不足以跟上世界经济增长的步伐，各国央行维持足够的国际储备水平的唯一途径就是积累美元资产。官方的黄金转换确实时有发生，这些转换耗尽了美国的黄金储备，这使得公众对此感到焦虑。但只要大多数央行愿意增加美元储备，放弃用这些美元兑换美国黄金的权利，美国面临的外部约束似乎比该体系中的其他国家要宽松。

耶鲁大学经济学家罗伯特·特里芬（Robert Triffin）在1960年出版的《黄金与美元危机——自由兑换的未来》中，呼吁人们关注布雷顿森林体系的一个长期根本性问题——信心问题。特里芬意识到，随着时间的推移，各国央行对国际储备的需求不断增长，它们的美元持有量必然会增加，直到超过美国的黄金储备为止。由于美国承诺以35美元/盎司的价格赎回这些美元，如果所有美元持有者同时试图将美元兑换成黄金，美国将不再有能力履行其义务。这将导致一个信心问题：外国中央银行知道美元不再"像黄金一样好"，可能变得不愿意积累更多的美元，甚至可能试图将他们已经持有的美元兑换成黄金，这将破坏布雷顿森林体系。

当时一种可能的解决方案是提高以美元和其他货币计算的黄金官方价格。但是，这样的增长会导致通货膨胀，并且会导致主要的黄金供应国在政治上缺乏吸引力。此外，黄金价格的上涨会导致各国央行预期其美元储备中的黄金价值在未来进一步下跌，从而可能会恶化信心问题。

1. 输入型通胀的机制

要了解在汇率固定的情况下，通货膨胀是如何从国外输入的，可以再次考察图2-1所示的内部平衡和外部平衡。假设本国面临国外的通货膨胀，即 P^* 出现了上升，图2-3显示了国外通货膨胀对国内经济的影响。

如果名义汇率可以随着国外价格水平 P^* 的上升而成相应比例地下降，会出现什么情况呢？在给定 P 的情况下，实际汇率 EP^*/P 将不受影响，并且经济将保持内部平衡或外部平衡状态不变。因此，如图2-3所示，对于给定的初始汇率，P^* 的上升会使曲线 II^1 和 XX^1 下降相同的距离。新曲线 II^2 和 XX^2 的交点（点2）直接位于点1的原始交点的正下方。如果经济开始于点1，在固定汇率和国内价格水平下，P^* 的上升将使1区经济陷入过度就业和经常账户高得不受欢迎的盈余。导致这一结果的原因是实际

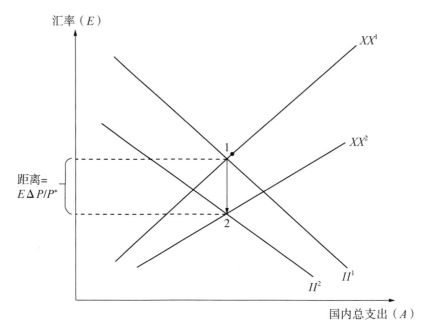

图2-3 国外价格水平 P^* 上升对内部平衡和外部平衡的影响

货币贬值将世界需求转向本国。

如果政府不采取任何措施,过度就业就会给国内物价水平带来上行压力,而这种压力会逐渐使两条曲线回到原来的位置。一旦 P 与 P^* 成比例上升,曲线就停止变动。在这一阶段,实际汇率、就业和经常账户都处于初始水平,因此,点1再次表示内部平衡和外部平衡。

避免输入性通货膨胀的方法是货币升值(即降低汇率 E)。在没有国内通货膨胀的情况下,通过使用名义汇率来抵消 P^* 上升对实际汇率的影响,货币升值可以立即恢复内部平衡和外部平衡。因此,只需调整支出政策,就能应对外国价格的纯粹上涨。

当不发生货币升值时,国内价格的上涨需要国内货币供应量的增加。因为从长远来看,价格和货币供应量是成比例变动的,而导致这一上升的机制是本国央行的外汇干预。在 P^* 上升后,由于国内产出和价格上升,实际货币供应量减少,对实际货币持有量的需求增加。为了防止货币升值对国内利率造成的上行压力,中央银行必须购买国际储备并扩大国内货币供应量。这样,储备货币发行推行的通货膨胀政策就会影响到外国的货币供应量。

2. 评估

布雷顿森林体系崩溃的部分原因在于美国不平衡的宏观经济力量,其导致了全球通货膨胀。但在很大程度上,这也是由于一个关键的支出—转换政策,即用于内部和外部收支平衡的不连续汇率调整引发的投机攻击,使得内部和外部的收支平衡越来越难以实现。因此,该体系成为三难困境的受害者。随着国际资金流动越来越难以控制,政策制定者面临着在汇率稳定和国内货币目标之间日益尖锐的权衡问题。然而,到了20世纪70年代,发达国家的选民们强烈希望政府优先发展国内经济,因此,固定汇率制被放弃了。

案例 2-3:布雷顿森林体系的瓦解

20世纪60年代末,实行固定汇率制的布雷顿森林体系走到了崩溃的边缘。这一情况与美国的特殊地位密切相关。在美国,由于货币增长速度加快,以及政府在医疗保险等新社会项目和不得人心的越南战争上加大支出,通货膨胀不断加剧。

事实上,20世纪60年代后期,以美国为代表的通货膨胀的加速是一个世界性现象。20世纪70年代初,欧洲经济体也爆发了通货膨胀。通货膨胀问题的全球性质并非偶然,当储备货币国家如美国在20世纪60年代后半期那样加速其货币增长时,其影响之一是随着外国央行购买储备货币以维持本币的汇率并在此过程中扩大货币供应,国外的货币增长率和通货膨胀率将会自动上升。因此,对布雷顿森林体系崩溃的一种解释是,外国被迫进口不受欢迎的美国通货膨胀。为了稳定物价水平并恢复内部平衡,这些国家不得不放弃固定汇率并允许货币浮动。货币三难困境意味着,这些国家不可能在钉住汇率的同时有效地控制国内通胀。

1970年,美国经济进入衰退。随着失业率上升,市场越来越相信美元将不得不对所有主要欧洲货币贬值。为了恢复充分就业和经常账户平衡,美国必须以某种方式让美元实际贬值。实际贬值可能以两种方式实现:第一种方式是美国降低物价水平以应对国内失业问题,而外国央行持续购买美元,外国物价水平上升。第二种方式是美元相对于外币的名义价值下跌。当实施第一种途径时,美国的失业和国外的通货膨胀对政策制定者而言似乎是一条痛苦的道路。因此,市场正确地猜测到,美元价值的变化是不可避免的。这种认识导致美元在外汇市场上被大量抛售。

在经过几次失败的稳定货币体系尝试后(包括美国在1971年8月单

方面决定终止美元与黄金的挂钩），主要工业化国家在1973年3月开始允许本国货币对美元汇率浮动。当时，浮动汇率制被视为对难以控制的投机资本流动的一种临时反应。但1973年3月通过的临时安排最终成为永久性的，这标志着固定汇率制度的终结，国际货币关系开始了一个动荡的新时期。

（案例来源：kurt schuler, Andrew Rosen bery, The Bretton Woods Transcripts.）

二、牙买加体系

（一）牙买加体系的起源

20世纪60年代末，布雷顿森林体系下的固定汇率制已接近崩溃的边缘。究其原因，这与美国的特殊地位密切相关。由于美国的货币供应量一直处于高速增长的状态，加之政府支出的急剧增加（包括医疗保险等新社会项目和越南战争），国内物价水平不断攀升。

事实上，通货膨胀是这个时期的一个世界性现象。20世纪70年代初，欧洲经济也出现了高度的通货膨胀。从理论上来讲，储备货币国家保持高速的货币增长，将造成国外的货币增长率和通货膨胀率的自动上升，因为外国中央银行必须购买储备货币以维持其汇率，并在此过程中扩大其货币供应量。为了稳定物价水平和恢复国内收支平衡，各国不得不放弃固定汇率，即允许汇率自由浮动。这与经典的三难困境相符：国家无法同时钉住汇率和控制国内通胀。

美国经济在1970年开始进入衰退，这对布雷顿森林体系无疑是雪上加霜。随着失业率上升，市场越来越确信美元将对所有主要欧洲货币贬值，这种认识导致外汇市场上出现对美元的大量抛售。经过几次不成功的尝试（包括美国在1971年8月单方面决定完全结束美元与黄金的联系），主要工业化国家在1973年3月开始允许本国货币对美元汇率浮动。当时，浮动汇率仅被视为对难以控制的投机资本流动的临时回应。但是，这一临时安排最后被长期沿用，这标志着国际货币关系中一个动荡新时期的开始。

（二）牙买加体系的主要内容

布雷顿森林体系崩溃后，美元的持续贬值和货币之间汇率的剧烈波动损害了所有国家的共同利益。其后,牙买加体系遵循国际货币体系合法化的理念,以国际货币基金组织作为谈判和研究的平台,建立各种体制安排,其主要目的是规范汇率浮动的现有事实。由于牙买加体系在形成过程中考虑了世界主要资本主义国家的愿望和利益,所有国家共同发挥了制度决策者的作用,并相对均匀地分配了制度创新的利润。因此,牙买加体系的运行比较顺利,一直持续到今天。

作为在布雷顿森林体系中产生的核心国际组织,国际货币基金组织在牙买加体系的形成和发展中较好地发挥了积极的平台作用。在牙买加体系正式形成之前,经过数年的铺垫,国际货币基金理事会临时委员会和理事会联合部长级委员会分别于1975年6月在法国巴黎、1975年9—10月在美国华盛顿以及1976年1月在牙买加金斯敦进行了三次会议,并于最后一次会议达成了国际货币体系改革的新协定,各界将其称为《牙买加协定》(Jamaica Agreement)。1976年4月,《牙买加协定》在《国际货币基金协定》第二次修正案中被正式确认,并定于1978年4月1日起正式生效。该修正案的主要议题涉及成员国可能适用的汇率安排,黄金在国际货币体系中的作用,特别提款权特征的变化和可能用途的扩大,以及国际货币基金组织财务操作的简化和拓展等。下面将详细讨论几个主要的变化领域。

1. 成员国的一般性义务和汇率制度安排

《国际货币基金协定》第二次修正案提出,国际货币体系的基本目的是提供一个框架,既促进国家之间的商品、服务和资本交换,又维持良好的经济增长。每个国际货币基金组织成员国都将承担与组织及其他成员国合作的一般性义务,从而确保有秩序的汇率安排。成员国必须遵守国内和对外经济金融政策中的某些一般性承诺来履行这一义务。在适当考虑自身条件的情况下,这些承诺将要求每个成员国努力将其经济和金融政策导向合理的价格稳定和有序的经济增长目标。此外,每个成员国还必须通过培育有序的基本经济和金融条件,以及一个平稳的货币体系来寻求稳定。每个成员国均不得操纵汇率或国际货币体系,以防止获得对其他成员国不公平的竞争优势。

一般性义务和特定承诺将始终适用于所有成员国,但是成员国可以自由选择汇率制度安排。国际货币基金组织将根据总投票权的绝大多数决定,建议与国际货币体系发展相适应的一般汇率安排,但尊重各成员国对不同汇率制度安排的偏好。因此，这实际上要求国际货币基金组织监督国际货币体系，以确保其有效运作并监督每个成员国对义务的遵守情况。从本质上讲，第二次修正案实际上是从法律意义上赋予了成员国自由选择汇率制度安排的权利，但成员国仍不具有绝对的行为自由，其必须接受国际货币基金组织的监督以及履行国际货币基金组织规定的其他义务。

关于汇率制度安排的新规定保障了汇率的高度灵活性。尽管国际货币基金组织将能够根据指定的标准，以总投票权的绝大多数来确定国际经济条件，从而引入基本稳定但可调整的货币面值体系，并规范该体系的运作，但除了采用其他汇率制度安排外，每个成员国将有权确定各自的货币面值。此项改革后，成员国将不受约束地建立货币面值，并根据已确定面值的货币平价关系来进行外汇交易。

2. 削弱黄金在国际货币体系中的作用

《国际货币基金协定》第二次修正案生效后，黄金在国际货币体系的作用被大大降低，主要表现为如下七个方面。

（1）黄金作为特别提款权（Special Drawing Right，SDR）价值单位的作用将被消除，其作为货币票面价值公分母的作用将被终止。

（2）黄金的官方价格将被废除，成员国将可以自由地在市场上以及彼此之间买卖黄金。

（3）取消国际货币基金组织和成员国之间的强制性黄金付款义务，除非根据总表决权占多数的决定，否则，将取消国际货币基金组织接受黄金付款的权力。

（4）国际货币基金组织必须完成首期5000万盎司黄金的处置，并尽全力在第二次修正案生效之前，根据市场价格或官方价格以各种方式出售其剩余黄金头寸。

（5）根据市场价格出售黄金所获得的利润将被存入特别支出账户，以用于国际货币基金组织的日常运作、交易以及其他用途。

（6）国际货币基金组织在进行黄金交易时必须避免在黄金市场上管理价格或确定固定价格。

（7）成员国将承诺与国际货币基金组织和其他成员国合作，以确保其外汇储备资产的相关政策有利于加强对国际流动性的检测，并保证特别提款权成为国际货币体系的主要储备资产。

3. 改变特别提款权的特征并扩大其可能的用途

《国际货币基金协定》第二次修正案对特别提款权有关规定的修改,使特别提款权成为国际货币体系中的主要储备资产。这也是第二次修正案要实现的重要目标之一。根据新的条款:

(1) 评估特别提款权的原则可以由国际货币基金组织以最高多数决定。

(2) 成员国能够通过协议进行交易,而无须国际货币基金组织做出一般或特殊决定,并且在这种交易中转移特别提款权不受使用储备资产要求的约束。

(3) 在具有适当保障措施的前提下,国际货币基金组织可以授权参与者之间的特别提款权业务。

(4) 在不超出官方主体范围的情况下,国际货币基金组织有权扩大特别提款权其他持有人的类别及其可能从事的业务和交易范围。

(5) 国际货币基金组织可随时审查恢复成员国持有特别提款权的规则,并可以通过修改或废除总表决权低于目前所需多数的规则。

(6) 特别提款权取代黄金成为成员国和国际货币基金组织之间的结算支付手段,并且将扩大其在通过国际货币基金组织总署进行的业务和交易中的可能用途。

(7) 必须根据为特别提款权交易目的而确定的汇率,按照特别提款权来维持国际货币基金组织总署一般资源账户的货币价值。

4. 国际货币基金组织的财务业务及交易类型的简化和扩大

国际货币基金组织按照其政策,在其业务和交易中可以使用所有成员国的货币。国际货币基金组织不再以特定货币来提供组织的一般资源,而是考虑成员国和交易所市场的发展状况及国际收支的政策来选择要出售的货币。与参与者接受特别提款权指定计划的法律基础相当,基于这些政策制定的货币预算将具有明确的法律基础。成员国可从国际货币基金组织购买其他成员国的货币,并能够直接或间接使用它们,以满足其国际收支需求。同样,成员国能够获得国际货币基金组织指定用于回购的货币。

国际货币基金组织能够为成员国提供其他成员国的货币,以特别提款权作为回报,或为特别提款权提供其他成员国的币种作为回报。国际货币基金组织将拥有更广泛的权力,允许成员国根据特殊政策(例如,国际货币基金组织的缓冲存量信贷)进行交易,而无须同时放弃其储备金头寸。

国际货币基金组织将拥有明确的权力,通过总署设立的投资账户,投资于国际金融组织或成员国的可交易债务,投资的收入可用于弥补基金的业务和行政赤字。总资源账户部分持有的货币和出售该基金的黄金,最多不能超过其储备。

(三) 对浮动汇率制度的思考

1. 浮动汇率的"自动稳定器"机制

自 1973 年以来,世界经济经历了重大的结构变化,其改变了国家产出相对的价格。因此,如果没有一些重大平价关系的变化,任何固定汇率制度模式的可行性都是存疑的。研究表明,在没有资本管制的情况下,类似于导致布雷顿森林体系崩溃的投机性攻击将会周期性地发生。然而,在浮动汇率制度下,许多国家得以放松之前实施的资本管制。管制的逐步放松刺激了全球金融业的快速增长,并使各国从世界贸易中实现更大的收益。

1981 年后,美国财政扩张的显著效果证明了浮动汇率制度的稳定特性。随着美元升值,美国的通货膨胀减缓,美国消费者的贸易条件得到改善,经济复苏的进程也由此扩散到国外。实际上,美元在 1981 年之后的升值也证实了这样一种观点:浮动汇率制度可以使经济免受总需求变化带来的实际干扰。

需要注意到的是,尽管总产出和价格水平可能得到缓冲,但经济的某些部门也可能受到损害。例如,尽管美元升值在 20 世纪 80 年代帮助美国将财政扩张的效果传导到国外,但它却进一步恶化了美国农业的困境,农业并没有直接从更高的政府需求中获益。实际汇率变化会造成损害,因为它会在某些部门造成过度调整的问题,并引发要求加强保护利益相关者的呼声。

2. 政策协调问题

在浮动汇率制度下,国际政策协调的问题显然并未得到彻底解决。全球国际收支失衡问题就是一个很好的例子,因为赤字国家为减少失衡而采取的单边行动,将导致全球通缩,而盈余国家几乎没有动力通过提振内需和本币升值来避免这种结果。

从某种意义上说,如果各国能够致力于协调各自的政策,而不是采取以邻为壑的单打独斗模式,那么所有国家都将明显受益。例如,在 20 世纪80年代初通货膨胀有所减缓的期间，工业化国家作为一个集团，可以通过谈判来联合制定达成共同目标的方法，从而更有效地实现其宏观经济目标。另一个例子则是各国财政共同应对2007—2009年金融危机造成的衰退。事实上，如果一个国家增加其政府支出，扩张性财政政策的影响将传导到国外，由此促进世界范围内的经济复苏。如果各国可以共同商定一项协议来共同扩大财政支出，那么在对抗全球经济衰退方面可能会更加有效（甚至可能会降低财政成本）。二十国集团（G20）是一个政策协调的范例，其是由发达国家和发展中国家组成的非正式团体。在危机的初期，二十国集团会定期讨论和制定2007—2009年金融危机的应对措施，并在内部就财政政策达成了广泛共识。然而，随着各国复苏情况的分化，政策协调开始变得更加困难，二十国集团会议的具体结果也随之减少。

3. 新时期下固定汇率制度的可行性

历史经验表明，持久的固定汇率制度安排根本不可能实现。在一个金融一体化的世界中，资金可以在各个国家的金融市场之间即时流动，在长期内维持固定汇率是难以让人信服的，除非各国愿意保持对资本流动的控制，或者在另一个极端情况下，与他们的货币合作伙伴转移到共享的单一货币（例如，在欧洲）。经验认为，如果没有这些措施，实行固定汇率的努力必然会缺乏可信度，而且相对短暂。

这种对固定汇率制度的悲观看法是基于这样一种理论，即投机性货币危机在一定程度上是自我实现的事件。根据这一观点，即使一个奉行稳健货币和财政政策的国家，其固定汇率也无法免受投机性攻击。一旦该国遭遇经济危机，货币投机者就会发起猛攻，迫使国内利率飙升，造成足够大的经济损失，政府将不得不放弃其汇率目标。上述分析与事实相符：在21世纪之交，对固定汇率制度安排的投机攻击似乎变得越来越频繁。这些情况使得公众开始相信这样的观点：在保持资本市场开放和维护国家政策主权的同时，不可能长期钉住一个固定汇率。

案例2-4：实行浮动汇率制度的初始阶段

对1973年以来世界经济发展的回顾，可为判断现代国际货币体系的成功与不足提供关键证据。首先，可以总结一下浮动汇率最初动荡的几年。

浮动汇率时代的开端是在1973年底至1974年初之间，当时世界石油价格翻了两番，这一爆发性上涨主要是由于石油输出国组织（Organization of the Petroleum Exporting Countries，OPEC）的成立，该组织是一个包括绝大多数大型石油生产国在内的国际卡特尔。此后，世界各国的消费量和投资量都有所下降，世界经济陷入衰退，石油进口国的经常账户收支进一步恶化。

一般来讲，通货膨胀（简称为"通胀"）的速度倾向于在经济繁荣时期上升，在经济衰退时期下降。然而，随着1974年世界经济陷入深度衰退，大多数国家的通货膨胀反而在加速。我们不禁要问，这发生了什么？一个重要的影响因素是石油价格冲击本身：通过直接提高石油产品价格和能源行业的成本，石油价格的上涨导致整体价格水平向上跳升。此外，尽管就业情况恶化，但自20世纪60年代末以来积累起来的世界范围通货膨胀压力已在定薪过程中根深蒂固，因此，其仍继续助长通货膨胀。对通货膨胀的预期使得新合同中的工资水平越来越高，同时，由于投机者囤积了大量被预期价格会上涨的大宗商品，商品价格进一步被提高。在接下来的几年里，各国央行被证明不愿意以更高的失业率为代价来对抗这些通胀压力。

为了描述1974—1975年不同寻常的宏观经济状况，经济学家们创造了一个新的名词：滞胀（stagflation），即产出停滞和高通胀并存。滞涨是由两个因素造成的。

（1）商品价格的上涨直接导致通货膨胀，同时抑制总需求和总供给。

（2）尽管经济衰退、失业率上升，但对未来通胀的预期推高了工资和其他价格。

由于不再需要捍卫固定汇率，各国政府纷纷采取了扩张性政策，这进一步加剧了通胀。一方面，许多国家进入了三难困境的另一个顶点，甚至能够放松它们在1974年之前建立的资本管制。这种放松缓解了发展中国家的调整问题，它们能够更容易地从发达国家的金融市场融资，以维持它们自己的支出和经济增长。另一方面，发展中国家对工业国相对强劲的出口需求有助于减轻1974—1975年的衰退程度。但是，在工业化国家，失业率仍然上升，并且居高不下。

20世纪70年代中期，美国试图通过扩张性货币政策来解决失业问题，而德国、日本等其他国家则更担心通货膨胀。美国和其他国家扩张程度的不一致导致了1976年后美元的急剧贬值，美国的通货膨胀率甚至达到了两位数的水平（加拿大、法国、意大利和英国等其他一些国家的通货膨胀也是如此）。为了恢复人们对美元的信心，美国总统吉米·卡特（Jimmy Carter）任命在国际金融事务方面拥有丰富经验的保罗·沃尔克（Paula Volcker）为美联储主席。1979年10月，沃尔克宣布收紧美国货币政策，美联储采用了更严格的措施来控制货币供应增长。此后，美元开始走强。

1979年，伊朗国王的倒台扰乱了伊朗的石油出口，由此引发了第二轮油价上涨。1975年，工业化国家的宏观经济政策制定者以扩张性货币政策和财政政策来应对第一次石油危机。但在第二次石油危机发生时，各国的应对措施有了很大变化。在1979—1980年期间，大多数主要工业国的货币增长实际上是受到限制的，其目的是抵消石油价格上涨引发的通货膨胀。这种政策方法虽然阻止了通胀的飙升，但也导致了全球经济衰退。

1980年11月，罗纳德·里根（Ronald Reagan）当选总统，他曾以反通胀为竞选纲领。鉴于选举结果和沃尔克的货币政策，美元的价值飙升。1979年年底，美国利率也大幅上升；到了1981年，美国的短期利率几乎是1978年的两倍。通过推高美国利率，并让投资者预期美元在未来会走强，美国的行动导致美元立即升值。这种升值使得美国商品相对于外国商品更加昂贵，因此，减少了美国的产出。

（案例来源：Paul krugman, Maurice Obstfeld, International Economics: Theory and Policy.）

第三节 汇率制度选择

一、国际货币基金组织汇率制度分类

国际货币基金组织对汇率制度的分类基于各成员国实际的、事实上的汇率制度安排，这些安排可能与成员国官方宣布的法定安排有所不同。这一分类方法主要根据汇率的市场化程度来对汇率安排进行具体分类。在国际货币基金组织现行分类方法下，汇率制度可以分为四大类，每个大类下有若干小类（见表2-1）。

表2-1 国际货币基金组织对汇率制度安排的分类

大类	小类
硬钉住	无独立法定货币的汇率安排、货币局制度
软钉住	传统钉住、稳定化安排、爬行钉住、类爬行钉住、水平带钉住
浮动安排	浮动、自由浮动
剩余类别	其他有管理的安排

(一) 国际货币基金组织对汇率制度安排分类的含义

1. 硬钉住

(1) 无独立法定货币的汇率安排：以其他国家的货币作为唯一的法定货币流通，采用这种安排意味着货币当局完全放弃对国内货币政策的控制权，具体还可以分为美元化和货币联盟两种情形。

(2) 货币局制度：一种以明确的立法承诺为基础的货币安排，以固定汇率将本地货币兑换为指定的外币，并对发行当局加以限制，以确保其履行法定义务。这意味着，国内货币通常得到外国资产的完全支持，从而消除了央行的传统职能（如货币控制和最后贷款人），几乎没有留下任何的货币政策自由裁量空间。但对于判断货币发行局的银行规则是否严格，当局仍可给予一定的灵活性。

上述两种汇率制度安排均要求名义与实际相符。

2. 软钉住

(1) 传统钉住：国家在形式上（在法律上）将其货币与另一种货币或一篮子货币挂钩，这一篮子货币是由主要贸易伙伴或金融伙伴的货币形成的，其权重反映了贸易、服务或资本流动的分布情况。锚定货币或"篮子"权重必须公开或报送给国际货币基金组织。国家当局随时准备通过直接干预（例如，通过出售或购买外汇）或间接干预（例如，通过使用利率政策，实施外汇管理规定，进行限制外汇活动的道德劝说，或其他公共机构的干预）来保持固定的汇率平价。国家没有承诺永久保持平价，但正式的制度安排必须经过检验，即汇率必须围绕中心汇率在小于±1%的狭窄范围内波动，或在6个月或更长时间内即期市场上的汇率离差（最大值与最小值之差）必须保持在2%的狭窄范围。

(2) 稳定化安排：使用统计技术来确定锚定货币或一篮子货币，即期市场汇率必须在6个月或更长时间内对锚定货币或一篮子货币保持在2%的幅度内的波动（除非有特定数量的异常值或阶梯调整），并且不是浮动汇率制度。稳定化安排是官方行动（包括结构性市场僵化）的结果，但这一分类并不意味着国家当局的政策承诺。

（3）爬行钉住：货币按固定汇率或根据选定的数量指标的变化，例如，过去与主要贸易伙伴之间的通货膨胀差异，或主要贸易伙伴的通货膨胀目标与预期通货膨胀之间的差异，进行小额调整。该安排的规则和参数必须公开或报送给国际货币基金组织。

（4）类爬行钉住：即期市场汇率必须在6个月或更长时间内相对于统计确定的趋势保持在2%的狭窄幅度内波动（特定数量的异常值除外），并且汇率安排不能是浮动的。一般情况下，类爬行钉住安排要求的最小变化率需要大于稳定化安排。但是，如果年度变化率至少为1%，且汇率以足够单调和连续的方式升值或贬值，则该安排将被视为类爬行钉住。

（5）水平带钉住：货币的价值必须保持围绕一个固定的中央汇率至少±1%的范围内上下浮动，或者汇率的最大值和最小值之间的区间范围超过2%。中央汇率和区间的宽度必须公开或报送国际货币基金组织。

3. 浮动安排

（1）浮动：浮动汇率在很大程度上是由市场决定的，一般没有确定或可预测的汇率路径。特别是如果汇率符合稳定化安排或爬行钉住的统计标准，则将被归类为这两种汇率制度，除非有证据表明汇率的稳定不是官方行动的结果。外汇市场干预可以是直接的，也可以是间接的，这种干预可以缓和汇率的变化，防止汇率的过度波动，但以特定汇率水平为目标的政策与浮动是不相容的。管理汇率的指标具有广泛的判断性（例如，国际收支状况、国际储备、平行市场发展）。浮动安排可能显示或多或少的汇率波动，取决于影响经济的冲击规模。

（2）自由浮动：如果干预旨在解决无序的市场条件，并且不常发生，同时货币当局可以提供证据表明在前6个月内最多进行了不超过3次的干预，每次干预不超过3个工作日，则汇率制度可以被归为自由浮动。如果国际货币基金组织的工作人员无法获得所需的信息或数据，则该安排仍将被归类为浮动。成员国不会被例行要求提供有关干预或官方外汇交易的详细数据，只有在国际货币基金组织工作人员获得的其他信息不足以解决分类的不确定性时，才会被要求这样做。

4. 剩余类别

其他有管理的安排：这个类别是一个剩余类别，当汇率安排不符合任何其他类别的标准时使用。以政策经常变动为特点的汇率制度安排可能属于这一类。

（二）各国的汇率制度安排与货币政策框架

在国际货币基金组织对各成员国的汇率制度安排进行分类后，还可以进一步考察成员国的货币政策框架，其主要可以分为以下四类。

1. 汇率锚定制

在汇率锚定制下，汇率会保持在预定水平或一定范围内，因此，汇率成为货币政策的名义锚定或中间目标。汇率锚定制货币政策框架与没有单独法定货币的汇率安排、货币局制度、稳定化安排、爬行钉住和其他有管理的安排有关。

2. 货币总目标制

在货币总目标制下，央行使用货币政策工具来实现货币总量的目标增长率，如储备货币 M1 或 M2，目标总量成为货币政策的名义锚定或中间目标。

3. 通货膨胀目标制

在通货膨胀目标制下，央行公开宣布量化的通胀目标，并做出制度承诺来实现该目标，通常是在中期完成。在此货币政策框架下，央行会加强与公众和市场的沟通，使公众和市场了解货币政策制定者的计划和目标，并形成中央银行实现通胀目标的问责制。货币政策的决定往往受到未来通货膨胀预测与宣布的通货膨胀目标之间偏差的指导，通货膨胀预测（含蓄或明确）成为货币政策的中间目标。

4. 其他

国家没有明确声明的名义锚，但在实施货币政策时监测各种指标。当没有该国家的明确信息时，也使用这个类别。

国际货币基金组织成员国的汇率制度安排与货币政策框架，见表2-2。

第二章 国际货币体系演进

表2-2 汇率制度安排与货币政策框架

汇率制度安排	货币政策框架					
	汇率锚定制				货币总目标制	通货膨胀目标制	其他
	美元	欧元	一篮子货币	其他			
无独立法定货币的汇率安排	厄瓜多尔、萨尔瓦多、密克罗尼西亚、绍尔群岛、帕劳、巴拿马、东帝汶	科索沃、黑山共和国、圣马力诺		基里巴斯、瑙鲁、图瓦卢			
货币局制度	吉布提、中国香港特别行政区、东加勒比货币联盟、安提瓜和巴布达、多米尼加、格林纳达、圣基茨和尼维斯、圣卢西亚、圣文森特和格林纳丁斯群岛	波斯尼亚和黑塞哥维那、保加利亚		文莱达鲁萨兰国			

续表2-2

汇率制度安排	货币政策框架						
	汇率锚定制				货币总量目标制	通货膨胀目标制	其他
	美元	欧元	一篮子货币	其他			
传统钉住	阿鲁巴岛、巴哈马群岛、巴林、巴巴多斯、伯利兹、库拉索和圣马丁、厄立特里亚、伊拉克、约旦、阿曼、卡塔尔、沙特阿拉伯、土库曼斯坦、阿拉伯联合酋长国	佛得角、科摩罗、丹麦、圣多美和普林西比、西非经济与货币共同体、贝宁、布吉纳法索、科特迪瓦、几内亚比绍、马里、尼日尔、塞内加尔、多哥、中非经济与货币共同体、喀麦隆、中非共和国、乍得、刚果、几内亚、加蓬	斐济、科威特、利比亚	不丹、斯威士兰、莱索托、纳米比亚、尼泊尔	萨摩亚		所罗门群岛
稳定化安排	圭亚那、伊朗、黎巴嫩、马尔代夫、特立尼达和多巴哥	克罗地亚、北马其顿	摩洛哥、越南		玻利维亚、刚果(金)、几内亚、尼日利亚、苏里南、也门	亚美尼亚、危地马拉、罗马尼亚、塞尔维亚	阿塞拜疆、埃及、吉尔吉斯斯坦、苏丹、塔吉克斯坦

第二章 国际货币体系演进

续表 2-2

汇率制度安排	汇率锚定制				货币政策框架		其他
	美元	欧元	一篮子货币	其他	货币总目标制	通货膨胀目标制	
爬行钉住	洪都拉斯、尼加拉瓜		博茨瓦纳				
类爬行钉住	利比里亚		新加坡		阿尔及利亚、孟加拉国、布隆迪、埃塞俄比亚、巴布亚新几内亚、卢旺达、坦桑尼亚	多米尼加共和国、巴拉圭	海地、老挝、毛利塔尼亚、斯里兰卡、南苏丹、突尼斯、乌兹别克斯坦
水平带钉住							汤加

续表 2-2

汇率制度安排	货币政策框架					
	汇率锚定制				货币总目标制	通货膨胀目标制	其他
	美元	欧元	一篮子货币	其他			
浮动					阿根廷、白俄罗斯、马达加斯加、塞舌尔、津巴布韦	阿尔巴尼亚、巴西、哥斯达黎加、哥伦比亚、捷克共和国、匈牙利、冰岛、印度、以色列、牙买加、哈萨克斯坦、摩尔多瓦、新西兰、南非、泰国、土耳其、乌干达、乌克兰、乌拉圭	马来西亚、毛里求斯、瑞士、莫桑比克、赞比亚
自由浮动						澳大利亚、加拿大、智利、挪威、波兰、日本、墨西哥、瑞典、俄罗斯、英联邦	索马里、美国、欧洲经济和货币联盟、奥地利、比利时、塞浦路斯、爱沙尼亚、芬兰、法国、德国、希腊、爱尔兰、意大利、拉脱维亚、立陶宛、卢森堡、马耳他、荷兰、葡萄牙、斯洛伐克、斯洛文尼亚、西班牙
其他有管理的安排	柬埔寨		叙利亚		阿富汗、中国、缅甸、塞拉利昂、冈比亚		肯尼亚、蒙古、巴基斯坦、瓦努阿图、委内瑞拉

二、RR 汇率制度分类

相对于国际货币基金组织分类法，学术界更倾向于根据各国事实上的汇率行为与国际储备的行为进行分类，即实际分类法。目前，最具代表性的是 Reinhart 和 Rogoff 所构建的 RR 自然分类法，其简要流程如下。

第一步，基于对历史数据的分析，判断一个国家是否具有双重或多重官方汇率。得出结论后，进入第二步。

第二步，如果一个国家没有双重或多重官方汇率，那么就考察该国是否有官方预先宣布的安排，如挂钩或区间。若有，就检验从宣布之日起的统计数据，判断检验结果是否与其官方公布的一致。如果该制度得到验证，即汇率行为符合预先宣布的汇率制度安排，则将其分类为传统的钉住汇率和爬行钉住汇率等。如果检验结果与官方预先宣布的汇率制度安排不符，即没有通过验证，接下来就会使用下面步骤描述的算法来进行事实分类。

第三步，如果汇率没有预先公布的路径，或者如果事先公布的汇率制度不能被数据验证，但国家最近 12 个月的通货膨胀率低于 40%，则通过评估汇率行为对这种制度进行分类。采集该国外汇市场中汇率的波动率和波动幅度，根据汇率的波动对汇率制度进行划分。

第四步，如果国家最近 12 个月的通货膨胀率高于 40%，则将此类国家划分为自由落体式的汇率制度；如果一个国家在最近 12 个月内，通货膨胀率超过了 50%，则将此类国家划分为恶性浮动的汇率制度。

第五步，处理那些没有在第一步到第四步中分类的剩余制度，针对的是那些具有双重或多重官方汇率的国家，它们是"有管理"或"自由"浮动的候选者。为了区分这两者，可以通过进行一些简单的测试以查看汇率在狭窄范围内变动的可能性，以及汇率变动的绝对值平均值。当存在双市场或平行市场，且平行市场溢价始终为 10% 或更高时，我们对平行汇率数据应用第三步和第四步，并相应地进行重新分类。

RR 分类制度分类方法结果详见表 2-3。

表 2-3 RR 汇率制度分类方法

大类	小类
钉住	无独立法定货币、货币联盟
	事先宣布的钉住、货币局安排
	事先宣布的浮动区间窄于或等于 ±2%
	事实钉住
有限浮动	事先宣布的爬行钉住、事实浮动区间窄于或等于 ±1%
	事先宣布的爬行钉住区间窄于或等于 ±2%
	事实浮动区间窄于或等于 ±2%
	事实爬行钉住
	事实爬行钉住区间窄于或等于 ±2%
管理浮动	事先宣布的爬行钉住区间宽于 ±2%
	事实爬行区间窄于或等于 ±5%
	移动区间窄于或等于 ±2%
	事实移动区间 ±5%
自由浮动	自由浮动
自由落体	自由落体
多重市场且平行市场数据缺失	多重市场且平行市场数据缺失

第四节 国际货币支付清算体系

一、美元支付清算系统（场内）

（一）Fedwire

Fedwire（Federal Reserve Wire Network）是一个由美国联邦储备银行操作的实时结算资金转移系统。Fedwire 服务在美国的支付机制中发挥着关键作用，并使存款机构、美国财政部和其他政府机构能够在全国范围内转移资金和记账式证券。

1. Fedwire 服务的历史

自 1915 年以来,美国联邦储备银行一直在以电子方式转移资金。直到 1918 年,美国联邦储备银行才建立了专有的电信系统来处理资金转移。该系统通过电报连接所有 12 家储备银行、美国联邦储备委员会和美国财政部。在 20 世纪 20 年代,国库券可以通过电报进行转让。直到 20 世纪 70 年代初,该国的资金和证券转移系统仍保持电报状态。

直到 1981 年,Fedwire 服务都是免费提供的,但仅提供给美国联邦储备系统成员银行使用。但是,1980 年的《存款机构放松管制和货币控制法》要求对大多数美国联邦储备系统金融服务进行定价,包括资金转移和证券保管,并允许非会员存款机构直接使用这些定价服务。为了鼓励私营部门竞争,该法律要求美国联邦储备银行收取一定的费用,以反映提供金融服务的全部成本,包括估算的成本,例如,本应产生的资本成本和税收成本,以及可能产生的利润。如果一家私营公司提供了服务,则可以赚钱。

在一定条件下,定期访问折价窗口的财务状况良好的机构可能会在其美国联邦储备系统账户中出现日间透支现象,这使美国联邦储备系统面临亏损的风险。为了限制这种风险,美国联邦储备委员会已针对付款系统风险采取了一项全面政策,其中包括日间透支定价、净借记限额和抵押要求。

2. Fedwire 资金和证券服务

Fedwire 主要有两种服务,即 Fedwire 资金服务和 Fedwire 证券服务。参与者可以通过 FedLine Direct 或 FedLine Advantage 使用电子方式访问 Fedwire 基金服务和 Fedwire 证券服务,也可以使用美国联邦储备银行的离线访问通道通过电话访问。FedLine Direct 连接是基于 Internet 协议(IP)的访问解决方案,专为需要无人值守的 Fedwire 服务连接的大批量 Fedwire 参与者而设计。FedLine Advantage 连接提供对 FedPayments® Manager 工具的基于 Web 的访问,该工具允许参与者创建和提交 Fedwire 资金和证券转移消息,以及在线查看传入消息。使用美国联邦储备系统离线访问渠道的参与者通过电话提供 Fedwire 资金或证券转移说明。电话请求通过身份验证后,美国联邦储备银行将转账指令输入 Fedwire 资金服务或 Fedwire 证券服务以执行。脱机交易所需的手动处理使其成本更高。因此,机构通常仅在进行相对不频繁的资金或证券转移时才选择使用脱机访问解决方案。当

Fedwire 收到资金和证券交易申请时,将实时处理该交易,一旦结算,将不可撤销。

(1) Fedwire 资金服务。

Fedwire 资金服务是由美国联邦储备银行拥有和运营的实时总结算系统,参与者可以在该系统中发起付款订单,这些订单是单独处理的,并在收到后实时以中央银行货币结算。一旦解决,Fedwire 的资金转账将是最终的且不可撤销。

存款机构使用 Fedwire 资金服务将资金发送给其他机构,以实现其自身的业务目的或代表其客户。Fedwire 资金服务用于购买和出售联邦资金,证券交易的买卖、融资,贷款的支付或偿还,跨境美元商业交易的结算以及房地产交易和其他高价值、时间紧迫的付款结算。财政部和其他联邦机构广泛使用 Fedwire 资金服务来支付和接收资金。

在典型的资金转账中,发起人(个人或企业)将指示银行付款或促使另一家银行付款给受益人。发起人的银行将从其客户的账户中扣除款项,并将旨在执行发起人请求的付款单直接发送至收款人的银行或诸如美国联邦储备银行的中介银行。美国联邦储备银行收到的付款订单将通过 Fedwire 资金服务进行处理。以付款委托书作为授权,美国联邦储备银行将从发送银行保管的账户中借记转账金额,而在付款单上的收款银行将被持有收款银行账户的美国联邦储备银行贷记相同金额。Fedwire 资金服务还将通知发送银行已成功处理了转账的 Fedwire 资金服务部分,并将通知收款银行资金已记入其美国联邦储备系统账户。此时,支付给收款银行的款项是最终的并且不可撤销。

(2) Fedwire 证券服务。

Fedwire 证券服务为所有可销售的国库券,许多联邦政府机构和政府资助的企业证券以及某些国际组织的证券提供发行、转移和结算服务。美国联邦储备系统以财政代理人的身份协助向美国联邦证券服务局的参与者发行记账式证券。参与者可以维护多个 Fedwire 证券账户,并且可以使用 Fedwire 证券服务转移证券来结算二级市场交易(包括公开市场操作),以转移用于担保债的抵押品并促进回购协议(repo)交易。

Fedwire 证券服务实时处理个人或总额的证券转移,证券和相关资金(如有)的转移是最终的且不可撤销。尽管 Fedwire 证券服务参与者可以免费发送证券,但是大多数证券转移都涉及证券的交付和这些证券的同时交换，这一过程称为交付与付款（DVP）。DVP系统是一种结算机制，可确保只有在发生另一项资产（或其他资产）的最终转让时才发生一项资产的最终转让。Fedwire证券服务通过提高美国联邦储备系统公开市场运作的效率并帮助保持政府证券市场的流动性，在货币政策和政府证券市场的行为中发挥着重要作用。

联邦储蓄系统的服务对象仅限于存托机构和其他一些实体，例如，美国财政部、政府资助的企业、州财务主管机构和有限用途信托公司。非银行经纪人和交易商通常通过Fedwire参与者并提供专门的政府证券清算服务的存款机构来持有和转让Fedwire证券。

（二）CHIPS

CHIPS（Clearing House Interbank Payments System）是美国结算所付款有限公司拥有和运用的一个私有资金转移系统，为世界上一些最大、最活跃的银行传输和结算美元支付订单。CHIPS平均每天传输和处理47万条支付信息，总价值1.6万亿美元。据估计，在所有以美元计价的国际银行间资金转移中，CHIPS所承载的资金比例非常高。因此，CHIPS被公认是具有系统重要性的支付系统。2012年7月18日，金融稳定监督委员会（Financial Stability Oversight Council，FSOC）根据《多德－弗兰克法案》第八章的规定，将结算所付款有限公司指定为具有系统重要性的金融市场公用事业公司（Systemically Important Financial Market Utility，SIFMU）。由于美国联邦储备委员会是第八章中对支付结算公司的监督机构，因此，结算所付款有限公司受条例HH①的约束，该条例规定了SIFMU的要求和标准。而HH规则是基于金融市场基础设施原则（Principles for Financial Market Infrastructures，PFMI）的国际标准。

CHIPS与Fedwire支付系统的区别主要分为三个方面。第一，CHIPS是私人所有；第二，截至2009年3月19日，CHIPS有47个成员参与方（其中一些合并的银行构成单独的参与方），而有9289个银行机构有资格通过Fedwire进行资金筹集和接收；第三，CHIPS是净额清算引擎，因此不是实时的。

CHIPS净额清算引擎将所有待处理的付款合并为更少的单笔交易。例

---

① 条例HH，是美国联邦法关于银行和银行部分的内容，按字母排列在第HH项。

如，如果美国银行要向美国运通支付120万美元，而美国运通要向美国银行支付80万美元，则CHIPS系统会将这笔款项汇总为美国银行向美国运通的单笔付款40万美元，因此，仅有20%的总款项发生了实际转手。而Fedwire系统需要全额支付两次，即向美国运通支付120万美元，向美国银行支付80万美元。

二、非美元支付清算系统（场内）

（一）TARGET 2.0

TARGET 2.0（Trans-European Automated Real-time Gross Settlement Express Transfer System 2.0），即欧洲跨国大批量自动实时总结算快速清算2.0系统，是欧元区的实时总结算（Real-Time Gross Settlement，RTGS）系统，其付款交易以中央银行的款项连续即时进行逐笔结算，并具有即时确定性，主要用于货币政策业务和货币市场业务的结算，以及所有处理欧元的大额净额结算系统和证券结算系统的操作结算。TARGET 2.0付款金额没有上下限，是世界上最大的支付系统之一。

对于涉及欧元体系的任何欧元业务的结算，必须使用TARGET 2.0。对于加入欧元区的新成员国，也必须使用TARGET 2.0。欧元的TARGET 2.0服务也适用于非欧元区国家。尚未采用欧元的国家中央银行也可以参加TARGET 2.0，以方便欧元交易的结算。来自非欧元区国家的保加利亚、丹麦、波兰和罗马尼亚的中央银行也参加了TARGET 2.0。2012年，TARGET 2.0有999位直接参与者、3386位间接参与者和13313位通讯员。

TARGET 2.0还是银行间RTGS支付系统，用于欧元区的跨境转账结算。该系统的参与者是直接的或间接的：直接参与者拥有RTGS账户，并可以访问实时信息和控制工具，并对自己或通过其运营的任何间接参与者从其账户经手的所有付款负责；间接参与意味着付款订单始终通过直接参与者发送到系统或从系统接收，只有相关的直接参与者与Eurosystem有法律关系。最后，银行分支机构和子公司可以选择以多收件人访问或可寻址BIC（银行标识符代码）的身份参与TARGET 2.0。

TARGET 2.0的目标是：①支持实施欧元体系的货币政策和欧元货币市场的运作；②最小化支付市场中的系统性风险；③提高欧元跨境支付的效率；④保持欧元区货币市场的一体化和稳定。

(二) CHAPS

CHAPS（Clearing House Automated Payments System）是世界上最大的高价值支付系统之一，提供高效、无风险和不可撤销的结算。有超过 30 个直接参与者和 5000 多个金融机构通过使用 CHAPS 进行结算付款。

CHAPS 的直接参与者包括传统的主流银行以及许多国际和托管银行。直接参与者之间的付款义务在提交当日在 RTGS 中以总金额单独结算，资金转移是不可撤销的。更多的金融机构则是间接访问该系统，并通过直接参与者进行支付。

CHAPS 付款有四个主要用途：①金融机构和一些大型企业使用 CHAPS 来结算货币市场和外汇交易；②企业使用 CHAPS 进行高价值和对时间敏感的付款，例如，向供应商付款或纳税；③CHAPS 通常被律师和运输商用来完成房屋和其他财产交易；④个人可以使用 CHAPS 来购买高价值的物品，例如，汽车或支付房屋定金。

(三) CHATS

CHATS（Clearing House Automated Transfer System）是一个在香港转账的即时总结算系统，由香港金融管理局及香港银行同业公会共同拥有的私人公司香港银行同业结算有限公司经营。通过 CHATS 可以结算四种货币：港币、人民币、欧元和美元。

三、中央交易对手和交易信息库（场外）

(一) SWIFT

SWIFT（Society for Worldwide Interbank Financial Telecommunication）于 1973 年在首任首席执行官 Carl Reuterskiöld 的领导下在布鲁塞尔成立，并得到了 15 个国家的 239 家银行的支持，由其成员金融机构拥有。SWIFT 总部位于比利时布鲁塞尔附近的拉胡普，并在全球设有办事处，每年专门针对金融服务行业，举办一次名为 Sibos 的年度会议。SWIFT 成立后立即开始建立金融交易通用标准以及共享数据处理系统和全球通信网络，其基本运营程序和责任规则等于 1975 年制定，第一条信息于 1977 年发出。SWIFT 的首个美国运营中心由弗吉尼亚州州长 John N. Dalton 于 1979 年成立。

大多数国际银行间传输消息都使用 SWIFT 网络。截至 2015 年，

SWIFT 已将 200 多个国家和地区的 11000 多家金融机构建立了联系，它们平均每天交换超过 1500 万条消息。SWIFT 以高度安全的方式传输财务消息，但不为其成员保留账户，也不执行任何形式的清算或结算。虽然 SWIFT 不利于资金转移，但它发送的付款订单必须在各机构之间的对应账户结算。为了交换银行交易，非银行金融机构必须与一个（或多个）银行建立关系，以便享受这些特殊的业务功能。

SWIFT 向金融机构出售软件和服务，其中大部分用于 SWIFTNet 网络和 ISO 9362。SWIFT 已成为金融消息语法的行业标准。格式化为 SWIFT 标准的消息可以被许多众所周知的金融处理系统读取和处理，无论该消息是否通过 SWIFT 网络传输。SWIFT 与国际组织合作，为消息格式和内容定义标准。SWIFT 还是以下 ISO 标准的注册机构（RA）：

（1）ISO 9362：1994 银行业务 – 银行电信消息 – 银行标识符代码。

（2）ISO 10383：2003 证券和相关金融工具 – 交易和市场识别代码（MIC）。

（3）ISO 13616：2003 IBAN 注册中心。

（4）ISO 15022：1999 证券 – 消息计划（数据字段字典）（代替 ISO 7775）。

（5）ISO 20022 – 1：2004 和 ISO 20022 – 2：2007 金融服务 – 通用金融行业消息计划。

SWIFT 提供了一个网络，使全球的金融机构可以在安全、标准化和可靠的环境中发送和接收有关金融交易的信息。目前，SWIFT 安全消息传递网络由三个数据中心运行，分别位于美国、荷兰和瑞士，这些中心几乎实时共享信息。尤其是在位于瑞士的数据中心投入运营后，来自欧洲 SWIFT 成员的数据不再镜像到美国数据中心。分布式体系结构将消息传递划分为两个消息传递区域：欧洲和跨大西洋。欧洲区域消息存储在荷兰和瑞士运营中心的一部分中，跨大西洋区域消息存储在美国以及与欧洲区域消息分开的瑞士运营中心的一部分中。默认情况下，欧洲以外的国家和地区已分配给跨大西洋区域，但仍可以选择将其消息存储在欧洲区域中。

SWIFT 从 2001 年到 2005 年迁移到其当前的 IP 网络基础架构，即 SWIFTNet，完全替代了以前的 X.25 基础架构。该过程涉及使用现有和新消息标准来开发促进有效消息传递的新协议。选择用于开发协议采用的技术是 XML,现在它为所有旧的或现代的消息提供了包装。通信协议可以分解为三个方面。

1. 基础架构

SWIFT 提供了具有一些事务管理功能的集中式存储转发机制。为了使银行 A 通过机构 C 向银行 B 发送带有副本或授权的消息,它会按照标准格式化消息并将其安全地发送到 SWIFT。SWIFT 保证在机构 C 采取适当的措施后,可以安全可靠地向银行 B 交付。SWIFT 保证主要基于硬件、软件和人员的高度充裕。

2. SWIFTNet 阶段 2 的新协议

在 2007 年和 2008 年期间,整个 SWIFT 网络将其基础架构迁移到了被称为 SWIFTNet 阶段 2 的新协议。阶段 2 与以前的安排之间的主要区别在于,阶段 2 要求连接到网络的银行使用关系管理应用程序(Relationship Mangement Application,RMA)而不是以前的双边密钥交换(Bilateral key Exchange,BKE)系统。根据 SWIFT 关于该主题的公共信息数据库,RMA 系统最终被证明更加安全,并且易于更新。但是,转换为 RMA 系统意味着世界各地成千上万的银行必须更新其国际支付系统以符合新标准。RMA 于 2009 年 1 月 1 日完全取代了 BKE。

3. 产品和界面

SWIFT 在金融世界中意味着几件事情:在金融机构之间传输消息的安全网络;一组财务消息的语法标准(用于通过 SWIFTNet 或任何其他网络进行传输);一套连接软件和服务,允许金融机构通过 SWIFT 网络传输消息。在上述三点下,SWIFT 为成员提供完整的解决方案,其中包括链接客户端,以促进与 SWIFT 网络和成员用来管理其消息的传递和接收的"基于计算机的终端"(Computer Based Terminal,CBT)的连接。

(二) CPMI

1989 年,十国集团(Group of Ten,G10)[①] 理事会成立了银行间净额结算计划特设委员会,以更详细地研究与跨境和多币种银行间净额结算计划有关的政策问题。1990 年,G10 理事会 CPSS(Committee on Payment and Settlement Systems),作为银行间净额结算计划委员会的后续机构,更

---

① G10 国家包括美国、英国、法国、德国、意大利、日本、荷兰、比利时、加拿大和瑞典。

广泛地接管和扩展了支付专家组的活动系统。CPSS 是一个常设的中央银行委员会，向 G10 理事会报告。2009 年，CPSS 成员逐步扩大到 25 个中央银行。为了反映扩大的成员数量，CPSS 开始向全球经济会议（Global Economic Meeting，GEM）理事会报告。2013 年 9 月，CPSS 根据银行间净额结算计划 GEM 委员会制定的标准以及与之相关的公众监督，审查了其任务授权。批准了新的任务授权，GEM 还同意将 CPSS 更名为 CPMI（Committee on Payments and Market Infrastructures），两项更改均自 2014 年 9 月 1 日起生效。

从角色来看，CPMI 旨在促进支付、清算、结算及相关安排的安全性和效率，监视并分析这些安排在辖区内的发展，从而支持金融稳定和更广泛的经济。同时，CPMI 还是中央银行在相关监督、政策和业务事项（包括提供中央银行服务）方面进行合作的论坛。此外，CPMI 是该领域的全球标准制定者。它旨在规范全球范围内有关此类安排的法规、政策和做法。

CPMI 通过以下活动执行其任务：①监测和分析事态发展，以帮助查明其职责范围内安排的安全性和效率的风险以及对全球金融体系造成的风险；②分享在其职权范围内的安排、履行监督职能和提供中央银行服务方面的经验，以促进共识，并为中央银行提供政策建议；③为任务范围内的规章、监督和做法建立全球标准提供建议，包括酌情解释和实施指南；④监察 CPMI 标准及建议的推行，以确保适时、一致及有效地实施；⑤支持合作监督和跨境信息共享，包括跨境危机管理的危机沟通和应急计划；⑥与不是 CPMI 成员的中央银行保持关系，以直接或通过适当地支持区域机构来交流经验和观点，并促进 CPMI 成员管辖范围以外的 CPMI 标准和建议的实施；⑦与其他金融部门标准制定者——中央银行机构和国际金融机构进行协调与合作。

◆思考讨论题◆

1. 尽管 1914 年前的金本位制有各种缺点，但美国和欧洲国家很少改变汇率。相反，在两次世界大战期间，汇率的变动很频繁，请简要论述原因。

2. 请简述国际金本位制与大萧条之间的关系。

3. 布雷顿森林体系缘何兴起，又为何会崩溃？

4. 请简述 IMF 和 RR 汇率制度分类方法的异同,并分析中国当前采取何种汇率制度。

5. 在金融科技不断发展的趋势下,国际货币支付清算体系将面临何种机遇与挑战?

第三章 国际金融体系构成

国际金融体系指的是在国际支付、结算、汇兑与转移等方面,为调节各国货币所制定的规则、惯例、政策和组织机构安排的总称。"二战"结束后,由于担心类似于1933年大萧条的经济危机再次出现,而国内措施不足以应对,各国纷纷寻求在全球层面建立新的组织和行为规则,通过国际合作实现外部平衡和金融稳定,国际金融体系因此逐步建立。

1944年,44个国家的代表共同签署了《布雷顿森林协定》。该协定签署后,一方面成立了两大运行至今的国际金融机构,即国际货币基金组织和国际复兴开发银行(简称世界银行),保障国际金融体系的稳定,促进世界经济的发展;另一方面对美元实行了固定汇率制度,美元直接与黄金挂钩,各国货币和美元挂钩,建立了以美元为主要储备货币的黄金交换标准,促进了国际金融的稳定发展。

1973年,经历了多次美元危机后,美元对黄金贬值,各主要货币在投机力量的冲击下被迫实行浮动汇率制,布雷顿森林体系宣告瓦解,世界进入浮动汇率时代。面对汇率浮动、通胀高企,以及国际金融市场和跨境资本流动快速增长的局面,金融稳定问题再次凸显。1974年,西德赫斯塔特银行和美国富兰克林银行的倒闭使人们意识到对银行跨国业务缺乏有效监管,推动了巴塞尔银行监管委员会(Basel Committee on Banking Supervision,BCBS)的成立。

2008年,美国次贷危机引发全球性金融危机,国际金融体系监管缺位、新兴市场国家在国际金融体系中缺乏发言权等问题凸显,国际金融体系再次面临改革和重筑。为此,以金融稳定理事会为代表的具有法律约束力的国际监管组织应运而生,由新兴市场国家倡议成立的区域性金融机构亚投行及新开发银行开始在国际金融治理体系中发挥作用。因此,为了解国际金融体系的演进过程和发展方向,有必要知晓各类承担国际金融监管职责的国际组织和金融机构。

第一节　国际金融机构与区域性国际金融机构

一、国际金融机构

（一）国际货币基金组织

1944 年 7 月，全球 44 个国家参加了在美国召开的联合国货币金融会议（也称布雷顿森林会议），为避免重蹈 1933 年大萧条的覆辙而寻求国际经济合作，最终就建立政府间的国际金融机构达成了《国际货币基金协定》。1945 年 12 月，国际货币基金组织于华盛顿正式成立，并于 1947 年 3 月开始运作，同年 11 月成为联合国的专门机构。国际货币基金组织的创始成员国为 30 个，中国是其中之一，目前成员国数量已增长至 190 个，与其姊妹组织世界银行（World Bank）并称为全球最大的公共资金借贷机构。

1. 国际货币基金组织的宗旨

根据《国际货币基金协定》，国际货币基金组织的宗旨包括：①建立一个常设机构，协调成员国进行国际货币问题磋商和协作，促进国际货币合作；②推动国际贸易的体量增长和平衡发展，以促进成员国实际收入增长和维持高水平就业；③促进汇率稳定，维持各成员国之间有序的外汇安排，避免竞争性汇率贬值；④协助成员国建立经常性交易的多边支付体系，消除妨碍全球贸易增长的外汇限制；⑤在适当的保障措施下，向成员国提供临时性的资金援助，帮助其纠正国际收支失衡状况；⑥减少成员国国际收支失衡状况的持续时间和影响程度。

2. 国际货币基金组织的业务

国际货币基金组织主要通过三种业务方式实现上述宗旨：一是对经济政策进行监督（surveillance）。国际货币基金组织收集了大量关于国家经济、国际贸易和全球经济的数据。该组织每季度定期发布《世界经济展望》（*World Economic Outlook*），提供国家和全球层面的经济预测，并就财政、货币和贸易政策对经济增长前景和金融稳定的影响展开讨论。二是推动成员国的能力建设。国际货币基金组织通过其能力建设项目向成员国提供技术援助、培训课程和政策建议。2018 年 4 月，中国 – 国际货币基金组织联合能力建设中心在北京启动,为包括中国在内的"一带一路"沿线国家提供各类培训课程,支持沿线国家的能力建设,促进交流与互鉴。截至2019年4月,已在大连、深圳两地设立培训中心,举办19期课程班,培训中国以及"一带一路"参与国家官员约600人,提供包括宏观经济管理和政策、货币政策、金融政策规划在内的培训课程。三是根据需要向成员国提供贷款援助。国际货币基金组织向成员国提供两种类型的贷款援助:一种是允许成员国以非优惠条件使用一般资源账户(General Resources Account,GRA)中的基金资源;另一种是通过减贫与增长信托基金(Poverty Reduction and Growth Trust,PRGT)提供优惠财务支持,后者的贷款到2021年6月均为零利率。一般资源账户支持的项目预计将在项目期间解决成员的国际收支问题,而减贫与增长信托基金项目则更适合低收入国家的需求,对协助解决国际收支问题通常预设更长的时间。具体来看,国际货币基金组织提供的贷款包括两种,见表3-1。

第一种,非优惠贷款,包括四种类型。

(1)备用信贷安排(Stand-By Arrangement,SBA)。设立于1952年6月,所有面临实际或潜在外部融资需求的成员国都有资格申请该类贷款,是新兴市场和发达市场国家的主要贷款工具。备用信贷安排的期限是灵活的,通常为1~2年,最多不超过3年。贷款额度通常不超过该成员国份额的145%,在获得国际货币基金组织资金援助的期限内,扣除偿还额后的累计贷款限额最高为该成员国份额的435%。贷款利率由两部分组成:一是基准利率,通过按市值计算的特别提款权(SDR)利率计算而成,包括5个基点的最低下限与100个基点的基差;二是附加费,取决于未偿贷款的金额和期限,成员国需对超过份额187.5%的未偿贷款支付200个基点的附加费,如果3年后未偿贷款余额仍高于份额的187.5%,则附加费升至300个基点,以防止成员国长期大规模地占用国际货币基金组织资金。

2018年,阿根廷比索暴跌,该国以美元计价的债务激增,政府无力偿还。为阻止本币继续大幅贬值,阿根廷政府与国际货币基金组织达成了一项为期36个月、规模为500亿美元(相当于353.79亿特别提款权,约为阿根廷在基金组织份额的1110%)的备用安排贷款协议,通过国际货币基金组织执董会季度审查后分次发放。该项备用安排贷款协议旨在帮助阿根廷政府恢复市场信心,保护社会最脆弱群体,加强阿根廷中央银行通胀目标制框架的可信度，以及逐步减轻该国国际收支面临的压力。

（2）中期贷款（又称扩展贷款，Extended Fund Facility，EFF）。设立于1974年9月，向那些因结构性障碍及脆弱的国际收支状况而出现国际收支严重失衡的国家提供援助。与备用信贷安排提供的援助相比，由于帮助各国实施中长期结构改革方案所需的时间更长，因此，该援助的偿还期更长、贷款额度更大。该贷款援助的批准期限通常为3年，最多可长达4年，偿还期限通常为4~10年，以实施深入而持续的结构改革；正常情况下，贷款额度和贷款利率与备用信贷安排一致，但国际货币基金组织可在特定情况下提供超过这些限额的贷款。

2012年，为帮助希腊摆脱欧债危机的困扰，国际货币基金组织向该国提供总额为280亿欧元的中期贷款，为其推行结构性改革、控制债务水平提供资金支持；2019年，巴基斯坦面临经济增长的不均衡和顺周期经济政策的遗留问题，经济增长乏力、通胀率上升、负债率高企、国内外贸易失衡，为避免该国出现经济危机、帮助其削减不断扩大的赤字，国际货币基金组织向该国提供60亿美元中期贷款。

（3）灵活信贷额度（Flexible Credit Line，FCL）及预防性和流动性额度（Precautionary and Liquidity Line，PLL）。FCL设立于2009年，旨在满足政策和经济良好的国家对预防和减轻危机冲击的贷款需求，鼓励各国在面临全面危机之前寻求援助。符合条件的国家或地区可以灵活地在预先指定的时间段内随时使用信用额度。FCL作为可展期的信用额度，期限通常为1~2年，贷款利率也与备用信贷安排一致。PLL设立于2011年，旨在帮助经济基本面良好但因部分脆弱性而无法使用FCL的成员国满足其流动性需求。PLL的期限可以为6个月或1~2年。在批准6个月的PLL安排后，通常最多可以提供的额度为成员国份额的125%，但如果一国受外部冲击而面临更大的短期国际收支需求，则额度上限可能为成员国份额的250%；而对于1~2年的PLL安排，第一年的最大额度为成员国份额的250%，整个安排的额度总计为成员国份额的500%。作为提前预支的额度，FCL和PLL的核心在于资格标准，以显示国际货币基金组织对成员国政策有效性及发生危机时纠偏的信心。这些标准在2017年的FCL和PLL审查中，以核心指标和阈值的方式建立，包括强大的经济基础和体制政策框架、稳健可持续的政策、有效的金融监管等。截至2020年5月，智利、哥伦比亚、墨西哥、秘鲁和波兰5个国家已经使用了FCL。其中，波兰于2017年11月退出FCL。北马其顿共和国和摩洛哥已经使用了PLL。这两个国家具有稳健的经济基本面，申请额度的目的在于防范外部冲击，促进更强劲的包容性增长。

（4）快速融资工具（Rapid Financing Instrument，RFI）。设立于2011年，向面临紧急国际收支需要的成员国提供快速、低门槛的财政援助，且不需要申请国提交完整成熟的计划。自2013年取代紧急自然灾害援助（ENDA）和冲突后紧急援助（EPCA）后，该援助已能满足各种紧急需要，包括商品价格冲击、自然灾害、战争冲突以及脆弱性导致的紧急冲击。通常情况下，该类贷款的额度不超过该成员国份额的50%，在获得国际货币基金组织资金援助的期限内，扣除偿还额后的累计贷款限额最高为份额的100%；针对大型自然灾害的贷款额度有所提升，但通常在损失超过该国GDP的20%时使用，额度不超过份额的80%，扣除偿还额后的累计贷款限额最高为份额的133.33%。个别情况下，获得援助的程度取决于该国的国际收支需要、偿还能力、未偿贷款余额以及过去使用贷款的情况。

案例3-1　新冠肺炎疫情期间国际货币基金组织贷款情况

在2020年初爆发的新型冠状病毒肺炎（简称"新冠肺炎"）疫情的冲击下，多国面临大量应急资金需求，为此，国际货币基金组织特地将贷款额度暂时增加至份额的100%，累计额度扩大到份额的150%，提额的适用期为2020年4月6日至该年10月5日，并再次展期至2021年4月。2020年，为帮助各国应对新冠肺炎疫情这一突发全球性公共卫生事件带来的负面影响，IMF向包括南非、埃及、约旦、巴基斯坦和突尼斯在内的39个国家或地区提供了不同规模的RFI支持，总计158.72亿SDR（折合218.65亿美元）。

除正文所述的常设非优惠贷款外，新冠肺炎疫情肆虐全球之际，国际货币基金组织执董会新设立了一项短期流动性额度（SLL）。该额度设在一般资源账户下，预定运行7年，额度上限为成员国份额的145%，期限为12个月，面向基本面强劲但遭遇外部冲击而面临各类国际收支需要的成员国，申请条件类似申请FCL，但是资金使用规模更小，可以在额度内多次使用，随用随还。

（资料来源：国际货币基金组织官网。）

第二种，优惠贷款，这些优惠贷款大多通过减贫与增长信托基金（PRGT），同时以优惠利率向低收入国家提供。目前，这一优惠利率直至

2021年6月均为零。

（1）备用信贷工具（Standby Credit Facility，SCF）。为SBA安排在低收入国家的应用，其时间范围为1～3年。区别于SBA，该工具的贷款额度通常不超过该成员国份额的100%，在获得国际货币基金组织资金援助的期限内，扣除偿还额后的累计贷款限额最高为份额的300%。在特殊情况下，贷款的年度上限和累计上限分别可达到份额的133.33%和400%。

（2）中期信贷工具（Extended Credit Facility，ECF）。为EFF在低收入国家的应用，期限为3～5年，到期、取消或终止后，可以批准其他的ECF。贷款额度与备用信贷安排一致。

（3）快速信贷贷款（Rapid Credit Facility，RCF）。为RFI在低收入国家的应用，RCF下的融资利率为零，宽限期为5年半，最终期限为10年。其余与RFI一致。

总体来看，国际货币基金组织提供的各类贷款在应对场景（如紧急的国际收支需求、预期的国际收支需求、中长期的国际收支需求）、融资来源的账户种类和利率（GRA账户的非优惠贷款、PRGT等账户的优惠贷款）、贷款期限（从1年期到5年期不等）、最高可贷资金（占份额的比重）以及是否立即拨付资金（信贷额度类、直接贷款类）等方面存在不同。（见表3-1）通常而言，贷款项目的确定需要遵循严谨的流程，获批后才能得到。在贷款使用过程中，成员国需要对本国的财政、金融、结构性等方面进行改革，通过了国际货币基金组织执董会的定期（如每季度或每半年）审议后，才能获得贷款或继续现有的贷款项目。例如，同样是GRA账户的非优惠贷款，SBA和EFF往往针对经济基本面薄弱的成员国，目的主要在于帮助成员国化解并走出危机；而FCL则是针对经济基本面稳健的成员国，更侧重危机发生前的预防。又如，为应对紧急事件而产生的快速贷款分为快速融资工具（RFI）和快速信贷贷款（RCF）两种，在新冠肺炎疫情的短期冲击下，数十个国际货币基金组织成员国申请了这类贷款支持工具，两者由于资金供给的上游账户不同而在国际货币基金组织中所用的术语方面存在差异，前者的资金来源是GRA账户，成员国使用贷款类似于行使自己的权利，称为购入（purchase）；后者的资金来源是PRGT账户，成员国获得贷款称为拨付（disbursement）。2020年4月17日，摩尔多瓦同时申请从GRA和PRGT两个账户获取紧急资金援助，分别称为申请RFI购入和RCF拨付。

表3-1　国际货币基金组织贷款种类比较

贷款种类	目的	期限	资金来源	额度
备用信贷安排（SBA）	满足实际或潜在的国际收支需求（基本面较弱、应对危机）	最长3年，一般为1~2年	GRA	不超过成员国份额的145%，在获IMF援助的期限内，扣除偿还额后的累计贷款限额最高为该成员国份额的435%，特殊情形下可超上限
备用信贷工具（SCF）		1~3年	PRGT	不超过成员国份额的100%，在获IMF援助的期限内，扣除偿还额后的累计贷款限额最高为该成员国份额的300%。特殊情况下可超上限
预防性和流动性额度（PLL）	满足实际或潜在的国际收支需求（基本面稳健、预防危机）	6个月或1~2年	GRA	6个月PLL的额度不超过该成员国份额的125%，特殊情况下上限可达250%；1~2年PLL在第一年的额度不超过该成员国份额的250%，整个PLL的额度不超过该成员国份额的500%
灵活信贷额度（FCL）	满足实际或潜在的国际收支需求（基本面非常强健、预防危机）	1~2年	GRA	无上限规定，根据每个申请国的情况确定

续表 3-1

贷款种类	目的	期限	资金来源	额度
中期贷款（EFF）	应对长期的国际收支需求、获得中期援助	通常3年，最多4年	GRA	与 SBA 相同，特殊情况下可超上限
中期信贷工具（ECF）		3～4年，可延长至5年	PRGT	与 SCF 相同
快速融资工具（RFI）	满足实际和紧急的国际收支需求	直接购入（purchase）	GRA	低额度，有上限，与新冠肺炎疫情有关的贷款每年的额度以成员国份额的50%提高至100%
快速信贷贷款（RCF）		直接划拨（disbursement）	PRGT	
政策支持工具（PSI）	非融资信号工具	1～4年，可延长至5年	无	无
政策协调工具（PCI）		6个月至4年	无	无

（资料来源：国际货币基金组织官网，作者整理。）

注：PSI 和 PCI 不提供资金支持，而是信号类工具。其中，PSI 是 PRGT 工具，而 PCI 同时适用于 PRGT 和 GRA。

3. 国际货币基金组织的资金来源

为了向成员国提供上述类型的资金支持，国际货币基金组织需要筹措资金。目前，国际货币基金组织的可贷资金规模约为1万亿美元。这些可贷资金的来源主要包括三个方面：份额、常备多边借款安排（SBAs）和双边借款安排（Bilateral Borrowing Arrangement，BBAs）。

一是份额。份额是国际货币基金组织金融治理结构的基石，类似于认购的股本，每个成员国持有的份额大致上反映了其在世界经济中的相对地位。在加入国际货币基金组织时，成员国认缴的份额中，有四分之一需要以美元、欧元、人民币、日元、英镑等被普遍接受的货币或者特别提款权（SDR）① 支付，称为"储备档"资金（reserve tranche），其余四分之三以成员国的本国货币支付。份额决定了成员国在国际货币基金组织内的投票

---

① 份额以特别提款权（SDR）计价，它于1969年建立，是 IMF 的计价单位，也是国际储备资产，可以帮助补充其成员国的官方储备。1969年前，计价单位为美元。

权、可贷资金规模、特别提款权占比等,也为成员国应对偿付危机、平抑经济波动提供长期稳定的资金来源。国际货币基金组织通常每隔5年进行一次份额的总体检查,评估成员国国际收支筹资需求以及满足这些需求的配额是否充足,决定总体配额增加的规模和成员国之间增加额的分配,并在得到成员国85%以上投票权后进行调整。最近一次份额调整是2010年的第14轮份额总体检查,总份额增加一倍至4770亿SDR(约6500亿美元),超过6%的份额由发达国家向发展中国家转移;随后的第15轮份额总体检查并未在份额和治理改革方面取得进展,当前第16轮份额总体检查正在进行。在国际货币基金组织初建时,成员国缴纳的份额为76亿美元,其中美国占比36.2%,位列第一。截至2020年10月,美国仍拥有最高份额,约为17.44%,中国以6.41%的份额排列第三。(见表3-2)

表3-2 国际货币基金组织份额情况

序号	国家	份额/%	投票权/%
1	美国	17.44	16.51
2	日本	6.48	6.48
3	中国	6.41	6.41
4	德国	5.60	5.60
5	英国	4.24	4.03
6	法国	4.24	4.03
7	意大利	3.17	3.02
8	印度	2.76	2.63
9	俄罗斯	2.71	2.59
10	沙特阿拉伯	2.10	2.01
11	巴西	2.32	2.22
12	加拿大	2.32	2.22
13	西班牙	2.00	1.92
14	墨西哥	1.87	1.87
15	荷兰	1.84	1.76
16	韩国	1.80	1.73

续表 3-2

序号	国家	份额/%	投票权/%
17	澳大利亚	1.38	1.33
18	比利时	1.35	1.30
19	瑞士	1.21	1.18
总计		71.24	68.84
其他 171 个成员国		28.76	31.16

（资料来源：国际货币基金组织官网，作者整理。）

二是常备多边借款安排（SBAs）。根据《国际货币基金协定》，国际货币基金组织在其认为有必要时，可与成员国协商，向成员国借款，作为补充资金。国际货币基金组织有两个借款安排，即一般借款安排（Generol Arrangements to Borrow，GAB）和新借款安排（New Arrangements to Borrow，NAB），合称常备多边借款安排（SBAs）。一般借款安排（GAB）于 1962 年由十国集团与国际货币基金组织共同设立，以防范和应对国际经济金融危机。最初，GAB 设立规模为 60 亿 SDR，于 1983 年增加至 170 亿 SDR。在 1998 年的金融危机之前，GAB 一共启动过 10 次，此后便停滞，直至 2018 年后不再使用。新借款安排（NAB）于 1997 年设立，首次启用是在 1998 年救助危机中的巴西。该项目运作机制与 GAB 类似，国际货币基金组织与部分成员国签订信贷安排，在需要的时候吸纳成员国提供的借款，此时，国际货币基金组织充当银团贷款中的牵头大银行，成员国则是配合贷款并提供资金的其他银行。目前，有 40 个国家参与 NAB 项目，这些国家每隔 5 年需重新续约，因此，区别于份额，这些来源国借款并非永久性资源。① 在 2008 年国际金融危机之后，NAB 的规模扩大，2011 年曾扩大到 3700 亿 SDR（超过 5000 亿美元）。2016 年，根据第 14 次总体检查决议，国际货币基金组织的总份额增加，NAB 的规模则缩减至 1820 亿 SDR。但 2020 年 1 月，由于国际货币基金组织的总份额在第 15 轮总体检查中并未增加，GAB 在 2018 年已退出历史舞台，双边借款安排的总额也维持不变，为稳定资金池规模，国际货币基金组织执董会批准自 2021 年 1

---

① 蒋旭峰：《透析 IMF 全球危机救助工具箱》，载《中国金融》2020 年第 11 期，第 91—93 页。

月开始至2025年，将NAB的规模翻倍扩大至3647亿SDR，接近金融危机爆发后的水平。

三是双边借款安排（BBAs）。国际货币基金组织还与一些国家签署了双边借款协议和票据购买协议，在资金供不应求时，无须经过国际货币基金组织执董会批准，即可从这些国家取得充裕的可贷资金，以此作为份额资源的补充。2020年3月，国际货币基金组织执行局决定从2021年1月1日起实行新一轮双边借贷的框架，以接替至2020年12月底的双边借贷协议（BBA）。新的框架与以前的协议大致相同，将在未来几年内帮助国际货币基金组织维持1万亿美元的贷款能力，确保其满足成员国需求的能力。目前，BBAs的总规模为3180亿SDR。

除去处于发放和偿还中的贷款，截至2020年3月，国际货币基金组织拥有3200亿SDR的份额、1430亿SDR的NAB，以及2520亿SDR的BBAs，总计约7150亿SDR（折9720亿美元）。此外，除了上述三大资金来源渠道外，国际货币基金组织还通过出售黄金、接受成员国捐助等方式建立信托基金并扩大资金池。2020年，国际货币基金组织的黄金储备约为9050万盎司（2814.1吨），是全球最大的黄金持有机构之一。2010年，国际货币基金组织出售403.3吨黄金（约占持有量的1/8），从所得的68.5亿SDR利润中划拨44亿SDR至减贫与增长信托，向低收入成员国提供优惠贷款。2012年，国际货币基金组织再次将黄金出售收益划拨至减贫与增长信托，规模约为21.23亿SDR。

通过上述渠道归集资金后，国际货币基金组织通过两大资金账户和两类债务减免项目向成员国提供资金援助，这两大资金账户包括一般资金账户（GRA）、减贫与增长信托基金（PRGT），两大债务减免项目包括重债穷国倡议（Heavily Indebted Poor Countries，HIPC）以及控灾减灾信托（Catatrophe Containment and Relif Trust，CCRT）下的债务减免。GRA是国际货币基金组织的主要账户，归集成员国认缴的份额是国际货币基金组织非优惠贷款业务的资金来源。与之相对应，国际货币基金组织向低收入国家提供的资金援助为PRGT账户下的低息贷款以及前文所述的两类债务减免，这些账户和减免项目的资金来自成员国的捐助以及国际货币基金组织自身，而非成员国的份额。2020年4月，国际货币基金组织执董会批准对25个受新冠肺炎疫情冲击的低收入成员国进行债务减免，就是受惠于CCRT。同时，英国、日本等发达国家已经宣布向CCRT增资。

4. 国际货币基金组织的组织结构

国际货币基金组织主要通过理事会、执行董事会、国际货币与金融委员会以及发展委员会这四大内设机构及下设职能部门维持日常运行，如图 3-1 所示。

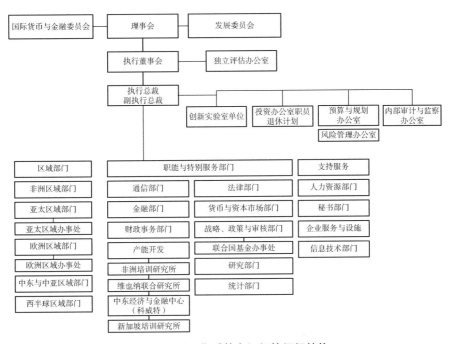

图 3-1　国际货币基金组织的组织结构

（资料来源：国际货币基金组织官网，作者整理。）

（1）理事会。它是国际货币基金组织的最高权力机构，由每个成员国各派正、副理事各一名组成，每届任期 5 年。理事一般由各国的财政部长或中央银行行长担任，副理事通常为各国外汇管理机构负责人。理事会通常每年举行一次会议，各理事单独行使本国的投票权，各国投票权的大小由其所缴基金份额的多少决定。理事会的职能包括：决定会员的纳新与退出、修订协定条款、调整基金份额的规模和分配比重、讨论有关国际货币制度等重大问题。

（2）执行董事会。它是国际货币基金组织中负责处理日常业务工作的常设机构，行使理事会委托的一切权力，由 24 名董事组成，每届任期 2 年。其中 8 名为执行董事，由基金份额最大的 5 个国家（美国、日本、德国、法国、英国）和另外 3 个国家（中国、俄罗斯、沙特阿拉伯）各任命一人，其余 16 名为选派董事，由其他成员国按选区轮流选派。IMF 总裁由执行董事会推选，作为国际货币基金组织的最高行政负责人，兼任执行董事会主席，负责基金组织的业务工作，任期 5 年，可连任，但无投票权。现任总裁为 2019 年 10 月 1 日当选的克里斯塔利娜·格奥尔基耶娃，总裁下设第一副总裁 1 人，其他副总裁 3 人。

（3）国际货币与金融委员会。于 1999 年由临时委员会更名而成，是为国际货币基金组织的工作和政策提供战略方向的关键部门。该委员会的主要职能为国际货币和金融体系的监督与管理、世界开发援助等全球重大经济问题，向理事会做出报告或提出建议。该委员会每年举行两次会议，经执董会讨论、由国际货币与金融委员会主席批准，并在国际货币与金融委员会会议上通过的会议草案被视为理事会决议。

（4）发展委员会。正式名称是世界银行和国际货币基金组织理事会关于向发展中国家转移实际资源的联合部长级委员会，成立于 1974 年 10 月。该委员会就重要的发展问题以及促进发展中国家经济发展所需的资金问题，向国际货币基金组织和世界银行理事会提供咨询。与国际货币与金融委员会一样，发展委员会一般也每年举行两次会议。

（二）世界银行

世界银行最早为国际复兴开发银行（International Bank for Reconstruction and Development，IBRD），根据 1944 年布雷顿森林会议通过的《国际复兴开发银行协定》建立。1945 年，28 个国家政府的代表签署了这一协定，宣告该机构正式成立，1947 年起成为联合国专门机构之一。该机构总部位于华盛顿特区，包括国际复兴开发银行、国际金融公司、国际开发协会、多边投资担保机构和国际投资争端解决中心 5 个紧密联系的机构，现已发展成为世界上最大的国际金融机构，又称世界银行集团。世界银行目前拥有 189 个成员，涉及不同地理区位、发展水平和制度背景的国家和地区，中国是世界银行的创始国之一。凡世界银行的成员国必须同时为国际货币基金组织成员国，但国际货币基金组织的成员国并不必然加入世界银行。此外，要成为国际开发协会、国际金融公司和多边投资担保机构的成员，必须具备国际复兴开发银行的成员资格。

成立初期，该机构的主要目标在于向西欧国家发放贷款，用于帮助遭受"二战"破坏的国家进行战后重建和复兴。随后，重点从重建转向发展，着力建设水坝、电网、灌溉系统和桥梁道路等基础设施。1956年国际金融公司成立后，该机构开始向发展中国家的私人公司和金融机构提供贷款；1958年以后转向全球性的经济援助；1960年国际开发协会成立后，该机构更加重视最贫穷的国家，致力于消除贫困。

1. 世界银行的宗旨和业务

根据《国际复兴开发银行协定》，世界银行的宗旨包括：①向生产性项目提供贷款和投资，协助成员国复兴与开发，鼓励欠发达国家的生产与资源开发；②参与私人贷款和私人投资，促进私人对外投资；③鼓励国际投资、开发成员国生产资源，促进国际贸易及国际收支的长期平衡；④提供贷款保证。目前，世界银行集团的最新宗旨是"以可持续的方式在2030年之前消除极端贫困、促进共同繁荣"，即到2030年，一是消除极端贫困，将处于日均1.25美元贫困线下的贫困人口比例降低到3%以下；二是促进共享繁荣，推动各国处于最底层的40%人口的收入增长。

在减贫和共荣两个发展目标的指导下，世界银行开展的主要业务包括两个部分：一是为发展中国家提供发展所需的贷款；二是提供知识共享和发展政策支持。发展资金支持方面，世界银行向发展中国家提供贷款、赠款、股权投资和担保。世界银行提供的贷款只向有偿还能力和运营能力但无法从其他渠道获取资金的成员国发放，面向成员国政府，或经成员国政府、中央银行担保的机构。这些贷款通常依托于基础设施项目，称为项目贷款，是世界银行传统的贷款业务，约占各类贷款的90%，重点投放至教育、卫生、交通、公用工程、农业建设等基础设施项目，只有在特殊情况下，世界银行才考虑发放其他类型的贷款，例如，技术援助贷款、与其他贷款机构共同发放的联合贷款（co-financing）、促进借款国经济结构调整的调整贷款（adjustment facility）等非项目贷款。此外，贷款必须专款专用，在项目实施过程中，世界银行对资金使用和项目进展进行监管，并采用规范严格的前沿方法评估援助效果。

在知识共享和发展政策支持方面，世界银行通过提供政策咨询、研究分析、技术援助以及主办论坛等方式对发展中国家提供支持。世界银行力推"知识共享"的主要动因包括三个方面：一是帮助新兴经济体提高经济和社会的发展能力，协调解决发展中国家地区发展失衡、贫富差距加大、社会动荡等"发展能力差距"问题；二是让贫穷落后的国家得以共享信息技术革命带来的发展机遇，借助信息技术媒介推动经济增长、降低贫困率；三是作为世界银行发展资金支持业务的补充，提升其自身的核心竞争力。2020 财年，世界银行为全球 140 多个国家提供了 1515 项分析咨询服务，涉及经济政策、城乡发展、气候变化与环境治理等方面，其中，超过 90% 是免费项目。此外，在 2019 年 9 月的联合国大会上，世界银行集团提出了"学习贫困"（以 10 岁儿童中无法阅读或理解简短文字所占的比例进行衡量）这一新概念，并提出到 2030 年将全球学习贫困率降低至少一半的新目标。

2. 世界银行的资金来源

世界银行的资金来源主要包括成员国缴纳的股本、借款、业务收益以及债权出让。

（1）各成员国缴纳的股本。一国认购股份的多少根据该国的经济实力，同时，参照该国在国际货币基金组织缴纳的份额大小而定。成员国认购股份的缴纳有两种方法：①成员国认购的股份，先缴 20%。其中 2% 要用黄金或美元缴纳，18% 用会员国本国的货币缴纳。②其余 80% 的股份，当世界银行催交时，用黄金、美元或世界银行需要的货币缴付。世界银行成立初期，法定资本为 100 亿美元，经过历次增资，到 2020 财年，增至 4561.7 亿美元。

（2）向国际金融市场借款。世界银行以其极高的信用评级，在国际金融市场进行借款，是其资金的最主要来源。世界银行借入资金的期限通常为 2~25 年，利率约 6%~7%，主要通过中长期借贷及中长期债券等工具筹措资金。从国别来看，美国是世界银行最主要的借款来源国。

（3）业务收益。世界银行的业务收益主要来自发放贷款获得的利息收益，但世界银行历年的业务净收益不对股东进行分红。除了将一部分净收益以捐赠方式拨款至国际开发协会，以及向贫穷的发展中国家发放贷款外，其余大部分收益留存，作为自身的准备金，用于对外发放贷款。

（4）债权出让所得。世界银行与成员国达成贷款协议后，通常将贷款的债权转卖至商业银行、政府或其他国际组织，加速贷款资金周转。

3. 世界银行的组织结构

世界银行通过理事会和执行董事会进行日常管理。理事会是最高权力机构和最终决策机构，由成员国的财政部长、中央银行行长或级别相当的官员担任理事，每届任期 5 年。理事会的职能包括接纳和暂停会员资格，增加或减少法定股本，决定世界银行净收益的分配，对执行董事对协议条款的解释提出上诉，与其他国际组织进行正式全面的合作安排，增加选举产生的执行董事人数，批准对协议条款的修改。执行董事会由 25 名执行董事组成，其中 5 名由持股比例最高的美国、英国、法国、日本、德国委派，其余由其他成员国按地区选出，主要职责包括监督世界银行的业务，批准各项贷款、新政策、行政预算、国家援助战略等。历届行长一般由美国总统提名，均为美国人，行长同时兼任国际开发协会会长、国际金融公司主席、多国投资保证机构主席等职。除前文所述的狭义的世界银行（即国际复兴开发银行）外，世界银行集团还下设其余 4 个机构。

（1）国际开发协会（International Development Association，IDA）。它既是世界银行的附属机构，也是独立的国际金融机构。成立于 1960 年，旨在对落后国家给予条件较宽、期限较长（35～40 年）、负担较轻（不收利息，每年仅收 0.75% 的手续费），并且可用部分本国货币偿还的贷款。这类贷款一般只面向成员国政府，贷款的投向与世界银行保持一致，也是以具体的工程项目作为依托。

（2）国际金融公司（International Finance Corporation，IFC）。它与国际开发协会一样，既是世界银行的附属机构，也是独立的国际金融机构。由于世界银行的贷款主要面向成员国政府，对私人机构的贷款须经政府担保，且世界银行只经营贷款业务，不参与股份投资或其他风险投资。为扩大对私人机构的国际借贷，1956 年，国际金融公司正式成立，其主要业务是对成员国中的发展中国家提供面向私人企业及开发金融机构的长期贷款，而不需要成员国政府进行担保。除了发放贷款外，国际金融公司还通过联合投资活动，组织发达国家向发展中国家的资本输出，也提供包括股份投资、银团贷款、融资中介在内的各类金融工具和融资服务。

（3）多边投资担保机构（Multilateral Investment Guarantee Agency，MIGA）。它成立于 1988 年，旨在促进新兴经济体的外国直接投资。

（4）国际投资争端解决中心（International Center for Settlement of Investment Disputes，ICSID）。它成立于 1966 年，通过为国际投资争端提供协调和仲裁，促进东道国与投资母国建立信任关系，以此鼓励国际投资。（见表 3-3）

表 3-3 世界银行集团结构

创立时间	名称	任务	资金来源
1944 年	国际复兴开发银行	向中等收入国家和信用良好的低收入国家提供贷款	股本；发行债券筹集的资金
1960 年	国际开发协会	向最贫穷国家的政府提供无息贷款、信贷和赠款	发达国家和中等收入国家捐款；少部分来自 IBRD 净收入转移、IFC 赠款和借款国偿还 IDA 信贷的回流资金
1956 年	国际金融公司	为发展中国家的私营企业提供贷款、股权投资和咨询服务	发行债券筹集的资金
1988 年	多边投资担保机构（180 个成员，包括 25 个贷款机构）	向投资者和贷款机构提供政治风险保险和信用增级，以促进新兴经济体的外国直接投资	—
1966 年	国际投资争端解决中心（140 个成员国）	国际投资纠纷的调解和仲裁	—

（资料来源：世界银行官网，作者整理。）

2020 财年，世界银行集团在各国承诺的发展资金总额为 770.78 亿美元，其中，由国际复兴开发银行提供 279.76 亿美元，占 36.3%；国际开发协会提供 303.65 亿美元，占 39.4%；国际金融公司提供 111.35 亿美元，占 14.4%；多边投资担保机构提供 39.61 亿美元，占 5.1%。此外，受援国实施的信托基金为 36.41 亿美元，占 4.7%。

4. 国际货币基金组织与世界银行的比较

作为全球最重要的国际金融机构，世界银行与国际货币基金组织是学者和政策制定者经常加以比较的两个国际组织。一方面，它们共同维护着全球金融体系的稳定，起着互相联系、互相补充的作用。世界银行（国际复兴开发银行）和国际货币基金组织都是根据布雷顿森林会议的决定，于 1945 年 12 月 27 日成立的国际金融机构，两者均在华盛顿设立总部，同属联合国下属的专门机构,也都是以成员国入股方式建立起来的股份制企业性质的金融机构。世界银行的成员国必须是国际货币基金组织的成员国,但国际货币基金组织的成员国不一定都参加世界银行。二者每年联合召开两次全体会议。有些时候,某些项目也是由国际货币基金组织和世界银行联合举行的。例如,二者共同执行金融部门评估规划规定的评估工作,其中,国际货币基金组织负责进行金融稳定评估,世界银行负责执行针对发展中国家和新兴市场国家的金融发展评估。

另一方面,两者也存在具体的区别。从成立的目的来看,国际货币基金组织是为调整国际货币关系而建立的,主要负责协调国际货币事务。世界银行负责复兴经济、提高生产力水平,是一个主要协调对发展中国家进行长期贷款和投资的国际金融组织。从承担的任务来看,国际货币基金组织和世界银行都向成员国提供贷款支持和技术援助,也通过提供分析咨询和政策指导来帮助成员国提高自身发展的能力,但两者的职责和结构差异使得它们提供的融资支持有所不同。例如,国际货币基金组织提供的贷款援助多用于危机情况下的紧急救助,贷款期限较短,而世界银行主要提供促进经济发展的低利率、项目制长期贷款和投资支持。此外,国际货币基金组织的另一项工作也是其核心职责,即对全球经济进行监督,对各国资产负债表进行审计,并提供各国经济、贸易、债务等各类数据。

案例 3-2 国际货币基金组织与世界银行面临的挑战

虽然国际货币基金组织和世界银行对国际货币金融秩序的稳定、对全球经济复兴和发展起到了积极的作用,但仍面临着一些挑战和反对声音,最突出的就是一些反对声音认为它们的基本结构会加剧世界贫富之间已经存在的不平衡。具体表现为以下两点。

一是这两个机构的大股东和主导者是欧美发达国家。国际货币基金组织和世界银行分别由欧洲国家和美国主导,允许最大股东主导投票权,这使得政策由发达国家的富人决定,但由发展中国家的穷人执行,从而可能导致政策不符合接受援助的发展中国家的最佳利益。例如,一些新兴经济体提出,国际货币基金组织在应对欧元区危机时提供的不成比例的大规模纾困计划显示出其对欧元区国家的偏袒,暴露出新兴市场缺乏足够发言权的内部治理问题。

二是这两个机构提供的贷款附加了一定的条件,使得受助国不得不搁置医疗、教育和其他社会项目以偿还贷款，加剧了财务负担。例如，国际货币基金组织向受助国提供贷款援助时，要求其启动受国际货币基金组织监督的经济改革计划，即结构调整政策（Structural Adjustment Programs, SAPs），而且所有贷款都是在该国完成援助计划并把偿还贷款作为优先事项的条件下提供的，要求债务国削减开支、稳定国际贸易，这又导致债务国仍然缺乏解决教育、卫生等社会问题必需的资金，借贷像滚雪球一样推升偿债利率，因而并不能帮助债务国走出债务积累和货币贬值的恶性循环①。也有反对人士表明，世界银行提供的石油天然气开采和大坝建设项目是建立在破坏环境的基础上的，抗议该组织继续执行这类有害的"结构调整"政策，并提出豁免最贫穷的债务国所欠的债务。

（资料来源：Brettonwoodsproject. org, "What are the Main Criticisms of the World Bank and IMF?" https://www. brettonwoodsproject. org/np – content/uploads/2019/06/CommonCriticisms – FINAL. pdf. ）

（三）国际清算银行

根据海牙国际协定，国际清算银行于 1930 年在瑞士巴塞尔成立，是历史最为悠久的国际性金融机构。该机构在国际法的支持下运作，旨在通过协调全球央行及其货币政策，促进全球货币和金融稳定，通常被称为"中央银行的中央银行"。从成立至今，国际清算银行的角色一直在不断变化，以适应变化着的国际金融发展需求。国际清算银行成立之初，成员国包括德国、比利时、法国、英国、意大利、日本和美国，负责收集、管理和分配第一次世界大战后《凡尔赛条约》所商定的德国赔偿金，但在该行成立后不久，赔偿就停止了，该行随后将其活动重点放在各国中央银行之间的技术合作方面，涉及储备管理、外汇交易、国际邮政支付、黄金存款和掉期工具等业务内容。"二战"后，国际清算银行将重点转向关注欧洲的货币和金融事务，还充当了由 18 个国家组成的欧洲支付联盟（European Payments Union）的清算机构，帮助恢复欧洲货币的自由兑换。20 世纪 70 年代以来，布雷顿森林体系瓦解，全球面临着国际金融市场和跨境资

---

① Barry Eichengreen, Domenico Lombardi, Anton Malkin. "Multilayered Governance and the International Financial Architecture: The Erosion of Multilateralism in International Liquidity Provision," *Global Policy*, 2018 (9): 7 – 20.

金流动的迅速增长以及汇率制度由固定汇率向浮动汇率转变带来的货币和金融风险问题。国际清算银行为巴塞尔委员会、金融稳定理事会和各国中央银行提供支持，加强跨境资本流动监测，搭建央行间统计数据共享平台，并担任紧急出资人、受托人、代理人等角色，以此推进全球金融监管、维护金融稳定。截至2020年10月，国际清算银行共有63个成员国。中国于1996年正式加入国际清算银行，中国人民银行是该行亚洲顾问委员会的成员。

具体来看，国际清算银行的主要职能包括以下五个方面。

（1）制定金融标准，促进金融稳定。国际清算银行下设以巴塞尔银行委员会为核心的5个委员会，分别从事不同金融领域标准的制定。这5个委员会及其制定的标准所属领域分别是：①巴塞尔银行委员会，成立于1975年，以商业银行为监管对象制定银行业金融监管标准；②市场委员会，成立于1964年，负责制定外汇市场的监管标准；③全球金融体系委员会，成立于1971年，主要在维持货币和金融稳定方面对各国中央银行提供建议；④支付与市场基础设施委员会，其前身为1990年成立的支付和结算系统委员会，后于2014年更名，负责支付、清算以及结算方面的银行业务监管标准的制定；⑤费希尔中央银行统计委员会，成立于1995年，负责提供中央银行统计数据及数据统计规范。

（2）为中央银行提供国际银行服务。国际清算银行向中央银行提供广泛的金融服务，旨在协助中央银行、货币当局和国际金融机构管理其外汇和黄金储备。它所提供的金融服务包括接受成员国中央银行的往来资金和存款，代理成员国中央银行买卖期票和短期债券，在国际市场上代理中央银行买卖黄金和外汇，管理政府债券和高等级固定收益证券投资组合等。

（3）为全球金融发展提供研究和数据支持。一方面，国际清算银行在国际金融研究方面享有较高的权威性，经常发布国际银行业和金融市场发展相关的研究信息，并成立金融稳定研究所（Financial Stability Institute，FSI）来负责研究工作。另一方面，国际清算银行编制并发布统计数据，还建立了国际金融数据库。该数据库是全球金融系统信息的重要来源，为各成员国央行提供可即时获取、有可比性的统计数据，并实现了与国际货币基金组织、世界银行、欧洲中央银行等国际组织间的数据交换与共享。

（4）促进各国中央银行间的合作。主要的方式：一是每两个月召开一次央行行长例会，推动成员国央行行长就世界经济金融形势进行广泛讨论，并制定相应的货币和金融政策；二是通过开展研究、统计等活动加强央行自身建设。

(5) 提供紧急援助贷款。国际清算银行还成为陷入困境的国家的紧急"出资人"，与国际货币基金组织共同扮演贷款人的角色。但区别于国际货币基金组织的"最后贷款人"职能，国际清算银行的贷款大多属于短期的过桥贷款，以暂时性帮助危机国家渡过难关为目的，因而具有发放速度快、贷款条件宽松、贷款规模较小的特点。

二、区域性国际金融机构

（一）美洲开发银行

美洲开发银行（Inter-American Development Bank，IDB）成立于1959年，总部设在美国华盛顿，是世界上成立最早、规模最大的区域性多边开发银行。该机构初创成员由美国及19个拉美国家组成，随后覆盖了更多的拉丁美洲国家，也吸纳了一些欧洲和亚洲国家。截至2020年10月，共有48个成员国，其中，美洲国家有28个，欧洲和亚洲国家各有16个和4个，中国于2009年1月正式加入该机构。

美洲开发银行的宗旨是集中成员国力量，为拉丁美洲成员国的经济和社会发展提供项目贷款援助和技术支持，并协助拉丁美洲国家为加速经济发展和社会进步做出贡献。其服务和帮扶的对象主要是拉美国家，成员国中有26个是拉丁美洲和加勒比海地区的借款成员国，它们合计拥有超过50%的投票权。其余22个非借款成员国为非拉美国家，它们不能利用该机构的资金，只可参加该行组织的项目投标，并以其认缴的资本享有表决权。

美洲开发银行的资金主要来自成员国认缴的股本、在国际金融市场发行债券筹措的资金以及由几个成员国存放的社会进步信托基金等。该机构利用其资金主要从事以下业务：①长期贷款，面向拉丁美洲国家的公私企业提供贷款，期限一般为10～25年，年利率约为8%；②特别业务基金，主要用于拉丁美洲国家的经济发展优惠项目，年利率为1%～4%，期限为20～40年，宽限期为5～10年，可全部或部分用本国货币偿还；③向拉丁美洲国家提供技术合作等。

（二）亚洲开发银行

亚洲开发银行是一家针对亚太国家建立的区域性国际开发金融机构，

于 1966 年成立于东京，总部设在菲律宾马尼拉。成立之初，亚洲开发银行拥有 31 个成员国，随后成员国数量不断增加，凡是亚太地区国家、联合国亚洲及远东经济委员会成员国，以及联合国或其所属机构的成员国均可加入。截至 2019 年年底，中国在亚洲开发银行认缴股本金 94.59 亿美元，占总股份的 6.43%，是亚洲开发银行第三大认股国，拥有 5.44% 的投票权，仅次于日本、美国；2019 年全年，中国共获亚洲开发银行贷款援助 189 亿美元，其中包括 177 亿美元的公共部门贷款和 12 亿美元的私营部门贷款，分别占比 16% 和 13%。目前，该机构拥有 68 个成员国，其中 49 个为亚太地区国家，其余来自亚太地区以外的其他地区。

亚洲开发银行组织机构由理事会、董事会、行长及代表处（团）组成。理事会是最高决策机构，每年召开一次会议，负责修改章程、接纳新成员、选举董事和行长、变动资本等，各成员国委派正、副理事各一名，通常由财长或中央银行行长担任。董事会是执行机构，由正、副董事各 12 名组成，其中，日本、美国和中国三大股东国各自派出董事和副董事，其余由剩余成员国在 9 个多国选取区内选派。行长由理事会选举产生，任期 5 年。自亚洲开发银行成立以来，行长一直由日本人担任，负责主持董事会，并管理亚洲开发银行的日常工作。此外，亚洲开发银行还在东京、华盛顿、法兰克福设立代表处，在亚洲的其余 11 个地区设立常驻代表团。

该机构旨在通过提供贷款和技术援助、协调成员国经贸政策，帮助亚太地区摆脱贫困、促进经济发展，以实现"建造繁荣、包容、有适应力和可持续的亚太地区"的目标。具体而言，业务包括向发展中成员国公共部门和私营部门提供贷款、技术援助、赠款、担保和股权投资等，用于农业、运输、通信、电力、能源、供水等部门，也用于金融行业，以促进发展中成员国在金融体系、银行系统和资本市场方面的管理和建设。该机构设法确保为自身从事的贷款业务提供长期资金，满足流动资产组合的资金需要，同时，尽量减少亚洲开发银行及其成员国的资金成本。[①] 其中，贷款根据资金的不同来源，分为普通贷款和特别基金贷款两种。前者资金来源于普通资金资源，也称硬贷款，主要提供给经济状况较好的欠发达成员

---

① Philip Erquiaga. *A History of Financial Management at the Asian Development*. Manila：Asian Development Bank，2016.（https://www.adb.org/sites/default/files/publication/216736/history-financial-mgt-adb.pdf）

国,共有 23 个国家获得该类贷款资格;后者资金来源为亚洲发展基金,是长期低利优惠贷款,也称软贷款,这类贷款通过提供低息贷款或赠款对最贫困的成员国提供支持。(见表 3-4、表 3-5)

这些援助工具的资金来自普通资金资源(Ordinary Capital Resources,OCR)、特别基金和信托基金。普通资金资源有三个来源:①以尽可能低的价格在资本市场上发行债券、进行私人配售以及通过短期工具筹措的资金;②股东提供的实缴资本;③累计留存收益(储备)。特别基金主要包括亚洲发展基金(Asian Development Fund,ADF)、技术援助特别基金(Technical Assistance Special Fund,TASF)、日本特别基金(Japan Special Fund,JSF)、区域合作与一体化基金、气候变化基金、亚太灾害应对基金,以及金融部门发展伙伴关系特别基金等。这些特别基金主要由成员国捐款提供,并且根据章程的规定,完全独立于普通资金资源持有、使用和承付,特别基金运营产生的损失或负债也不由普通资金资源清偿。而信托基金一般由发达成员国出资,不构成亚洲开发银行资产负债表的一部分,但由亚洲开发银行作为受托人管理。

表 3-4 亚洲开发银行贷款分类

贷款划分	贷款类型	子类	国别
软贷款	A 类(仅优惠性援助)	仅限 ADF(100% 拨款)	阿富汗、马绍尔群岛等 9 个国家
		ADF 混合(50% 拨款)	吉尔吉斯斯坦、所罗门群岛、瓦努阿图
		优惠的普通资金贷款(0% 拨款)	柬埔寨、尼泊尔
		国际开发协会指定的没有资格获得 ADF 赠款、只能获得优惠的普通资金贷款	不丹、老挝、缅甸
硬贷款	B 类(OCR 混合)		中国、菲律宾等 15 国
	C 类(仅常规 OCR)		孟加拉国、蒙古国等 6 国

(资料来源:亚洲开发银行官网。)

表3-5 亚洲开发银行贷款比较

贷款类型	贷款期限	宽限期	利率	其他
A类（仅优惠性援助）项目贷款（Project Loans）	32年	8年	宽限期内为1%；摊销期内为1.5%	均摊；无承诺费
A类（仅优惠性援助）计划贷款（Program Loans）	24年	8年	宽限期内为1%；摊销期内为1.5%	均摊；无承诺费
B类（OCR混合）	25年	5年	年利率为2%	均摊；无承诺费
紧急援助贷款	40年	10年	年利率为1%	宽限期后的头10年，每年偿还本金2%，之后每年偿还4%；无承诺费

（资料来源：亚洲开发银行官网。）

（三）非洲开发银行

非洲开发银行（African Development Bank，ADB）集团成立于1964年，总部设在科特迪瓦阿比让。该集团由三个部分组成：母机构是非洲开发银行，由23个创始成员国于1963年在苏丹喀土穆签署协议成立。两个特许融资窗口，一个是非洲开发基金（African Development Fund，ADF），由非洲开发银行和13个非洲以外的国家于1972年成立，为最不发达国家提供特许项目和计划资金，并为建设研究和能力而提供技术援助；另一个是尼日利亚信托基金（Nigerian Trust Fund，NTF），由尼日利亚联邦政府于1976年成立，是一个仅向符合贷款条件的低收入国家提供特许融资的自给自足基金。截至2018年年底，非洲开发银行有80个成员国，其中，非洲54个国家全部为成员国。此外，还有包括中国在内的非洲以外成员国26个。中国于1985年加入非洲开发银行和非洲开发基金，通过中国人民银行、中国国家开发银行、中国进出口银行和中非发展基金为非洲提供援助。

非洲开发银行的首要目标是促进非洲大陆成员国的经济可持续发展和社会进步，从而减少贫困。为达到这一目标，非洲开发银行以向成员国提供普通贷款和特别贷款为主要业务。其中，普通贷款是该机构普通股本资金提供的贷款和担保偿还的贷款；特别贷款是用该机构规定专门用途的特别基金发放的优惠贷款，期限最长可达50年，且不计利息。支撑这些业务的资金来源主要是成员国认缴的股本、来自国际金融市场的借款、向成员国筹借的该国货币贷款以及该机构的经营利润等。

（四）亚洲基础设施投资银行

1. 亚洲基础设施投资银行的基本介绍

亚洲基础设施投资银行（简称亚投行，Asian Infrastructure Investment Bank，AIIB）是一个是由中国倡议成立、57个国家共同筹建的政府间亚洲区域多边开发机构。2008年金融危机后，全球经济格局出现重大调整，以美、欧、日为代表的主要发达国家及地区的经济表现出明显的分化，新兴市场国家面临全球经济协调和治理的诸多挑战，推动中国这一全球第二大经济体和最大的新兴市场国家为全球经济可持续发展做出贡献。该机构于2015年年底在北京成立，重点支持基础设施建设，旨在通过基础设施建设推动亚洲区域互联互通和经济一体化进程。

亚投行按照"开放的区域主义"的原则和"先域内、后域外"的步骤进行筹建，预计法定资本1000亿美元，主要通过银行同业拆借、发行创始成员国主权信用债以及设立专项基金吸引闲散投资三个方式筹措资金，并采取股份制银行的模式进行管理。截至2020年10月，亚投行成员国数量已扩大到103个，遍及全球五大洲。

2. 亚投行与"一带一路"倡议

2013年9月和10月，中国先后提出共建"丝绸之路经济带"和"21世纪海上丝绸之路"（合称"一带一路"）的倡议。"一带一路"从东贯通亚洲南部、东南部、西部及中部的国家和地区，向西连接欧洲部分区域，覆盖全球人口的64%，经济总量超过全球的30%，得到了全球100多个国家尤其是沿线各国以及国际组织的积极支持和广泛参与。

"一带一路"建设的核心是基础设施建设，而亚投行成立的初衷是改变亚洲发展中国家基础设施建设落后的局面，并以基础设施互联互通为重点，为"一带一路"沿线国家的基础设施建设及其他"一带一路"倡议的具体实践提供融资支持，在"一带一路+基础设施建设"中发挥了重要作用。

一是推进沿线国家基础设施建设。"一带一路"沿线大多是发展中国家和新兴经济体，基础设施建设较为落后，相应的投资需求广阔。亚投行成立以来，为印度、孟加拉国、老挝、印度尼西亚、马尔代夫、缅甸等26个成员国的101个项目提供了214.6亿美元的贷款支持，覆盖能源、水利、公共卫生、信息通讯、气候环境、金融等领域，改善了周边国家的基础设施落后的局面。例如，"一带一路"参与国土耳其面临着巨大的天然气需求，但相应的基础设施仍显薄弱。为此，2018年，亚投行投资6亿美元建设土耳其天然气贮藏设施；2019年，亚投行投资1亿美元建设土耳其地热发电站。亚投行的资金援建推进了土耳其城市和能源基础设施的发展，帮助其满足国内能源需求，也提升了亚投行的国际影响力。2020年，亚投行批准了38项基础设施建设项目，其中8个用于亚洲国家应对新冠肺炎疫情的项目建设，金额共计24.3亿美元，显示出亚投行在应对突发事件挑战时的责任担当。

二是促进沿线国家的联系，助力"五通"目标的实现。"一带一路"建设的目标是实现"政策沟通、设施联通、贸易畅通、资金融通、民心相通"，亚投行在对沿线国家进行一系列投资项目中，为该目标的实现提供保障。亚投行通过投资边境建设项目、推动国家间境外项目建设来促进"一带一路"沿线国家的经贸往来。2016年，亚投行投资了乌兹别克斯坦与塔吉克斯坦的边境道路改造二期项目，联通了泛亚洲公路网的一环，促进了周边地区的市场合作。2019年，亚投行投资老挝13号国道的道路升级项目，中国湖北交投建设集团中标，负责工程的建设施工。该投资项目不仅能促进当地经济增长、便利居民生活，也有利于促进中老之间的人力、技术、资金及设备的交流与合作。除了促进沿线国家的经贸往来，亚投行还通过投资亚洲投资基金、亚洲气候债券组合、亚洲能源转型基金等基金和债权组合，助推沿线国家的金融市场联系。

三是推动沿线国家产业转型升级。一方面，亚投行遵循可持续发展的绿色理念，重点投资于清洁煤电等能源领域，推动沿线国家的产业体系由高能耗、高污染向低能耗、低污染升级。另一方面，对中国而言，中国东西部地区的经济发展差异明显，西部地区长期以来受地理位置、资源禀赋以及发展基础等因素的制约，经济相对落后，亚投行的投资建设能够一定程度上盘活中国西部地区的落后经济，助推内陆沿边地区走向对外开放，进一步释放开放创新的活力。可以说，亚投行是盘活亚洲棋局的关键一子。①

（五）新开发银行

新开发银行（New Development Bank, NDB）又名金砖银行，由"金

---

① 参见曹龙骐著《金融学》（第六版），高等教育出版社2019年版，第195页。

砖五国"领导人于2014年签署协议设立，是政府间合作的多边开发性金融机构，与亚洲基础设施投资银行（AIIB）一同被视为新兴经济体推动现有经济秩序变革的代表。该行的设立畅想于2012年新德里金砖国家首脑会议上被首次提出，目的是通过该行建立共同的金融安全网，汇集资金以在紧急情况下兑换部分外汇应急，避免金砖国家在下一轮金融危机中受到货币不稳定的冲击。新开发银行的创始成员国为巴西、俄罗斯、印度、中国和南非，总部位于上海，同时在南非设立非洲区域中心，银行行长在创始成员国中选举产生并轮流担任，首任行长来自印度。该行的宗旨是调动各方资源，为金砖国家和其他发展中国家的基础设施建设和可持续发展项目提供支持，促进全球发展。在第一个五年战略中，新开发银行明确了其相对于现有多边开发银行的"新"意，包括新关系、新项目、新路径以及新的融资工具，同时，提出了要创立并发展融资领域的"下一代实践"，打造"真正的21世纪的多边开发银行"。而潘庆中等人将新开发银行的"新"概括为根植于世界经济新格局、重塑全球金融治理新秩序、开启南南合作新时代以及推广开发性金融新模式4个方面。[①]

目前，新开发银行通过贷款、股权投资、担保等方式为公共和私人项目提供资金支持，还与其他国际组织和金融实体开展合作并提供技术援助。截至2019年，新开发银行共批准了53个项目，金额共计152.52亿美元，清洁能源、交通设施以及城市发展是新开发银行最为关注的领域，三者金额共计105.93亿美元，占比超过70%。从援助类型来看，主权贷款规模达119.35亿美元，占比达80%，非主权贷款和股权投资规模分别为28.98亿美元和1亿美元。此外，新开发银行于2017年设立了项目准备基金，旨在通过提供技术援助，支持成员国筹备可投资项目。截至2019年年底，新开发银行收到来自中国、俄罗斯和印度的捐款分别为400万美元、150万美元和150万美元，同时，批准了前两个动用项目准备基金款项的技术援助项目：一是对俄罗斯克拉斯诺达尔缆车项目提供40万美元技术援助基金，帮助当地减轻运输压力并在交通不便地区实现交通覆盖；二是对印度提供30万美元技术援助基金，用于建设米佐拉姆邦图伊里尼小型水电站。

---

① 潘庆中、李稻葵、冯明：《"新开发银行"新在何处：金砖国家开发银行成立的背景、意义与挑战》，载《国际经济评论》2015年第2期，第134-147页。

案例 3-3　新开发银行与亚投行的区别

新开发银行和亚投行作为新兴经济体推动经济秩序变革、促进新兴经济体发展的机构代表,具有追求创新发展的共同愿景、以新兴经济体为主导的共同背景以及致力于发展中国家基础设施建设的共同着眼点,但二者之间的差异吸引了不少学者的关注。

亚投行由中国发起,其成员国范围已远超出亚洲,是真正意义上的全球性机构,而新开发银行由"金砖五国"共同发起,目前成员仅限"金砖五国",《新开发银行协议》也为其"金砖性"提供了法律保障,表明了"金砖五国"引领南南合作的意愿。成员国的范围不同导致了二者的资本规模有所差异,二者法定资本均为 1000 亿美元,但新开发银行实缴资本仅为 500 亿美元,是亚投行的一半。在权力分配结构与治理方式方面,亚投行按成员经济体量占比和认缴资本比重来分配权力,但区别于亚投行和传统的多边银行,新开发银行秉承南南合作精神,坚持金砖创始成员的平等性,使用平权而非加权的方式分配投票权,体现了中国作为重要股东的利他考虑,但也有观点认为这将导致合作中的不对称压力。

(资料来源:叶玉《新开发银行的本土化战略及其创新意义——基于与亚投行的比较视角》,载《国际政治研究》2019 年第 1 期,第 52-69、4 页。)

第二节　国际金融监管组织

一、对成员国没有法律约束力的国际监管组织

自 1974 年巴塞尔银行监管委员会(简称"巴塞尔委员会")成立后,若干专门从事部门金融监管的国际机构陆续成立,例如,证券领域的国际证监会组织、保险领域的国际保险监督官协会等。这些机构不同于传统意义上的政府间国际组织,它们没有相应的国际条约作为法律约束,但作为各国金融主管机关的联合体,它们又具有一定官方色彩,制定和协调相应领域的金融监管标准,供成员国金融监管机构采纳和遵循。更准确地说,它

们应当是国际金融标准制定机构（Standard-Setting Bodies）。①

（一）巴塞尔银行监管委员会

20世纪70年代，受新技术革命、金融自由化以及经济全球化的影响，银行业的网络化和国际化迅猛发展，面临的风险也更加多样化和复杂化，任何一国的监管机构都难以对银行机构所面临的风险进行全面监管。1974年德国赫斯塔特银行和美国富兰克林银行的倒闭，昭示了银行国际业务的风险性和传染性，使国际社会意识到了加强国际金融监管合作的迫切性。在此背景下，1974年，在十国集团中央银行行长的倡议下，巴塞尔银行监管委员会（BCBS）即巴塞尔委员会成立，旨在制定银行监管标准，被广泛视为银行监管领域的首要国际组织。巴塞尔委员会的办公地点设在国际清算银行的总部所在地瑞士的巴塞尔，是国际清算银行的常设监督机构，但在技术上独立于国际清算银行。目前，BCBS由28个国家或地区的中央银行和其他银行监管机构组成，共有45个成员机构。②

自1979年起，巴塞尔委员会牵头举办多边银行监管论坛，促进各国家或地区银行监管当局的交流和合作，提高世界各地银行监管的质量，增进对银行监管领域重要问题的理解。尤为重要的是，巴塞尔委员会制定了一系列极具影响力的政策建议，即巴塞尔协议。由于巴塞尔委员会是在没有创始条约的情况下成立的，不是具有法律约束力的多边组织，其订立的有关协议在法律上也没有强制效力，但该委员会成员国来自世界主要发达国家，具有较为广泛的影响力，一般预期各国将会通过立法或采取其他措施，依照各自国情，实施其订立的监管标准与指导原则。目前，这些标准已构成了成员国银行资本要求的基础，为银行减轻风险奠定了制度框架。

1.《巴塞尔协议Ⅰ》

《统一资本计量和资本标准的国际协议》即《巴塞尔协议Ⅰ》（Basel Ⅰ）于1988年定稿，并于1992年在G10国家实施。它首次建立了国际通用的银行资本充足率标准和计算方法，以使银行在面临金融压力时保持偿付能力。但在当时，该协议并不具备法律效力，因此，成员国完全依靠道

---

① 廖凡：《国际金融监管的新发展：以G20和FSB为视角》，载《武大国际法评论》2012第1期，第176－191页。

② 委员会成员来自阿根廷、澳大利亚、比利时、巴西、加拿大、中国、法国、德国、中国香港、印度、印度尼西亚、意大利、日本、韩国、卢森堡、墨西哥、荷兰、俄罗斯、沙特阿拉伯、新加坡、南非、西班牙、瑞典、瑞士、土耳其、英国和美国。

德激励在本国实施协议规定的相关标准。主要内容包括三部分：一是将银行各类资本划分成两档。第一档称为核心资本，包括股本和公开准备金，占全部资本的50%及以上。第二档称为附属资本，包括未公开准备金、资产重估准备金、普通准备金或呆账准备金。二是开发了基于风险加权资产评估银行信贷风险的方法。按照资本与风险匹配的原则，根据资产类别、资产性质以及债务主体的不同，将银行资产划分为五个风险档次，分别是0%、10%、20%、50%和100%，风险越大，则评估资本合意规模时使用的风险权数就越高。0%的风险类别包括现金、中央银行和政府债务，以及经济合作与发展组织（Organization for Ecoromic Co-operation and Development，OECD）的政府债务；20%的风险类别包括开发银行债务、经合组织银行债务、经合组织证券公司债务、一年期以下的非经合组织银行债务、非经合组织公共部门债务；50%的风险类别主要是住宅抵押贷款；100%的风险类别是私营部门债务、一年期以上的非经合组织银行债务、房地产、厂房和设备，以及在其他银行发行的资本工具。三是公布国际通用的银行资本充足率标准。金融机构的资本充足率是该项协议关注的重点，根据协议规定，银行核心资本充足率不得低于4%，总体资本充足率不得低于8%。这意味着，如果一家银行的风险加权资产为1亿美元，它就必须保持至少800万美元的资本。该协议在衡量银行业信誉高低和稳健与否时，将银行资本充足率作为重要的评估依据，改变了"重规模、不重质量"的传统资产观，强化了银行对信贷资产和表外业务的监管。

2.《巴塞尔协议Ⅱ》

20世纪90年代，金融自由化进程加快、金融衍生品交易快速发展，金融业除了面临《巴塞尔协议Ⅰ》关注的信用风险外，还存在以金融衍生品交易为主的市场风险，以及各类操作风险等，仅靠资本充足率要求这一规定，难以防范和化解国际银行的金融风险问题。例如，资本充足率超过8%标准线的巴林银行，就因内部管理不合规导致操作风险暴露，最终破产被接管。为此，加上亚洲金融危机的冲击，巴塞尔委员会于1999年发布新资本协议草案第一稿，后在2004年推出《统一资本计量和资本标准的国际协议：修订框架》，即《巴塞尔协议Ⅱ》，2006年在各成员国中推动执行。《巴塞尔协议Ⅱ》在《巴塞尔协议Ⅰ》的基础上，提出了"三大支柱"：最低资本要求、监管部门的监督审查以及市场约束。第一支柱是最低资本要求，延续了《巴塞尔协议Ⅰ》提出的8%以上资本充足率水平的规定,仍然是新协议的重点,但在此基础上,将风险的关注点由信用风险延伸至市场风险和操作风险,并设定相应的计量方法进行量化评估。其中,信用风险的计算使用标准法、基于内部评级的基础法和高级法,市场风险的计算使用标准法和内部模型法,操作风险的计算使用基本指示法、标准法和高级计算法。第二支柱是监管部门的监督检查,要求各国监管当局履行监管义务,通过科学的评估方法和规范的监督程序,对银行风险敞口及资本充足情况进行监督。第三支柱是市场约束,是前两项支柱的补充,通过市场力量尤其是利益相关者的利益驱动对银行进行约束,主要依靠的途径是要求银行全面、及时、准确地披露资本、风险、经营管理、财务盈利等方面的信息。新的协议充分考虑了银行业的新变革和新发展,特别是混业经营、资产证券化、金融衍生品等新业务、新产品发展所产生的风险,通过"三大支柱"的相互配合,加强了监管机构与被监管机构的联系,构建了风险类型涵盖广泛、资本计量方法精细的现代资本监管体系。[1]

3.《巴塞尔协议Ⅲ》

然而,美国次贷危机引发的全球金融危机暴露出银行业的一系列新问题,例如,大批银行表外资产杠杆化程度过高、缺乏足够的逆周期的资本金准备等。而《巴塞尔协议Ⅱ》在资本及风险核算等方面也存在一定设计缺陷,加上各国对巴塞尔协议的监管标准不一致,采用不同方法计量的银行资本充足水平受到了诸多质疑。[2] 例如,《巴塞尔协议Ⅱ》提出的内部模型法受信息不对称影响,存在监管漏洞和进行监管套利的空间;内部评级法依据的风险因素与经济周期高度相关,标准法则依赖具有顺周期性特征的外部评级,而顺周期性加大了市场的波动和风险。[3] 为此,巴塞尔委员会先是在 2010 年年底发布针对金融危机的应急方案《巴塞尔协议Ⅲ:更具稳健性的银行和银行体系的全球监管框架》,着重解决 2008 年全球金融危机中暴露的问题,随后在 2017 年发布危机后的改革方案《巴塞尔协议Ⅲ:后危机改革的最终方案》,进一步明确未来银行资本监管的国际规

---

[1] 宋士云、宋博:《三个版本的〈巴塞尔协议〉与中国银行业监管》,载《理论学刊》2019 年第 1 期,第 80 - 88 页。

[2] 杨凯生、刘瑞霞、冯乾:《〈巴塞尔Ⅲ最终方案〉的影响及应对》,载《金融研究》2018 年第 2 期,第 30 - 44 页。

[3] 范小云、王道平:《巴塞尔Ⅲ在监管理论与框架上的改进:微观与宏观审慎有机结合》,载《国际金融研究》2012 年第 1 期,第 63 - 71 页。

则,统称《巴塞尔协议Ⅲ》。①《巴塞尔协议Ⅲ》原定于2022年1月1日起逐步实施,但受新冠肺炎疫情影响,执行时间推迟一年至2023年1月1日。

《巴塞尔协议Ⅲ》中金融危机应急方案的改进主要包括五个方面:一是提出核心一级资本的最低要求。《巴塞尔协议Ⅲ》规定,资本仅分为一级资本和二级资本,其中,一级资本只包括普通股和永久优先股。协议要求商业银行一级资本中普通股和留存收益占比至少达到75%,强化了核心资本特别是普通股的地位;取消了《巴塞尔协议Ⅱ》中专门用于抵御市场风险的三级资本,将市场风险,所需资本与应对信用风险的资本同等对待。总资本充足率要求仍维持8%不变,但一级资本充足率由《巴塞尔协议Ⅱ》规定的4%上调到6%,不包括资本缓冲在内的普通股占风险加权资产的比率不得低于4.5%。同时,计提2.5%的留存资本缓冲和不高于2.5%的逆周期资本缓冲,全球系统重要性银行还需满足附加资本要求。二是引入杠杆率②监管要求。考虑到部分银行资本充足率达到要求,但杠杆率过高,引发金融风险,《巴塞尔协议Ⅲ》引入杠杆率作为监管指标。该指标基于规模测算而与具体资产风险无关,并要求银行必须达到最低3%的杠杆率标准。三是构建宏观审慎监管框架,要求银行降低银行体系的顺周期性,在经营状况良好时积累缓冲,以增强应对系统性风险的能力。前文所述的留存资本缓冲和逆周期资本缓冲就是具体的缓冲措施。四是提升资本框架的风险覆盖范围。一方面,针对《巴塞尔协议Ⅱ》所忽视的表外业务风险以及金融衍生品交易风险,提出了相应的资本要求。另一方面,监管对象从单家银行的稳定性扩展到整个银行体系的稳定性,加强防范系统重要性银行或被认为"大到不能倒"的金融机构的风险传染,提升系统性风险的应对能力。五是首次提出流动性监管标准,即流动性覆盖率、净稳定融资比率这类指标。前者要求银行持有足以应对超过一个月流动性压力的高质量流动性资产,后者鼓励银行运用稳定的资金来源降低资产负债的期限错配。

但是,2010年的协议并没有突破原有协议的框架,尤其是对风险加

---

① 于品显:《〈巴塞尔协议〉资本要求的发展变化、局限性及我国的应对策略》,载《南方金融》2020年第7期,第69-78页。

② 杠杆率为一级资本与银行表内外风险暴露之比,国际标准为不低于3%。该指标只与资产规模有关,而与资产风险大小无关,可以有效规避模型风险指标的周期性问题。

权资产（RWA）的计量仍旧沿用《巴塞尔协议Ⅱ》的模式，未能改变原有制度的核心不足，所以其改革是不彻底的，也未能摆脱改革后适用性不足的问题。因此，在随后 7 年的努力中，巴塞尔委员会着重建立新的监管框架，公布的最终方案标志着自 2008 年金融危机爆发以来，历时近 10 年的国际银行监管架构改革进程最终告一段落，也意味着在《巴塞尔协议Ⅲ》监管框架下，对资本工具合格标准、资本充足率监管标准以及风险加权资产的计量方法这三大资本充足率监管要素改革的全部完成。[①]

2017 年的最终方案致力于提升银行业风险加权资产计量框架的可信度，实现风险加权资产计量的可比性、简单性和风险敏感性三者之间的平衡，最终方案完成了对信用风险、市场风险和操作风险三大风险标准法的全面修订以及内部评级法的重大改革。

（1）信用风险资本计量的改革。

信用风险加权资产在总风险加权资产中占有绝对主导地位，信用风险是银行风险管理的核心领域，因此，信用风险资本计量是《巴塞尔协议Ⅲ》最终版的重头戏。该版本提升了信用风险标准法的风险敏感性，提高了内部评级法的可比性，增强了标准法与内部评级法的衔接。同时，对衍生品和证券融资的信用估值框架进行调整，在计量方法上，删除了内部模型法，保留了基础法（Basic Approach for Credit Valuation Adjustment，BA-CVA）和标准法（Standardised Approach for Credit Valuation Adjustment，SA-CVA）；对证券融资交易的信用估值调整增加了资本要求。

1）信用风险标准法[②]的改革。一是细化信用风险暴露的分类和相应的风险权重。最终方案基本沿用了《巴塞尔协议Ⅱ》对标准法风险暴露的分类框架，在原有的主权、银行、公司、零售等 13 个类别的基础上，增设"房地产风险暴露"这一类别，以突出房地产行业对银行体系稳定性的影响。同时，对单个风险暴露类别进行细分，并赋予更为细化的风险权重，防止金融机构在模糊界定下进行监管套利。例如，在房地产风险暴露的二级细分项中，进一步划分为住房抵押贷款、商业用房抵押贷款、产生

---

① 巴曙松、高英：《巴塞尔Ⅲ信用风险标准法改革对银行业的影响》，载《武汉金融》2019 年第 1 期，第 10-18 页。

② 我国银监会将信用风险标准法称为"权重法"。

收入的房地产贷款、土地购置开发建设贷款。① 其中，根据抵押贷款的贷款价值比（Loan to Value，LTV），对住宅类和商业类房地产抵押贷款设定不同的风险权重，贷款价值比越低，赋予的风险权重也越小。对公司风险暴露的权重也进行了细分，增设了75%和85%两档风险权重。二是降低对外部评级的依赖。在进行外部评级的同时加强银行对债务人的尽职调查，并根据调查结果设定只可上调不得下调的风险权重。对于不允许使用外部评级的国家和地区，或是没有外部评级的银行风险暴露，可以采用不涉及外部评级的计算方法，例如采用标准信用风险评估法确定风险暴露的等级。三是提高信用转换系数的风险敏感性。表外项目风险暴露的计算，依赖于信用转换系数（Credit Conversion Factors，CCFs），最终方案提高了该系数的风险敏感性，例如，对无条件可撤销承诺（Unconditionally Cancellable Commitments，UCCs）也引入了10%的信用转换系数。②

2）信用风险内部评级法改革。一是对内部评级法的适用范围进行限定。将数据可得性、银行信息优势和建模技术验证三方面作为评判是否适用内部评级法的主要标准。对于金融机构和并表收入超过5亿欧元的大公司，因其缺少足够的违约样本，影响高级内部评级法的参数估计，因而不得使用该方法；对股权风险暴露的计量，使用标准法替代内部评级法。二是设置风险参数底线。对不同类型风险暴露的违约概率、违约损失率以及违约风险暴露这类风险参数设置了最低要求，避免违约数据不足而导致风险参数低估。三是校准风险加权资产底线。这包括取消《巴塞尔协议Ⅱ》中对内部评级法计算风险加权资产应当设立1.06倍的调整因子的规定；将内部评级法风险加权资产的资本底线与标准法的风险加权资产测算值挂钩，要求银行到2027年1月1日使用内部模型法计量的风险加权资产，应当不低于标准法计量的风险加权资产的72.5%，以防止前一方法减少资本计提。

（2）操作风险资本计量的改革。

将原有的基本指标法、标准法、替代标准法和高级计量法四种计量方法整合为新标准法一种，增强了银行间指标的可比性。在新标准法下，银

---

① 徐景：《〈巴塞尔协议Ⅲ〉最终版的监管变革研究》，载《吉林金融研究》2020年第3期，第16-22页。

② 陈三毛、陈杨：《巴塞尔协议改革、最终方案及其评价》，载《金融理论与实践》2019年第11期，第32-41页。

行的操作风险资本要求公式表示为：ORC = BI × α × ILM，即操作风险的资本要求（Operational Risk Change，ORC）由各类业务规模（Business Indicator，BI）、资本边际系数（α）和内部损失乘数（Internal Loss Multiplier，ILM）相乘决定。其中，业务规模是对原框架中总收入规模的替代，作为操作风险计量的基础，也是新标准法最核心的改进，该指标包括利息、租金和股息红利收入（Interest, Lease and Dividend Component，ILDC）、服务收入（Service Component，SC）和金融资产收益（Financial Component，FC）的加总；根据业务规模的大小，设置三个不同的资本边际系数①；内部损失乘数，是基于银行平均历史损失（Loss Component，LC）和业务指标部分（Business Indicator Component，BIC）的换算因子，用来对业务指标部分进行调整，以反映银行操作风险管理水平。其中，内部损失乘数的损失参数（LC）是一家银行前10年历史操作风险损失平均值的15倍；业务指标部分（BIC）是各类业务规模（BI）与资本边际系数（α）的乘积。

（3）杠杆率监管框架的改革。

为了解决"大而不倒"的问题，全球系统重要性银行需根据系统重要性等级，在一级资本之外再计提1%～3.5%的附加资本。为了避免因资本充足率提高而弱化杠杆率的约束效应，与附加资本充足率要求相对应，最终方案对附加杠杆率分为A、B、C、D、E五档，分别为0.5%、0.75%、1.0%、1.25%和1.75%，每年更新相应的监管要求。同时，在一般银行杠杆率最低要求的基础上，加上全球系统重要性银行附加资本充足率的50%，作为全球系统重要性银行的杠杆率最低要求，这类似于2010年版《巴塞尔协议Ⅲ》金融危机应急方案提及的风险加权资产的资本缓冲，旨在加强杠杆率的底线作用。

4. 中国与《巴塞尔协议》

《巴塞尔协议Ⅰ》出台伊始，我国银行业的经营管理水平，与协议的要求尚有相当大的差距，因此，在对外借款、海外经营、资本充足率水平以及经营机制和经营状况方面存在较大短板，也面临诸多限制。② 甚至在

---

① 业务规模小于10亿欧元以下的边际系数为0.12，介于10亿至300亿欧元之间的边际系数为0.15，300亿欧元以上的边际系数为0.18。
② 宋士云、宋博：《三个版本的〈巴塞尔协议〉与中国银行业监管》，载《理论学刊》2019年第1期，第80-88页。

我国2001年加入WTO时，由于银行资本充足率严重不足，国际社会认为中国银行业在"技术上"濒临破产。为了应对上述问题、扩大对外开放、推动稳健经营，从1992年起，我国开始建设社会主义市场经济体制，主动实施《巴塞尔协议》的资本要求，规范经营活动，试行风险管理，加快银行体制机制改革。在2002年之前，基本完成了基于资本充足率的银行监管、国有商业银行不良贷款剥离和处置、贷款风险分类管理以及相关会计准则改进等工作。

在《巴塞尔协议Ⅱ》讨论、制定和颁布并实施的过程中，面对银行业资本充足率整体偏低的现状，我国积极主动完善商业银行改革与金融监管体制建设工作。一方面，积极推动国有商业银行的股份制改制及境外挂牌上市，通过IPO、注资、增发、重组等方式增加资本金规模，并在公司治理、战略发展及经营绩效方面，向处于国际领先水平的全球性商业银行靠拢。2007年，国有五大行进入全球银行一级资本前100强，实现资本充足率大幅提升、不良贷款率大幅下降的目标。另一方面，关于金融监管，坚持分业经营、分业监管的原则，2003年成立中国银监会，并颁布《中华人民共和国银行业监督管理法》，开启独立的第三方监管模式，在合规监管的基础上，引入风险监管。2004年，借鉴《巴塞尔协议》中关于资本充足率监管的规定，中国银监会发布了《商业银行资本充足率管理办法》，创建了结合中国国情的银行资本监管制度。随后相继颁布了《商业银行市场风险管理指引》《商业银行内部控制评价试行办法》及《商业银行风险监管核心指标（试行）》等监管制度，并制定了一系列关于实施《巴塞尔协议Ⅱ》的指导意见和指引文件，并决定从2010年年底起开始实施巴塞尔委员会通过的新资本协议。2009年3月，巴塞尔委员会召开会议，决定吸收中国等7个国家为新的成员国。加入巴塞尔委员会是中国银行业监管的一个重要的里程碑事件，标志着我国开始全面参与国际银行监管标准的制定，更深地融入全球经济治理和国际监管合作中。

在《巴塞尔协议Ⅲ》金融危机应急方案公布的当年年末，即2010年12月底，我国各类银行资本充足率水平全部超过8%，整体加权平均资本充足率达到12.2%，核心资本充足率达到10.1%，核心资本占总资本的比例超过80%，均达到《巴塞尔协议Ⅲ》的最低资本要求，也高于国际平均水平，具备了提前实施《巴塞尔协议Ⅲ》的条件。而银监会也希望以此倒逼银行业转型，推动大型银行国际化进程。2012年，中国银监会发布了《商业银行资本管理办法（试行）》，对资本充足率及各类风险加权资产的计算，以及商业银行内部评估程序、监督检查和信息披露进行了规定，对最低资本充足率、核心一级资本充足率、杠杆率监管标准等指标设定了比《巴塞尔协议Ⅲ》更为严格的规定。其中，系统重要性银行最低资本充足率要求为 11.5%，中小银行为 10.5%；核心一级资本充足率最低标准为 5%，比《巴塞尔协议Ⅲ》的规定高 0.5 个百分点；杠杆率不低于 4%，比《巴塞尔协议Ⅲ》高 1 个百分点。该办法将国际标准与中国实际有机结合，被称为"中国版《巴塞尔协议Ⅲ》"。此后，中国银监会发布一系列法规，在流动性方面，构建了银行流动性风险管理体系的整体框架，要求商业银行达到 100% 的流动性覆盖率，并将存贷比由法定监管指标转为流动性监测指标；在杠杆率方面，完善杠杆率监管政策框架，严格规范杠杆率的披露要求；在宏观审慎监管方面，自 2016 年起，将差别准备金动态调整和合意贷款管理机制升级为宏观审慎评估体系（Macro Prudential Assessment，MPA），并从资本和杠杆情况、资产负债情况、资产质量、定价行为、信贷政策执行、流动性及跨境融资风险 7 个方面，引导商业银行行为，强化逆周期调节。目前，中国对《巴塞尔协议Ⅲ》的实施还在有序推进中。

（二）国际证监会组织

国际证监会组织（International Organization of Securities Commissions，IOSCO）成立于 1983 年，总部设在西班牙马德里，是国际间证券暨期货管理机构组成的国际合作组织，前身是 1974 年成立的证监会美洲协会。该组织成立初期由美洲地区的 11 个证券监管机构组建而成，随后逐渐吸引了越来越多的非美洲机构。截至 2020 年 10 月，共吸引 226 个成员机构，其中包括 129 个正式成员（ordinary member），是各国证监会或其他承担证券市场监管职责的政府机构；30 个非正式成员（associate member），通常是超国家政府监管者、政府间国际组织和其他国际标准制定机构；还有 67 个附属成员（affiliate member），大多是自我监管机构、证券交易所、金融市场基础设施等。这些成员机构监管着 115 个国家或地区，覆盖全球 95% 以上的证券市场，其中，新兴市场的证券监管机构占成员机构总数的 75%。中国证监会于 1995 年加入该组织。

1998 年，国际证监会组织通过《证券监管的目标与原则》（IOSCO 原则），是公认的证券市场国际监管基准，2017 年进行了最新修订。2002

年，国际证监会组织通过了《关于磋商、合作和信息交流的多边谅解备忘录》（简称《谅解备忘录》，MMoU），旨在促进国际证券监管机构之间的跨境执法和信息交流，中国证监会于 2007 年签署该备忘录；2017 年，在此基础上，国际证监会组织发布了《关于磋商、合作与信息交换加强版多边谅解备忘录》（简称《多边谅解备忘录》，EMMoU），并致力于由 MMoU 向 EMMoU 的过渡。国际证监会组织的首要任务是推动成员有效执行 IOSCO 原则和《多边谅解备忘录》。

1. 《证券监管的目标与原则》的目标

《证券监管的目标与原则》明确了证券监管的三个目标：保护投资者，确保市场公平、有效、透明，以及降低系统性风险。具体来说，《证券监管的目标与原则》包括以下十点。

一是与监管机构有关的原则。该原则规定一国或地区对其证券监管机构职责的规定必须阐述清晰。监管机构在执行活动时需具备独立性和程序规范性，并主导或参与识别和化解系统性风险的过程。二是与自律组织有关的原则。各国和地区的证券监管机构要加强对自律组织的监督和引导。三是加强证券监管原则。该原则赋予证券监管机构全面执法权力，监管体系应确保证券监管机构有效、可信、合规地进行检查、调查和监督。四是监管合作原则。协调监管机构建立信息共享机制，与国内外同行共享公开或非公开信息。五是发行人原则。应充分、准确、及时披露高质量的财务信息，平等对待公司证券持有人。六是信息提供者原则。该原则对审计及信用评级工作的独立性、高质量和可监督性提出要求。七是集合投资项目原则。要求监管机构对集合投资项目的法律形式、客户资产的分离与保护进行规定，并建立针对项目方的资格准入和监管准则。八是市场中介原则。监管机构应当规定最低准入标准，并规定市场中介承担风险对应的资本及审慎要求。九是二级市场及其他市场原则。对交易所和交易系统进行同步监管，促进交易的透明度，阻止不公平交易的发生。十是清算和结算原则。要求证券结算系统、中央证券存管处、交易存储库和中央交易对手符合降低系统风险的监管规定。

2. 《多边谅解备忘录》签署方的权力

《多边谅解备忘录》的签署方可以请求其他签署方提供当事人的资金、财产状况等信息，以进行跨境调查及执法协助。2003 年，签署方的执法协作数量为 56 个，到 2019 年增加至 4183 个。2017 年升级的 EMMoU 规定了新的执法权力,即 ACFIT。

(1) A——审计:获取并共享与财务报表相关的审计工作底稿等信息。

(2) C——强制:强制出席作证,在不服从的情况下可以进行制裁。

(3) F——冻结:在可能的情况下冻结资产或应其他签署方请求提出如何冻结资产的建议和资料。

(4) I——互联网:在检察院、法院或其他权力机关的协助下,获取并共享互联网服务提供商(ISP)提供的与通信内容无关的其他记录。

(5) T——电话:在检察院、法院或其他权力机关的协助下,获取和共享与通信内容无关的其他电话记录。

这些新的执法权力促进了证券监管机构之间的跨境执法合作,能够有效应对 2002 年以来全球化和技术进步带来的风险和挑战,有力拓展了跨国监管机构间信息交流、共享的广度和深度。[1]

(三) 国际保险监督官协会

国际保险监督官协会成立于 1994 年,其代表的监管机构包括 151 个国家的 214 个监管主体。其中,还包括国际货币基金组织、世界银行、经合组织和欧盟委员会等国际金融机构,监管区域共覆盖全球 97% 的保费收入。该机构的宗旨在于对全球保险业进行一致有效的监督,维护保险市场的公平、安全和稳定,保障投保人的利益,并为全球金融稳定做出贡献。

1. 治理结构

在治理结构方面,其最高权力机构为会员大会,章程的修订、监管原则的采用以及协会的解散等重要决策需三分之二以上成员投票通过。日常管理由执行委员会负责,从会员大会中选举产生,设主席及副主席各一名。执委会下设五个委员会,分别是审计与风险委员会(Audit and Risk Commitee)、执行与评估委员会(Implementation and Assessment Committee)、预算委员会(Budget Committee)、政策发展委员会(Policy Development Committee)和宏观审慎委员会(Macroprudential Committee)。执行委员会的工作由秘书处工作人员负责,但委员会内很多工作由国际保险监督官协会成员国负责,这样一方面能使该机构维持低成本运行,与其他国际

---

[1] 刘凤元、邱铌:《证券市场跨境监管研究——以 EMMoU 为视角》,载《金融监管研究》2019 年第 12 期,第 100 – 111 页。

监管组织保持同步,另一方面也能壮大自身的发展,从而使整个机构的发展更具内部对称性(Internal Asymmetry)。①

2. 建立新的国际保险监管框架

2008 年金融危机后,国际保险监督官协会认识到保险业系统性风险对金融稳定的重大影响,因此,致力于建立新的国际保险监管框架。②

(1)建立保险集团监管共同框架。该项目通过规则设计、参数设定、实施效果评估、全面推行四个阶段进行,意在建立并推行全球保险集团的统一监管标准。该监管框架的核心原则在于加强对国际保险集团偿付能力的监管,包括监管规则的适用范围、保险集团结构和业务、监管的定量和定性要求、各国之间保险监管协作以及实施方式五个部分。

(2)修订保险监管核心原则。该原则于 2011 年公布,由六大核心内容组成:①更加强调保险公司的治理与风险管理框架。要求保险公司能管理和监督保险业务,建立基于保证偿付能力的有效风险管理框架。②实施宏观审慎监管。要求保险公司将影响稳健经营的外部环境因素纳入监管框架。③坚持资本充足原则。基于总资产负债表法评估保险公司的偿付能力,保证其有充足的资金偿付损失。④强化保险集团监管。⑤加强跨国监管和国内监管机构间协作,新增跨国监管协调合作原则。⑥规范保险公司业务行为,加强信息的公开披露。

(3)建立针对全球系统重要性保险机构(Global Systemically Important Insurers,G-SII)的监管措施。遵循二十国集团(G20)和金融稳定理事会(FSB)的指导,国际保险监督官协会牵头构建全球系统重要性保险机构识别与监管框架。该框架使用指标评估法及 IFS(Insurance and Financial Stability)方法,并附加定性评估,评估的方法至少每三年修正一次,以适应行业发展变化。其资本监管框架包括三个层次:第一层次是保险核心原则(Insurance Core Principles,ICPs),适用于全部单独的法律实体和保险集团;第二层次是共同框架(Common Frame),适用于国际活跃保险集团(Internationally Active Insurance Groups,IAIGs);第三层次是全球系统重要性保险机构政策,以全球保险资本标准(Insurance Capital Standard,

---

① 赵强:《中国系统重要性保险机构评估》(学位论文),中国社会科学院研究生院 2016 年。
② 王培辉:《后危机时代保险业监管趋势及启示》,载《保险理论与实践》2019 年第 1 期,第 78-91 页。

ICS）和更高损失吸收能力要求（Higher Loss Absorbency，HLA）对全球系统重要性保险机构进行管理。其中，HLA 于 2019 年 1 月正式实施，标志着全球统一的保险监管标准建立以及对系统性风险管控的总体改革取得阶段性成果。2013 年，国际保险监督官协会首次公布了 9 家全球系统重要性保险机构，我国平安保险集团位列其中，是发展中国家及新兴保险市场中唯一入选的保险机构。

二、对成员国具有法律约束力的国际监管组织

（一）区域法：欧洲金融监管体系

1. 欧洲金融监管体系的宏观审慎与微观审慎框架

2008 年金融危机前，欧盟一体化深入，但成员国的金融监管体制未能与统一的货币政策相协调，危机冲击后，欧盟开始进行一体化金融监管的改革。改革前，欧盟的银行、证券及市场、保险及养老金三个委员会只有建议权，没有强制管辖权；改革后，欧盟于 2010 年通过《泛欧金融监管改革法案》，并于次年新设立了欧洲系统性风险委员会及欧洲银行业监管局（European Banking Authority，EBA）、欧洲证券和市场监管局（European Securities and Markets Authority，ESMA）以及欧洲保险和养老金监管局（European Insurance and Occupational Pensions Authority，EIOPA）三家欧盟监管机构，取代原来的三个委员会，拥有强制管理权。由上述三家监管机构与欧洲系统性风险委员会组成的"一会三局"以及欧盟成员国监管机构、欧盟委员会，一同构成了欧盟金融监管体系（ESFS），在欧盟范围内对成员国具有区域性法律约束力。该体系旨在解决欧盟金融市场高度一体化情形下，金融监管缺乏统一的跨国性机构协调的局面。一方面，涵盖宏观审慎和微观审慎监管，二者互为补充、各有侧重；另一方面，将各国监管与整个欧洲层面的集中监管结合起来，增强各国监管者的相互信任，促进规则制定和监管实践的一致性，从而有效防范跨境风险。[①]

宏观审慎监管涉及对整个金融体系的监督，其主要目的是预防或降低金融系统的风险，主要由欧洲系统风险委员会负责。欧洲系统风险委员会主席由欧洲央行行长兼任，秘书处设在欧洲央行，主要职能包括控制欧盟

[①] 杨菡：《危机后欧洲金融监管体系的发展及启示》，载《西部金融》2018 年第 4 期，第 36–38 页。

的信贷总体水平、识别及分析系统性风险、对重大系统性风险进行预警、针对监测的潜在风险提供建议、对成员国实施的宏观审慎政策进行指导等，但相关建议是否被采纳由其他监管机构决定，因此，宏微观监管之间的配合至关重要。① 此外，欧洲系统风险委员会还要求欧盟成员国以法律形式明确负责宏观审慎管理的机构，并由中央银行发挥宏观审慎管理的主导作用。

微观审慎监管由欧洲银行业监管局、欧洲证券和市场监管局以及欧洲保险和养老金监管局三家机构负责，分别对银行业、证券市场和保险业进行监管，统称欧洲监管当局（European Supervisory Authorities，ESAs）。《泛欧金融监管改革法案》赋予这三家监管机构超出单一国家的金融监管权力，它们有权驳回或否决各国监管机构的决定，因而被称为"超级监管机构"。② 欧洲监管当局主要通过制定单一规则手册，即一套针对各个金融机构的审慎标准，来协调欧盟的金融监管，并确保该标准在不同国家有一致的应用。同时，它们还负责评估金融部门的风险和脆弱性，但它们对单个金融机构并无直接的监管权，金融机构的日常监管仍由各国金融监管当局负责。

2. 欧洲金融监管体系下的银行业联盟

随着欧债危机的冲击不断扩大，欧洲银行业的一体化联系使得单一国家银行业危机突破了国家界限而迅速蔓延，面临着 Schoenmaker 所说的"母国控制"原则下的监管"三元悖论"的挑战，即稳定的金融体系（stable financial system）、一体化的金融体系（integrated financial market）和成员国金融监管（national financial supervision）三者无法同时兼得。③ 因此，从欧洲层面对银行业进行监管有利于避免单一国家监管者对本国银行过于宽容，继而导致危机不断积累。

为此，2012 年欧盟峰会上，欧盟领导人同意在欧盟层面上建立银行

---

① 尹哲、张晓艳：《次贷危机后美国、英国和欧盟金融监管体制改革研究》，载《南方金融》2014 年第 6 期，第 35 – 38 页。

② 王光宇：《关于泛欧金融监管改革法案的评析与启示》，载《银行家》2010 年第 10 期，第 111 – 112 页。

③ D. Schoenmaker, "Central Banks and Financial Authorities in Europe: What Prospects?", in D. Masciandaro (ed.), *The Handbook of Central Banking and Financial Authorities in Europe*, Cheltenham: Edward Elgar, 2005, pp. 398 – 456.

业联盟,对欧元区内6000多家银行进行统一监管。该联盟包括银行单一监管机制、单一清算机制及单一存款保险计划"三大支柱",是欧洲金融监管体系的新发展和有益补充。

一是单一监管机制(Single Supervisory Mechanism,SSM),将银行监管从国家层面上升到欧洲层面。该机制由欧洲央行和欧元区各国银行监管机构共同组成,非欧元区的欧盟成员国可以自愿加入。欧洲央行被赋予银行监管职能,自2014年11日起承担欧元区120家系统性重要银行的直接监督职责,约占欧元区银行总资产的82%;非系统重要性银行维持各国自行监管不变,但监管需遵循欧洲央行的总体指导原则。

二是单一处置机制(Single Resolution Mechanism,SRM),统一欧盟各国的银行处置规则。该机制涉及单一处置委员会(Single Resolution Board,SRB)、单一处置基金(Single Resolution Fund,SRF)以及银行恢复和处置计划的制定等政策工具。其一,单一处置委员会(SRB)总部位于比利时布鲁塞尔,具体负责系统重要性金融机构的处置工作,这些系统重要性金融机构包括跨国银行集团、重要的银行、重要的金融控股公司和重要的混合金融控股公司;欧洲央行则负责其直接行使监管权的银行处置工作。从处置工作内容来看,单一处置委员会负责制定处置计划,进行可处置性评估,协调国家处置机构执行处置计划,承担处置相关的行政管理工作,并向欧盟委员会和欧盟理事会提出是否将银行纳入处置程序以及具体实施的处置工具;而各国的国家处置机构负责执行金融机构的处置决定,但执行的处置工具和行使的处置权力仍由单一处置委员会进行监督,并且处置行动如需使用单一处置基金,则不论被处置的机构是否是系统重要性机构,都由单一处置委员会负责处置。其二,单一处置基金(SRF)将自2016年1月1日起的八年设为募集期,目标资金规模不低于成员国所有银行存款总额的1%,即550亿欧元。该项资金由覆盖的机构每年进行事前认缴,认缴金额由根据成员国所有机构的负债比例计算出的净认缴和风险调整认缴确定,单个银行年度认缴额不应超过单一处置基金年度认缴总额的12.5%。在基金短缺的情况下,覆盖机构进行事后认缴,金额不超过一般年度认缴总额的三倍。当机构出现偿付不足时,股东和债权人首先以自救的方式承担损失,其余不足的部分才可动用单一处置基金。其三,单一处置机制的政策工具侧重预防性处置及危机管理。主要包括银行事先拟定的恢复及处置计划(RRP),银行业务状况恶化时由银行监管机构主导的早期干预措施,以及恢复计划和早期干预无法起效时经可处置性评估采取的过渡银行、资产剥离、银行自救等处置工具。

三是存款保险计划(Deposit Insurance Scheme,DGS),提高存款人保护力度,维持银行体系稳定。早在1994年,欧盟就推出了"存款保险机制指令",在2008年金融危机后进行了多次修订。2014年,欧洲议会通过新指令,要求欧盟各国将大部分条款纳入本国法律。新指令内容包括要求成员国建立存款保险基金,预先向银行征收,在10年中规模应超过受担保银行储蓄总额的0.8%,覆盖欧盟95%的银行储户;继续维持金额为10万欧元的受保护存款上限,并且该存款在任何情况下均受保护;到2024年,存款保险的支付时限从20个工作日逐步降至7个工作日。

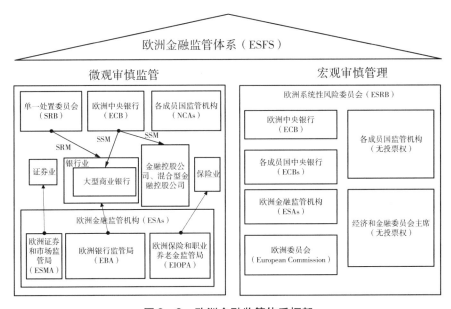

图3-2 欧洲金融监管体系框架

[资料来源:卜永祥《国外现行的金融监管体制改革比较》,见思客智库网站(http://sike.news.cn/statics/sike/posts/2016/03/219491908.html)。]

案例3-4 宏观审慎与微观监管的发展

"宏观审慎"(macro prudential)作为专业术语首次出现,是在1979年6月库克委员会(Cooke Committee)(巴塞尔银行监管委员会的前身)的一次会议中,但一直以来微观审慎监管都是理论研究与政策实践的焦点。1997年亚洲金融危机后，宏观审慎监管开始引起金融监管者的重视；1999年，宏观审慎指标评估的研究开展，逐步建立了衡量经济体金融体系强健程度的指标；2000年，国际清算银行（Bank for International Setllements，BIS）系统阐释了宏观审慎监管的概念。2008年，国际金融危机呈现出风险"跨行业、跨市场、跨国界"传染的新特征，暴露出微观监管的不足，以防范系统性风险、降低顺周期效应为主要内容的宏观审慎管理由此从理论转向实践。例如，相对于此前的协议，危机后修订的《巴塞尔协议Ⅲ》补充了宏观审慎视角，引入了逆周期资本缓冲、杠杆率要求以及系统重要性银行资本附加等指标，以防范和管理系统性风险。而欧盟、美国等全球主要经济体成立宏观审慎监管部门，金融稳定理事会从全球层面加强宏观审慎监管协调，都为宏微观有机结合的金融监管理念提供了积极的借鉴。

宏观与微观审慎监管，从监管目标来看，前者侧重维护金融体系的整体稳定，后者着力保护投资者利益；从监管对象来看，前者是对金融体系的系统性风险的监管，同时关注金融机构的整体行为和宏观经济的不稳定因素，后者则是对单个金融机构的个体行为和风险偏好进行监管；从监管视角来看，两者分别是自上而下和自下而上的监管。此外，相对于微观审慎监管而言，宏观审慎政策强调从"时间"和"部门"两个维度防范与化解金融风险，与货币政策相互协调的趋势日渐明显，起到"为货币政策预留空间、减轻货币政策负担"的关键作用。①

在中国，宏观审慎政策的探索实践可追溯至2003年，人民银行在房地产金融领域首次引入逆周期调节的最低首付比例政策。2010年，人民银行引入差别存款准备金动态调整机制，并于2016年升级为宏观审慎评估（MPA），有效促进货币信贷平稳适度增长。2017年，党的十九大报告提出，"健全货币政策和宏观审慎政策双支柱调控框架"。2019年，党中央、国务院批定的机构改革方案，明确了人民银行负责宏观审慎管理的职能，牵头建立宏观审慎管理框架，并批准设立了宏观审慎管理局。未来，我国的金融监管体系改革将着眼于健全"宏观审慎、微观审慎、行为监管"三支柱。健全宏观审慎管理架构和政策工具，完善逆周期调节和系统

---

① 卞志村：《健全双支柱调控框架 促进宏观经济稳定》，载《光明日报》2020年10月27日第11版。

重要性金融机构监管，注重防范跨市场、跨区域、跨国境的风险传染。提高微观审慎监管能力，健全以资本约束为核心的审慎监管体系，加快完善存款保险制度，对风险早发现、早预警、早介入、早处置。强化行为监管，严厉打击侵害金融消费者合法权益的违法违规行为。将金融监管作为整体，始终具备宏观视野，以微观审慎为基础，以行为监管为支撑，在金融监管中实现三者既独立又协同的有机统一。

[资料来源：郭树清《完善现代金融监管体系》，见中国人民银行网站（http://www.pbc.gov.cn/hanglingdao/128697/3506068/3506307/4137411/index.html）。]

（二）国际法：金融稳定理事会

1. 金融稳定理事会的设立

在墨西哥金融危机和亚洲金融危机后，为加强应对危机的金融监管力度，七国集团（美国、日本、德国、英国、法国、加拿大及意大利）于1999年成立了金融稳定论坛（Financial Stability Forum，FSF）。该论坛秘书处位于瑞士巴塞尔，每年春、秋两季定期举办全体会议。通过设立高杠杆机构工作组、资本流动工作组、离岸金融中心工作组、存款保险工作组及标准实施专责小组等非常设性工作组，行使"维护国际金融稳定、完善市场运作以及减少系统性风险"的职能，并在推进特定金融领域问题的识别与解决、促进国际金融标准的推广与实施、改善跨部门金融监管的国际合作与协调等方面取得长足进展。[1] 但是，金融稳定论坛只是一个非正式组织，缺乏独立的章程和正式的法律文件作为运作依据，存在着内部结构松散、制度基础薄弱、成员覆盖面受限等问题，缺乏应对危机的广泛代表性和现实有效性，更像是"发达富有国家的俱乐部"[2]。

2008年11月，首次G20领导人峰会宣布对国际金融体系进行改革，并呼吁吸纳更多成员国加入金融稳定论坛。次年3月，金融稳定论坛吸纳包括中国在内的所有G20国家以及西班牙、欧盟委员会加入，这是中国继加入巴塞尔银行监管委员会后，再次获得主要国际金融组织的席位。随

---

[1] 李仁真、刘真：《金融稳定论坛机制及其重构的法律透视》，载《法学评论》2010年第2期，第103-108页。

[2] 廖凡：《国际金融监管的新发展：以G20和FSB为视角》，载《武大国际法评论》2012年第1期，第176-191页。

后,第二次 G20 领导人峰会在伦敦举办,决定将既有的金融稳定论坛升级为金融稳定理事会(Financial Stability Board,FSB),全面继承和发展金融稳定论坛的成员、职责和能力,建立一套包括新兴国家和发达国家的主要经济体的有效机制,成为具备更广泛的体制基础和更强大的监管能力的国际组织,也被称为"全球央行"。

2. 金融稳定理事会的职责

区别于金融稳定论坛非正式的松散体制,金融稳定理事会通过章程明确运作规则,并经全体会议表决通过。根据金融稳定理事会章程,该组织的宗旨是协调成员国金融监管机构和国际金融监管标准制定机构的工作,督促金融监管政策的实施;与国际金融机构合作,促进全球金融稳定。其主要职责包括:①评估影响全球金融体系的脆弱性,并从宏观审慎的角度及时、持续地监督各成员国行动。②促进各国监管机构合作和信息交换,对各国监管政策提供建议。③协调国际监管标准制定机构的工作。④为建立监管联席会(Supervisory Colleges)制定指导方针和各项支持。⑤支持制定跨境风险应急计划,特别是系统重要性机构的跨境风险管理。⑥与国际货币基金组织合作建立预警演习机制,推动成员国落实商定的承诺、标准和政策建议。

3. 金融稳定理事会的组织架构

(1) 金融稳定理事会的组织架构包括作为唯一决策机构的全体会议、在全体会议闭会期间提供业务指导的指导委员会以及四个常设委员会。其中,四个常设委员会分别为:识别和评估金融体系风险的脆弱性评估委员会(Standing Committee on Assessment of Vulnerabilities,SCAV)、对脆弱性评估委员会发现的风险进行分析和监督的监管合作委员会(Standing Committee on Supervisory and Regulatory Cooperation,SCSRC)、负责监督政策举措和国际标准执行情况的标准实施委员会(Standing Committee on Standars Implementation,SCSI)以及对金融稳定理事会的资源和预算进行监督管理的预算和资源常务委员会(Standing Committee on Budget and Resources,SCBR)。其成员范围比金融稳定论坛更为广泛,分为如下三类:①成员国(地区)的金融稳定机构,即财政部、中央银行和金融监管机构,包括G20 全体成员以及荷兰、瑞士、西班牙、新加坡和中国香港的主管机关。我国的财政部、人民银行以及银监会均为该委员会的成员机构。②国际金融机构,如国际货币基金组织、世界银行、国际清算银行和经济合作与发展组织。③国际标准制定机构,如巴塞尔银行监管委员会、国际证监会组织、国际保险监督者协会、支付结算体系委员会、全球金融体系委员会、国际会计准则理事会等。

(2)金融稳定理事会的主要工作包括:①推动国际社会加强宏观审慎管理。2009年G20伦敦峰会提出,各国应加强宏观审慎管理,将其作为微观审慎管理的重要补充,并决定由金融稳定理事会负责评估全球金融系统性风险、研究开发宏观审慎管理工具。金融稳定理事会与其他国际金融组织共同推动美国、英国、欧盟等经济体成立专门负责宏观审慎管理工作的委员会。此外,金融稳定理事会还支持巴塞尔委员会进一步强化银行审慎标准,协调《巴塞尔协议Ⅲ》的相关推进工作,在资本充足率和流动性标准方面,金融稳定理事会全部24个成员国都已经实施《巴塞尔协议Ⅲ》提出的相关标准。②明确金融机构处置要点。为应对危机期间系统性金融机构"大而不能倒"的问题,金融稳定理事会发布《有效处置核心原则》,明确各国监管机构处置系统重要性金融机构的职责、权力及手段。此外,金融稳定理事会对金融机构总损失吸收能力进行规定,确保经营失败的系统重要性金融机构通过内部资本进行自救。③对非银行金融中介(即通常意义的影子银行)进行监管。金融稳定理事会对成员国及其他重要的国际金融中心的非银行金融中介业务进行持续性监测,通过对非银行金融中介业务进行更为细致的分类,分析其潜在的风险。④推动场外衍生品市场的监管。例如,牵头组成工作组,联合支付结算体系委员会、国际证监会组织和欧盟委员会等机构开展衍生品市场监管问题研究,进行资产证券化和衍生品市场交易新规则的制定,并对标准化场外衍生品的电子交易平台、中央清算及数据库报备进行搭建和规定。①

(3)金融稳定理事会章程并不创设任何法律效力和义务,因此,严格意义上,该组织发布的文件并不具备强制的法律约束力,但通过两种手段,实际上对成员国实行约束。②①采取设立对策工具箱的方法,对不遵守相关监管标准的不合作成员国进行监督。②成立六个地区咨询小组,吸

---

① 兰德尔·夸尔斯、夏颖:《金融稳定理事会十年回顾与展望》,载《中国金融》2019年第23期,第17-18页。

② 尹继志:《金融稳定理事会的职能地位与运行机制分析》,载《金融发展研究》2014年第1期,第24-29页。

纳非成员国加入，给予非成员国更大的话语权的同时要求其与成员国一同履行相应的义务，例如，致力于维护金融稳定、执行国际金融标准、每五年接受一次金融部门评估计划（FSAP）的评估等。

第三节　国际金融评估审计

一、国际三大信用评级机构

（一）三大信用评级机构基本介绍

信用评级机构（Credit rating agency，CRA）是依法设立的由金融、法律、财务专家组成的对证券发行人和证券信用进行评级的中介机构，其主要职责是评估发行人发行的金融产品发生违约的可能性，在解决投资者与发行人之间信息不对称的问题上发挥着重要作用，被视为"金融市场的看门人"。信用评级机构最早于19世纪中叶在美国诞生，当时美国铁路行业迅速发展，但是企业自身和银行并不能够提供充足的发展资金，于是通过向投资者发行债券进行融资。但当时的法律并未对企业发行债券的相关资质进行规定，企业凭借自身信誉进行融资，容易产生企业与投资者之间的信息不对称问题。为此，穆迪公司创始人约翰·廖迪（John Moody）于1909年出版了《美国铁路公司投资分析手册》（Moody's Analysis of Railroad Investment），公布了对美国公司的评级情况，标志着美国信用评级进入现代化信用评级阶段。经过长期发展，目前，国际上公认的最具权威的信用评级机构分别是穆迪投资者服务公司（简称穆迪）、标准普尔公司（简称标普）和惠誉国际信用评级有限公司（简称惠誉）（见表3-6）。

表3-6　三大信用评级机构的评级等级划分

评级机构	穆迪	标普	惠誉
成立时间	1900年	1860年	1913年
控股资本所在国	美国	美国	法国
业务侧重	机构融资审查	企业评级	金融机构评级
信用等级数	9	10	12

续表3-6

评级机构			穆迪	标普	惠誉
信用等级	长期	投资	Aaa/Aa/A/Baa	AAA/AA/A/BBB	AAA/AA/A/BBB
		投机	Ba/B/Caa/Ca/C	BB/B/CCC/CC/C/D	BB/B/CCC/CC/C/DDD/DD/D
	短期	投资	P-1/P-2/P-3	A-1/A-2/A-3	F1/F2/F3
		投机	Non-Prime	B/C/D	B/C/D

(资料来源：郭濂《国际三大信用评级机构的比较研究》，载《中南财经政法大学学报》2015年第1期，第36-39页。)

1. 穆迪投资者服务公司

穆迪投资者服务公司（Moody's Investors Service）成立于1900年，从1909年开始对100个国家进行主权债务评级并发布评级报告，业务范围涉及130多个国家，并为主权国家、国际机构和次主权实体的17.2万个公共财政发行项目提供评级服务。穆迪于2001年在北京设立代表办事处，于2003年成立全资子公司北京穆迪投资者服务有限公司，以便开拓中国地区业务。在服务对象上，穆迪为各种公司和政府债务、结构性金融证券和商业票据计划提供评估服务，但主要侧重机构融资审查。2019年，企业融资（CFG）收入为14.97亿美元，占穆迪投资者服务公司总收入的49.75%，接近一半。

2. 标准普尔公司

标准普尔公司（Standard & Poors）于1860年由普尔出版公司和标准统计公司合并而成，自1916年起进行国家主权债务评级，目前，相关业务已涉及全球128个国家和地区。2019年，标普以独资公司的形式进入中国境内市场。标普的服务对象包括企业、ESG（企业环境、社会和治理绩效）、金融机构、公共财政、结构性融资等方面，但核心主营业务侧重企业评级。

3. 惠誉国际信用评级有限公司

惠誉国际信用评级有限公司（Fitch Ratings）于1913年成立，总部设在纽约和伦敦，是唯一一家欧洲控股的国际评级机构。该机构对新兴市场的敏感度较高，2000年进入中国市场，是三大评级公司中最早进入中国市场的评级机构；2003年在北京成立代表处，从事资料的搜集、研究、报告等工作；2020年5月获准以独资公司的形式进入中国境内市场。惠誉的全球市场份额小于其他两家公司,为全球169个国家提供信用研究报告,并对主权国家发行的本外币债务进行评级。在评级对象上,惠誉为企业、结构融资、担保债券、金融机构、地方财政、国家主权等进行评级,但更侧重金融机构的评级。截至2020年10月,惠誉已完成对全球4503个银行及其他非银金融机构的评级工作。

(二) 三大信用评级机构存在的问题

近年来,安然、世通等公司一系列财务丑闻相继被爆出,亚洲金融危机、美国次贷危机以及欧洲主权债务危机也接连爆发,越来越多的人对信用评级机构持不信任甚至是怀疑的态度,认为它们本应发挥金融市场"防火墙"和"看门人"的作用,凭借其专业的判断和丰富的信息,做出先于经济实体发展的超前预测与风险预判,但它们不仅没有看到繁荣背后的虚假,反而在泡沫破裂时推波助澜,加剧了危机的冲击。造成信用评级机构无法预测危机甚至出现背离其中立、客观立场的原因有以下三点。

(1) 利益冲突。这一点在付费模式上表现得尤为明显。20世纪70年代至80年代,经济危机爆发、大量债券违约,政府介入并推动信用评级机构的改革。信用评级机构的评级方式由主动评级(unsolicited rating)转变为被动评级(solicited rating),即信用评级机构受发行人委托进行评级,并收取一定费用,而非基于公开信息主动发布评级报告并将出版物的销售所得作为收入的主要来源。同时,收费模式也由"投资者支付"转变为"发行人付费"模式,即评级费用由证券发行方支付,而非由投资者支付。[①] 这个模式导致了信用评级机构的内在利益冲突:一方面,发行人希望得到较高的评级,以此来减少发行成本。为此,它们会同时委托数家评级机构进行评级,并发布其中对自己最为有利的评级结果。另一方面,信用评级机构为了尽可能争取更多更稳定的客源,难免受到其他评级机构及客户要求的影响,因而存在为了获取高额费用而夸大评级结果的动机。

(2) 行业垄断,缺乏竞争。目前,国际信用评级行业三巨头分别是标普、穆迪和惠誉,占据了全球90%以上的市场份额,大多数投资者对这些评级机构也心存依赖,导致事实上的寡头垄断,也增加了预测不准确的可能性。而世界各国对美国所开创的国家认可的评级机构制度(Nationally

---

① Andrea Miglionico. *The Governance of Credit Rating Agencies: Regulatory Regimes and Liability Issues*. Northampton: Edward Elgar Publishing, 2019.

Recognized Statistical Rating Organization，NRSRO）的默认也进一步巩固了这三大信用评级巨头的垄断地位①，使得信用评级机构的准入受到经验、资金和政策的限制，也难以通过市场化行为促进竞争。

（3）风险模型缺陷。①信用风险模型的构建依赖于历史数据，因而具有时滞性，缺乏前瞻性的预警能力。②模型的应用存在评级要求和监管要求不一致的情形，依照信用风险模型设计的产品可能符合评级要求，但不符合监管要求，即高评级与小风险相悖。③结构化模型预测准确性不足。20世纪70年代中期，信用评级机构就已经开始从事结构性金融业务。尽管它们声称传统金融工具和新型金融工具的评级是一致的，但结构化证券的复杂性和数学假设以及金融危机后的经验事实表明，结构化证券模型对实际风险的预测准确性远远低于传统单一证券。

（三）三大信用评级机构的国际监管

早期对国际评级机构的监管完全依靠行业自律机制，随后逐渐过渡到机构监管。例如，1975年美国证券交易委员会开创国家认可的评级机构制度（NRSRO），规范评级市场的准入和评级结果的使用，但对评级机构内部管理和业务流程未做规定。进入21世纪，受财务造假及金融危机的冲击，以及国际信用评级机构在风险预警以及信息披露独立性方面表现欠佳的影响，欧美监管机构对国际信用评级机构的监管由弱转强，主要的手段包括立法、设立专职监管部门以及加强国际合作。②

（1）推进信用评级监管的立法工作。安然事件爆发后，2002年，美国通过《萨班斯－奥克斯利法案》（Sarbanes-Oxley Act，SOA），要求美国证券交易委员会研究评级机构的地位和作用。2006年，《信用评级机构改革法案》在此基础上出台，开创了信用评级机构立法的先河。2008年金融危机后，美国国会金融危机调查委员会在调查报告中表明，信用评级机构的失误是本次金融灾难不可缺少的一环。2010年，美国在《多德－弗兰克法案》中专列9项条款约束评级机构行为。2013年，欧盟批准生效了《信用评级机构指令》和《信用评级机构监管条例Ⅲ》，构成欧盟现行

---

① 张金梅：《国际信用评级机构问题研究》，载《吉林省经济管理干部学院学报》2014年第4期，第29－33页。

② 司文：《美欧对国际评级机构监管的演变及动向》，载《国际研究参考》2019年第8期，第1－8页。

的信用评级监管体系。

（2）设立专职监管部门加强监管。美国证券交易委员会在对评级机构的监管中处于主体地位，于2012年下设信用评级办公室，专门负责对评级机构的监督、年检工作。2011年，欧盟新设欧洲证券市场管理局，统一管理欧盟内所有的信用评级机构，并享有排他性的监管权力。

（3）推动国际监管合作。一方面，国际组织在国际层面发挥作用。国际证监会组织（IOSCO）作为证券行业的国际准则制定者，分别于2008年和2015年对《信用评级机构基本行为准则》进行修订，对信用评级机构提出了更严格、更详尽的信息披露要求，旨在降低市场主体对外部信用评级机构的依赖。此外，2009年G20伦敦峰会明确提出，将信用评级机构纳入金融监管范围；2010年金融稳定理事会（FSB）提出降低信用评级机构依赖的具体方向，并于2012年发布了降低外部评级依赖的实施路线；2010年巴塞尔银行委员会（BCBS）修订银行资本框架，提高了外部评级机构的资格标准和相关复杂证券化产品的风险权重。另一方面，在欧美国家主导国家层面的跨境监管合作。例如，2012年，针对跨境金融机构监管合作事宜，美国证券交易委员会协同欧洲证券市场管理局签署了谅解备忘录，对信用评级机构的监管协助和信息交换等工作做出特别说明。

二、国际四大会计师事务所

（一）四大会计师事务所基本介绍

四大会计师事务所（简称"四大"）是指全球排名前四的会计师事务所，分别为德勤、普华永道、毕马威和安永。"四大"在全球审计领域处于无可置疑的霸权地位，仅在欧盟，"四大"在上市公司财务审计方面的市场份额就超过了90%。在英国和美国市场，这一比例甚至高达99%。

1. 德勤

德勤（Deloitte Touche Tohmatsu Limited，Deloitte）在英国注册成立，是一家有限责任合伙企业。早在1917年，德勤就在上海成立了办事处；1983年，在北京设立了第一家在华常驻代表机构。该公司有四个子公司，分别是德勤会计师事务所、德勤财务咨询、德勤咨询和德勤税务。2019年，该公司的收入达到462亿美元，在150多个国家或地区拥有约31.2万名员工，是四大会计师事务所中员工规模最大、营业收入最高的企业。

2. 普华永道

普华永道（Price Waterhouse Coopers Consulting，PwC）的总部位于英国伦敦，提供的服务包括审计和鉴证、咨询、税务等。2019 年，该公司的收入为 425 亿美元，是收入第二多的会计师事务所。它在全球 158 个国家或地区拥有超过 27.6 万名专业人员。

3. 毕马威

毕马威（Klynveld Peat Marwick Goerdeler，KPMG）的总部位于荷兰阿姆斯特丹，是一家提供审计、税务和咨询服务的全球专业服务机构。1983 年，毕马威在我国设立了首家办事处；1992 年，成为首家获准在我国合资开业的国际会计师事务所。2019 年，毕马威的收入为 298 亿美元，在全球 154 个国家或地区拥有约 21.9 万名专业人员。

4. 安永

安永（Ernst & Young，EY）的总部位于伦敦，1989 年由"世界八大"中排名第五的恩斯特·惠尼（Ernst & Whinney，EW）与排名第六的亚瑟·杨（Arthur Young，AY）合并而成，是当时全球最大的会计师事务所。该公司提供审计、咨询、税务等专业服务，2019 年的营业收入为 364 亿美元，在全球拥有约 28.4 万名专业人员。

（二）四大会计师事务所存在的问题

四大会计师事务所作为全球性的专业服务机构，其从事的财务审计工作与信用评级机构提供的评级结果类似，都是以其独立、专业的分析对金融市场主体进行财务质量、债务质量等方面的评价，并向投资者、监管机构等提供评估信息，是国际金融监管的市场化主体。但四大会计师事务所接连爆出参与大规模财务造假活动，未能准确预警金融风险①，导致投资者对其审计的上市公司信心下降，也冲击了"四大"的独立性和权威性。

1. 忽视"混业经营"风险，过度追求利润

早期，审计的出现是为了监督企业固有的"委托－代理问题"，但现在四大会计师事务所的业务已不仅仅局限于提供审计服务，而是以成为

---

① 英国议会银行业标准委员会在 2013 年的一份报告中对四大会计师事务所审计人员提出批评，称他们在金融危机爆发前未能发现导致金融危机的金融不稳定迹象，未能向银行客户提示银行资产负债表上新增的金融敞口风险，并且"经审核的账目明显未能准确地告知用户有关银行的财务状况"。

"全方位"的专业服务提供商为目标,战略触角向并购、企业战略等咨询项目深入,这些咨询项目也成为四大会计师事务所的主要收入来源。而在"混业经营"下,一方面,会计师事务所是一个利益选择的矛盾综合体,使其在面临非审计业务的高收入诱惑时,难以保持客观公正的态度。另一方面,为了拓展业务、追求更高利润,四大会计师事务所往往与客户建立长期而紧密的联系,导致利益趋同以及责任和义务的弱化,甚至妨碍司法公正,难以保持审计的独立性。

2. 行业垄断,缺乏竞争

与前文所述三大信用评级机构的垄断地位类似,没有竞争对手能够真正削弱四大会计师事务所的地位。一方面,"四大"在欧美地区上市公司财务审计的市场份额超过90%,以其权威性和专业性成为审计上市公司的"唯一人",形成了实质上的卡特尔。另一方面,由于所有国家和地区都有对上市公司进行审计的法律要求,间接对这一缺乏市场竞争的机制形成了国家保障。[①]

3. 作用重要,大而不倒

安然丑闻和世通丑闻影响巨大,已经倒闭的安达信公司被指控与这些公司合谋操纵会计规则,并向市场展示虚高利润。事后,美国成立了监管机构对审计行业进行监督。但这涉及会计准则等重要制度的制定,需要明确对政府和企业如何进行审计,而四大会计师事务所在其中扮演主导角色,影响着标准的制定。此外,由于"四大"当前的行业集中度处于美国司法部反垄断部门规定的临界值附近,任意一家倒闭或被兼并都将导致巨大的反垄断风险和市场传染效应,因此,该行业"大而不倒"的困局或将长期存在。

(三)四大会计师事务所的国际监管

1. 完善立法、成立专门机构监督审计行业

21世纪初期,安然、世通等公司财务丑闻相继爆出,它们的审计方全球性会计师事务所安达信因在调查中销毁重要资料而获罪并退出审计行业,曾经的"五大"变为"四大"。"安然"事件后,为了提高公司信息

---

① Richard Brooks. "The financial scandal no one is talking about," 见英国《卫报》网站 (https://www.theguardian.com/news/2018/may/29/the-financial-scandal-no-one-is-talking-about-big-four-accountancy-firms)。

披露的准确性和可靠性，进而保护投资者的利益，美国在 2002 年出台了《萨班斯－奥克斯利法案》（SOA），规定会计师事务所不再接受行业自律监管，而由独立的美国公众公司会计监督委员会（Public Company Accounting Oversight Board，PCAOB）专门进行监管。此外，考虑到系统性金融风险具有多维度的特征，2008 年国际金融危机爆发后，美国在 2010 年发布的《多德－弗兰克法案》中扩大了金融审计对象的范围，包括传统意义上的金融监管机构和接受政府资金救助的金融机构，以及新增的系统重要性金融机构和私人机构及个人、全国性证券协会等行业组织、市政证券市场和非许可保险市场等。① 该法案也规定外国会计师事务所提供的实质性服务需受到美国证券交易委员会的管辖。②

2. 要求"四大"进行业务拆分

金融混业经营可能引发跨行业、跨地区、跨部门之间的风险传染，也易影响审计的独立性原则。为此，关于"四大"拆分审计业务和非审计业务的要求曾被提出，安永、毕马威、普华永道也相继出售或者剥离了咨询部门。但自 2006 年起，"四大"又陆续重新启动了咨询业务，并开始了一系列的咨询领域的收购行为。例如，普华永道于 2011 年和 2014 年分别收购柏亚天和博斯，德勤于 2013 年收购摩立特，安永于 2014 年收购帕特农，毕马威于 2015 年收购韬睿惠悦在美国、英国、中国内地、中国香港、加拿大、新加坡和菲律宾的人力资源服务交付业务。随后，为避免混业经营风险，2016 年出台的欧盟法律限制了审计师可以向客户提供的咨询服务；2020 年 7 月，经历了不断爆发的财务造假丑闻后，英国会计监管机构要求"四大"在 4 年内（即 2024 年 6 月前）分拆审计和咨询业务。

3. 要求"四大"强制轮换客户

为了应对公司管理层与跨境事务所可能存在的勾结问题，维护审计的独立性原则，许多国家实行了审计强制轮换的规定。美国于 2002 年通过的《萨班斯－奥克斯利法案》（SOA）规定，审计项目合伙人担任该项目审计负责人的任期不得超过 5 年。2003 年，我国出台关于证券期货审计业务签字注册会计师定期轮换的规定，要求签字注册会计师为某一相关机构

---

① 孟飞、段云先：《金融审计制度的演变与发展》，载《财会月刊》2020 年第 7 期，第 103－108 页。
② 郝莉莉、马可哪呐：《跨境审计监管、经济安全与会计师事务所国际化战略》，载《会计论坛》2017 年第 2 期，第 146－157 页。

提供审计服务不得超过 5 年;为首次公开发行证券公司提供审计服务的签字注册会计师,上市后不得连续两个完整的会计年度为其提供审计服务。2016 年,欧盟正式推行审计轮换制度,规定在欧洲挂牌上市的企业及公众利益实体(PIE)必须在每 10 年进行外部审计招标,至少每 20 年更换一次审计师。①

4. 加强跨境审计监管

2020 年,瑞幸咖啡财务造假事件引起市场对跨境监管合作的关注。我国证监会主席易会满指出,将加强与境外金融监管机构合作,共同解决审计监管路径。但在跨境审计监管过程中,合作双方在主权原则、会计准则及合作需求等方面存在差异,而易出现合作分歧。以中美为例,两国审计监管合作经历了多轮沟通、曲折前进的历程。自 2007 年起,美国 PCAOB 与我国财政部、证监会就签署跨境审计监管合作协议进行了讨论,但由于美国的"长臂管辖"主张与我国的国家主权原则存在冲突,一直未能取得突破性进展。2011 年,第三轮中美战略与经济对话将会计跨境监管合作列入联合成果情况说明,随后双方达成初步共识,采用互派观察员的方式进行合作。2012 年年底,美国证券交易委员会以拒绝提供审计底稿为由,宣布对"四大"等会计师事务所在中国的业务提起诉讼。2013 年,中美两国签署执法合作备忘录,以监管框架的形式开展中美会计审计跨境执法合作,但双方对于美方越境开展监管执法活动这一关键问题仍未达成一致意见。2014 年年初,美国证券交易委员会再次以同样的理由暂停"四大"中国分所审计美国上市公司资格 6 个月,中美跨境审计监管一度陷入僵局。2015 年以来,中美通过互访互动、解释答疑、有限度提供审计工作底稿等活动进行探索。例如,我国进一步完善会计审计跨境监管合作的政策法规体系,并参考国际惯例,多次向 PCAOB 提出对会计师事务所开展联合检查的具体方案建议。②

其他经济体间的跨境审计监管合作进展表现为:截至 2020 年 10 月,美国 PCAOB 与 24 个国家或地区签署了跨境审计监管合作协定,但这 24 个国家或地区均为会计监管法律较为健全、会计监管惩戒力度较大的发达

---

① 杨琬君:《欧盟审计轮换制度的影响及借鉴》,载《财政监督》2017 年第 7 期,第 77 - 80 页。

② 余佳奇:《中美会计跨境监管合作有关问题研究》,载《会计研究》2020 年第 4 期,第 183 - 190 页。

经济体，美国的"长臂管辖"主张在与这些国家或地区的国家主权和司法独立原则冲突时，处于次等地位。此外，中国内地与欧盟及中国香港地区的审计监管合作取得有效进展。2011年，中国与欧盟实现审计监管体系等效。2019年，欧盟委员会通过适当性决议，允许欧盟成员国与中国监管机构达成互惠互利的审计监管合作安排。2019年，中国内地与香港地区签署相关备忘录，标志两地审计监管合作取得里程碑式成就。

◆思考讨论题◆

1. 简述国际金融体系建立的背景和主要演进过程。

2. 比较国际货币基金组织、世界银行、国际金融公司、国际开发协会的资金来源及贷款特点。

3. 分析国际清算银行的主要职能及其贷款特点。

4. 简述巴塞尔协议的修订过程及其对银行业监管的启示。

5. 简述欧洲金融监管体系如何实现宏观审慎监管与微观审慎监管的配合。

6. 简述国际评级和审计机构的国际金融监管措施。

7. 以中国牵头成立亚投行为切入点，思考中国在国际金融体系及全球金融治理中发挥的作用。

8. 思考当前国际金融体系的作用与不足。

第四章　国际金融监管协调

在全球化的今天，一国的金融市场往往会形成广泛的影响，这种影响不仅仅局限于对国内经济环境的影响，还包括对国外金融市场的影响。尤其是在 2008 年全球金融危机爆发的特殊时期，在对金融监管政策与法规进行深入思考时，各国政府首脑由于金融危机快速蔓延的压力而不得不着眼于国际层面。也就是说，各国不仅要对国内金融市场进行严格监管，也要对国际金融市场动态有所顾及，结合国内的现状，充分借鉴和合理运用国际金融监管规则，而不能只对国内金融进行管控。在这种情况下，各国间的金融监管协作快速加强，金融监管框架从过去的国内框架逐步延展到了国际框架，越来越多的目光聚焦在参与金融管控的国际组织。因此，在监管改革中，国际金融监管的协调也逐步成为近些年来的核心话题。

第一节　国际金融监管的标准

一、各国跨境金融监管制度的改革

在 2008 年金融危机爆发后，对于金融监管问题，世界各国都对自身进行了反思。在改革国内的金融监管体制之时，各国意识到了国内监管不是金融监管的全部，在维持世界各国金融的稳定上，跨境金融监管也起到了关键作用。因此，对于金融监管法治的改革，各国充分考虑了 2008 年金融危机的影响，在法律法规方面重点关注跨境金融监管，改进了之前缺乏规范的跨境金融监管。

（一）美国的跨境金融监管制度改革

2008 年金融危机爆发后，美国在改革上聚焦金融机构监管法制，颁布了大量的金融监管改革经济政策与法律制度，其中，具有代表性的是

《多德-弗兰克法案》。美国不仅提出了自身金融机构在国内金融市场中运营的具体标准，同时，美国政府还对跨国监管上金融机构所呈现的问题给予了重点关注，因为此次金融危机显露出金融风险跨国传递的现象。在美国金融市场的市场准入方面，《多德-弗兰克法案》设置了全新的外国金融机构市场准入标准。同时，与该方面相关的其他法律规范也被重新修订，如1934年《证券交易法》和1978年《国际银行法》等。

《多德-弗兰克法案》要求，对于可能存在风险的国外金融机构，当监管机构决定其准入时，国外金融机构母国的金融风险规避体系和金融监管体系应当被同时考虑和考量。如果母国对金融风险制定了有效的防范机制，境外金融机构将在市场准入方面被美国放宽限制；反之，如果存在境外金融机构可能或容易在美国境内引发风险的情形，则该境外金融机构将可能被美国限制其在美国境内设立分支机构。此外，如果有证据证明已运营的境外金融机构存在明显的金融风险，美国金融监管机构将可能适时叫停该机构。

在金融监管上，《多德-弗兰克法案》对市场准入方面采取了严格的审核方法，同时对美国的政策协调方面也制定了严苛的法律法规。在国家行政权层面，美国总统和被总统授予相关权力的人员，为稳定全球经济和金融的发展，可以利用各种国际政策渠道使其他国家在制定金融机构的政策时保持与美国的相似性。相似性是指政策限制上的，包括但不局限于性质、规模、范围、相互关联、集中度等方面。在监督委员会层面，委员会应同与金融监管相关的国际组织或全球各国金融监管机构充分沟通与商榷金融体系上国际系统性风险防范的问题。在财政部和中央银行层面，财政部的部长和中央银行的美国联邦储备系统主席应当作为对应金融监管机构的代表，与全球各国类似监管机构在利用多边组织等渠道对关联度或杠杆较高的金融机构实施强有力的综合审慎监管方面进行充分沟通，以保证合理有效的审慎监管。

以上法律规范较为明确地提出了美国在此次金融监管法制改革后所体现出来的金融监管政策。可以看出，美国的金融监管范围在制度改革后，监管不再仅仅局限于本国金融机构，而是扩宽到了在美国国内的境外金融机构的分支机构。总而言之，对美国来说，金融监管机构从过去的国内监管法治迈向了国际监管法治。

(二) 欧盟的跨境金融监管制度改革

目前，在法律体制中的金融监管方面，欧盟的例子显得较为特别。虽然欧盟各个成员国的金融监管大不相同，但都遵守着统一的金融监管理念，因为欧盟金融市场一体化的程度较高。由于欧盟国家保持高程度的统一性，在问题发生时，涉及的国家都会通过协作的方式来积极处理已经发生或预防未来可能发生的金融问题。

欧盟的国际金融监管思想早在2008年金融危机前就已经显现。2000年，欧盟发布了《欧洲议会和理事会关于信贷机构设立和经营的第2000/12号指令》，这对欧盟的银行市场而言意义重大。该指令作为指导性、综合性法律文件用于欧盟银行监管。这一指令要求欧盟成员国允许拥有受欧盟认可资质的银行类信贷机构在成员国境内按照相关许可开展业务，该信贷机构的服务既可通过直接跨境来提供，也可由设立的成员国境内分支机构提供。"单一护照制度"是这一规定的简称，即符合要求的信贷机构在欧盟成员国范围内的业务不存在阻碍。该规定保障了欧盟成员国境内信贷业务市场的公平与自由。

在2008年金融危机中，超国家体制下欧盟的金融监管成为了金融监管合作的典型范例——为避免风险扩大及扩散到欧盟区域内更多国家，相关国家通过沟通，在监管上达成一致，把共有资源用于支撑欧盟区域内高风险的相关国家。在此次金融危机爆发后，欧盟金融监管法制改革中最主要的监管协作规范在全新的欧盟微观审慎监管体系的相关条例中得以体现，即《欧洲证券与市场管理局条例》《欧洲保险和职业养老金监管局条例》《欧盟银行监管局条例》。在立法时，这三个条例明确划分了欧盟三大微观监管机构的职责范围，但三大机构并不是割裂开来的，至少在司法角度上它们是相辅相成、互相合作的。

三大机构的协调与合作主要体现在五个方面。

(1) 在监管涉及金融集团且与跨金融业务相关的部分金融机构的过程中，欧盟银行监管局由于无法完全处理而需要另外两大机构予以合作时，可以直接进行协调，无须烦琐的流程。

(2) 三大监管机构在国家监管主管机构之间起到了一般协调作用，利用信息沟通、交换、核准及主动调解等各种方式做到协调处理，尤其是在欧盟金融市场的正常运作可能受到不利因素的危害的情形下。

（3）为确保在欧盟区域内使相应的金融监管程序与方法相统一，欧盟进一步推进了构建欧盟统一监管文化的进程。作为微观金融机构中的最主要机构，三大监管机构是这一进程推进的主力军，其给各国监管主管机关提供了研究分析，促进了监管主管机构间的信息沟通，协助了欧盟统一会计标准和统一监管标准的高水平制定等。

（4）针对欧盟跨境金融监管问题，一条协调和解决的重要途径是欧盟的"联席监管会议"。它是由不同成员国的监管主管机构代表组成的，其优势体现在两个方面：①通过信息交换与沟通实现不同成员国间监管主管机构的信息共享；②监督各个主管机构的任务执行情况。在处理具体的金融监管问题上，联席监管会议这一平台提高了公平性，因为各个成员国既是审查者和监管者，又是被审查者和被监管者。当三大监管机构认为联席监管会议的决策有错误或无助于监管目标的实现时，有请求联席监管会议再次斟酌的权利。同时，三大监管机构可以推广联席监管会议所决定的监管手段与方式。

（5）在监管协调上，三大金融监管机构除了对问题进行协调处理以外，还合作实施对监管主管机关、监管行为的审查。监管协调已经迈入了跨监管机关的范畴，而不是单纯对问题进行处置的机构数量的增加。因此，就成员国监管主管机构自身而言，也需要被监管。这种"对监管者的监管"彰显了欧盟层面上微观金融监管三大机构的重要价值，通过监管者的信息沟通与交流，在互动中使得欧盟成员国的金融监管机关的公平性和有效性得到了提升，有利于欧盟监管机构比较与评估不同成员国的主管机关；同时，在监管行为规范、监管资源配置、监管责任担当、监管法律适用等方面实施进一步审查并发布相关指导意见，不仅使欧盟的监管水平得到提升，还提供了金融监管的典范。

在大多数经济和政治问题上，集经济实体和政治实体于一身的欧盟有着高度的一体化，这是其他国家所不能企及的。但是，高度一体化的监管对金融市场来说是一把双刃剑，在带来正面效应的同时，也带来了负面效应。一方面，高度一体化的金融监管有助于欧盟成员国出现的问题在体系全体之力下得到及时解决，而且体系内的集体决策也保障了危机救市。另一方面，由于欧盟成员国的经济联系非常密切，金融风险在欧盟成员国间传递的可能性和速度要高于其他国家，同时，由于成员国均涵盖了两层规制——欧盟层面和国内层面，因而制度的建立与执行效率较低，且两层规制发生法律冲突时的解决方案也有待商榷。

二、宏观审慎监管的理念

在全球范围内直接监管各国的金融机构并不是国际金融监管的实质，国际金融监管的实质是对各国的监管机构进行监管，也就是监管各国的金融监管政策与法律。因此，在探讨国际金融监管时，问题的核心在于如何利用国际金融监管法制使全球各国真正接受并遵循这一理念。

国际金融监管的范围非常广，不仅包括全球各国的保险业、证券业、银行业等各类金融领域，还包括各个国家之间在这些金融领域的相互往来。在全球金融市场中，对众多的金融机构进行规范只是国际金融监管法制的一小部分，而最主要的是利用宏观性国际法律来制约各国，从而规范整个国际金融市场。其中，宏观审慎监管的理念在二十国集团及其下属的金融稳定理事会的实践证明下，其在国际金融监管理念的核心地位得到确立，成为国际金融监管理念中最受人瞩目的理念。

（一）二十国集团与其下辖的金融稳定理事会

由美国、日本、法国、英国、德国、加拿大和意大利七国的国家元首或政府首脑组成的西方七国首脑会议（简称"G7"）成立于1975年。在全球化背景下，G7提供了共同磋商重大问题的平台，对促进大国协作和全球治理有着重要作用，同时也有助于维护西方发达国家的利益。20世纪90年代，连续在墨西哥和亚洲爆发的金融危机让各个国家认识到金融市场对全球经济的稳定器作用。这为G7敲响了金融监管的警钟，政府当局及国际监管组织也于1999年组织了金融稳定论坛（Financial Stability Forum），就影响全球金融稳定的问题进行评估，继而研究与监察应该采取的行动。可惜由于存在松散的内部结构、薄弱的制度以及成员国代表性不足等问题，金融稳定论坛一直未能在全球金融监管甚至全球整个金融市场中发挥很好的效果。

基于此背景，2008年11月，由二十国集团（简称"G20"）领导人组成的峰会在华盛顿召开了；会上宣布就国际金融体系进行全面改革，金融稳定论坛也转变为金融稳定理事会。因为它在原有金融稳定论坛的职责方面进行了全面的继承与发展，所以能在更强有力的制度基础上维护金融市场的稳定。这也象征着G20逐步取代了原G7在国际金融监管层面的作用，成为国际金融稳定新崛起的核心力量。

G20 最初于 1999 年 6 月由七国集团（美国、日本、法国、英国、德国、加拿大、意大利）财长会议在德国科隆倡议成立，并于 1999 年 9 月 25 日由八国集团（美国、日本、法国、英国、德国、加拿大、意大利和俄罗斯）财长会议在美国华盛顿宣布成立。1999 年 12 月 15 日，首届 G20 财长和央行行长会议在德国柏林举行。作为在布雷顿森林体系框架中的非正式对话机制之一，它涵盖了原八国集团及其余十二个重要经济体。该组织的宗旨是通过推动发达国家和新兴市场国家之间关于经济市场中的实质问题的开放讨论及建设性的研究来寻求国家间的合作，从而促进国际金融的稳定和经济的持续增长。国际金融稳定受到金融危机的影响，成了国际金融发展中的重要目标；同时，发展中国家在国际金融领域也发挥着越来越重要的作用。因此，作为维护全球金融稳定的重要主体，G20 由于具有金融稳定理事会等的制度优势，有着比 G7 涵盖面更广、代表性更强的成员国——既包括发达国家成员，又不乏有些发展中国家的身影，逐步成为全球经济合作的核心力量。

虽然 G20 仅具有"软法"性质的国际法制度规范的制定权限，但是从以往的实践可以发现，G20 通过对不合作的国家和地区实施有效的反制措施，实现了对整个国际社会在不可以实行正式强制的情况下的国际金融监管法律制度的落实。这使得 G20 制定的标准逐渐成为统一的国际金融监管的最低标准。G20 于 2011 年 11 月在法国戛纳召开了峰会并发表了《二十国集团戛纳峰会声明》。该声明提出加快推进国际金融领域改革的建议，其中包括提高银行应对金融和经济危机的灵活性、外部信用评级机构改革、场外衍生品交易改革、金融法规与监管、薪酬措施改革、解决"大而不倒"的问题思路、宏观审慎政策、金融规则改革、消费者保护等具体的金融监管改革内容。这次峰会的重要议题均基于金融危机所构建的全新监管法制框架，这也更加凸显了 G20 具备针对性应对金融危机的制度优势。

G20 下辖的金融稳定理事会相比于原 G7 下辖的金融稳定论坛更重要的制度优势是拥有可明确基本运作规则的章程。章程指出，金融稳定理事会的目标包括：从国际层面协调各国金融监管主管机构，制定并促进金融监管和其他政策的有效实施，此外，还会协助国际金融机构处理金融问题，以维护全球金融稳定。金融稳定理事会的章程还就组织的职能、组织结构、运作方式、监管内容等各个方面做出了明确规制。金融稳定理事会最主要的职能可以概括为以下方面：①通过监管全球金融市场的系统风险来辨别与评估可能产生的金融风险；②通过促进各国之间、各国与国际金融机构之间关于金融信息与金融制度的相互交流与联系来加强国际金融的合作；③通过对国际金融监管机构制定的标准及政策进行审查来确保国际金融监管制度的有效运作。这三大功能是国际金融体系抵御风险的屏障，在维护国际金融安全中起到了至关重要的作用。另外，金融稳定理事会还需要指导召开监管联席会议，建立与国际货币基金组织的联合预警演习机制等。

金融稳定理事会的组织结构仅设置了全体会议和指导委员会两个部分。全体会议一般是讨论组织的重要问题，主要包括对业务开展方式的决定、工作方案的批准、报告及建议的采纳、成员的决定、主席的任命及章程的修订等。指导委员会则是在全体会议闭会期间进行业务上的指导。从金融稳定理事会的制度构建上来看，为强化各国对国际金融监管标准的遵守和实施，G20 引入"以身作则"和同行审查的新机制。该机制是指各金融稳定理事会成员做出遵守并实行相关国际金融监管标准的承诺，同时，定期接受其他成员国针对它遵守和实施情况的评估。这既可以让成员国的金融监管机构获得同行针对它实施标准与政策的有效性的反馈，也可以鼓励更多的非成员国自觉接受类似的评估，从而促进国际金融监管标准在全球范围内的推行。这些审查不仅按照金融问题，如风险披露、薪酬制度、存款保险制度等进行分类，还按照国别进行国家金融监管标准审查，包括意大利、西班牙、瑞士、加拿大、墨西哥和澳大利亚等国。

在金融监管的内容上，可以发现 G20 下辖的金融稳定理事会还对全球的银行业进行监管标准协议的审查，这就代表着 G20 还负责批准巴塞尔资本协议的颁布和实施，也就是说，G20 是巴塞尔资本协议本质意义上的审查机构。2010 年 11 月，G20 便在首尔峰会上批准了《巴塞尔协议Ⅲ》按分段实施的方式进行推进。同年次月，巴塞尔委员会颁布了该协议。

综上所述，在 2008 年金融危机影响全球经济的背景下，G20 通过金融稳定理事会这一国际金融监管协调的重要机制，协调各国调整原有的国际金融监管体系。在吸纳更多的发展中国家的金融监管力量后，G20 行使了协调国际金融监管的职能，对国际金融监管做了很多法制构建的工作；同时，就金融危机中的重要问题，金融稳定理事会还专门形成相关的法律监管意见与建议，这使得 G20 在各金融问题的处置中都有着较高的影响，并全面取代原有的金融稳定论坛的全部职能。

(二) G20 宣言及其国际"软法"性质

机制的设立是否可以有效地监管跨国金融机构,这是解决经济危机直接面临的问题。二十国集团通过大规模的财政、货币政策,为全球经济注入新动力,同时也担任着金融监管合作的重要角色。为了通过增加信息的透明度与有效监管金融环境来缓解国际金融的波动性和压力,G20 设立了一个最核心的机制——金融稳定理事会,受到了各国的认可和接纳,所有 G20 成员、西班牙和欧洲委员会都参与其中。

G20 的设立旨在促进发达经济体与新兴经济体之间的沟通与合作,特别是就实质性问题进行意见交换,从而稳定全球的经济发展,是全球最核心的经济合作平台。G20 的执行基础比较广泛,成员国的 GDP 已达到全球的 85%,商贸交易额超过 80%,为世界金融稳定发展做出了重要贡献。G20 成立以来,其一年一度的会议都备受瞩目,对世界经济的发展有着很大的指引作用。2008 年 11 月,G20 华盛顿峰会举行,各成员国对于如何缓解全球金融危机带来的压力和危机后的经济复苏达成共识。2009 年 4 月和 9 月,G20 伦敦峰会和匹兹堡峰会依次顺利举行,各国就推动金融危机后的经济发展回暖、改革国际金融机构、如何严格有效进行金融监管等达成了一致意见。2010 年 6 月和 11 月,G20 分别在加拿大多伦多和韩国首尔举办峰会,会议上对缓解金融市场压力、维持经济稳定发展的宏观调控达成了一致意见,比如,执行反映经济基本面的市场导向汇率政策,避免采取竞争性贬值措施等。在 2013 年圣彼得堡峰会上,G20 把"促进经济增长,创造就业岗位"确定为讨论的关键点,就稳定金融市场和推动经济回暖发展、就业和投资、发展、贸易等核心问题交换了意见。

从各次 G20 峰会宣言的实质性内容来看,主要是围绕增进各国互相合作以应对经济危机等发达国家共同关注的问题进行展开讨论,但是缺乏对发展中国家的针对性讨论,导致方针执行效率低下,或许发达国家可以从中获得实质性的益处,但峰会的关注点对大多数的发展中国家而言有点形式主义,对现实指导不足。比如,2010 年通过的《首尔宣言》,其主要关注点无非是提示了经济复苏所面临的不确定性,以及世界各国面临的经济复苏挑战不同所导致的政策背离问题,强调了各国应该设法对政策的一致性达成共识,从而使发达国家可以从金融危机的困境中恢复过来,从字面意思上看，都是以发达国家的经济复苏为主。

《首尔宣言》的内容在很大程度上没有得到有效落实，有人说，这或许与其性质相关。G20宣言缺乏法律的强制约束力，属于"国际软法"，成员国无须承担违反宣言所带来的任何责任。但最关键的是，各国达成一致共识即为G20的主要目标，背后也没有承诺强制力来执行，只能依靠国与国之间的互相监督，所以G20宣言执行不力，应该归咎于成员国之间监督的无效性，而不该将原因归结为法律性质。值得一提的是，即使G20宣言缺乏法律强制力的约束，但形成共识的过程推动了G20机制的演进。即使宣言的执行力依靠的是道德约束和监督，成员国不必承担违反宣言产生的后果，但同时我们也要关注"软法的硬效果"。

现在，各国政治环境的不同约束了全球治理的效果，国家层面的得失已经很难去衡量国际合作方的利益增减，宣言对各国利益的增减变动是此消彼长的关系，一方得益就必有另一方受损。利益背道而驰就会驱动国内立法部门对国际合作协议的批准做出对自己有利的举动。而G20宣言并不旨在制定出具有法律约束力的条例，而只是一个各国就某一关键问题在意识上达成一致的政治协议，从而在变化的金融环境中继续形成新一轮共识文件。这种与时俱进的灵活性使得G20机制更能适应国际体系转型期的全球治理需求。比如，G20机制的灵活性在反恐融资领域给反恐的有效性打下了坚实的基础。

G20宣言的"软法"执行有效力取决于以下三个层面。

其一，高度的灵活性。不仅体现在"立法"，还体现在对规范的补充、修改和完善。

其二，强制约束力是法律背后的保证，当强制约束力行不通时，"软法"能够成为其重要的补充，推动宣言的推出。

其三，在经济合作上，成员国之间都希望用"软法"去执行，因为国际法很难达到统一，不能对跨国经济事项面面俱到。而"软法"的执行力在于蕴含了设定主体真正想法的内容以及制定背景。相比之下，"硬法"的执行力来自惩罚机制，对违反条例的国家进行惩罚，但惩罚用在国际经济合作层面上并不合适。根据互惠互利的角度来思考，经济合作的各方都倾向于应用"软法"，使得"软法"的应用越来越广泛。

"软法"给予参与方很高的灵活性，参与方如果评估条约后认为对自己不利，可以不去执行，没有法律的强制约束，从而能使自己的利益最大化。当意见出现分歧时,"软法"还可以充当"润滑剂"的角色,通过协商为个人和集体提供策略。除此之外,各国的行为规则和意图可以通过"软法"来交换意见。所以,在后危机时代中,从规范治理层面而言,治理时代就是"软法"时代。治理模式之所以是新模式,是因为意识的统一不仅需要具有法律强制力的"硬法","软法"也是其中的重要一环。G20机制也有弊端。G20宣言应该仍然保持其"软法"性质,而非通过签订条约的方式转化为"硬法"。

其一,该体系过度依赖跨国网络组织而非正式国际组织或以条约为基础的机制,降低了金融监管和合作的有效性,对处理经济危机更是缺少效力。虽然在会计、证券、资本充足性等问题上不乏国际合作规则和标准,但在跨国金融机构监管和系统风险监管上仍然存在很大问题。G20创设的金融稳定理事会和巴塞尔委员会等跨国政府网络的监管形式是被动的,定期的会议或论坛共同商讨规则与标准,用以各成员国执行,也只是消极地等待各国对规则的意识统一并执行。

其二,跨国网络大多缺乏秘书机构,以及合理的资本留存、科技专利,金融监管的角色更是风马牛不相及,危机管理实际上完全是由G20这一类国家间合作组织执行。但G20擅长"补锅",而不是"预防",G20并没有扮演审慎监管者及系统风险预警者的角色。

在国际法层面,走法律流程制定是正式与非正式国际机制的最大不同,正式国际机制即通过有法律约束力的承诺来形成共识,而没有法律约束力的即是非正式国际机制。G20原来只是世界主要经济大国解决国际金融危机的论坛性、临时性及应急性机制,但2009年的匹兹堡峰会正式拉开了G20机制化建设序幕,向全球经济治理长效机制的转型进程也已在2010年的首尔峰会开启。

在秘书处建设方面,G20轮值主席国每年都会设立"临时秘书处",并吸收前任主席国和后任主席国成员,组成"三驾马车"。外界认为,这种机制没有推动峰会的筹备及成果的落实,而常设秘书处或许是另一个选择,但这并不符合G20的非正式性本质,特别是在机制敲定的伊始更是不太实用。G20非正式特色不再受限于传统国际组织的官僚制,"临时秘书处"能够很好地协调秘书处与主办国的关系。此外,作为布雷顿森林体系内的非正式机制,G20可以通过增强与IMF等正式国际组织的互动,实现"正式机制+非正式机制"的机制复合体,从而改善无常设秘书处之弊端。

(三) 金融稳定理事会关于系统重要性金融机构问题的规制框架

2008年金融危机后,人们越来越重视系统重要性金融机构(Systemically Important Financial Institutions, SIFIs)的监管问题。经过长时间的研究和讨论,金融稳定理事会发现了一些重要的金融监管问题:降低系统重要性金融机构金融风险,处理与其相关的金融危机问题。因为金融市场存在全球化和金融风险的跨境传递性特征,金融机构不仅仅在国内出现,所以在金融监管法律制度改革中,一些跨境的系统重要性金融机构理应受到更大程度的重视。全球系统重要性金融机构(Global Systemically Important Financial Institutions, G-SIFIs)指的就是这些跨境系统重要性金融机构,它们的存在对全球金融市场而言有着不可言喻的重要意义。这些跨境系统重要性金融机构为国际金融市场防范金融危机、抵御金融风险指明了重要监管方向。在国际金融监管法律体系中,金融稳定理事会担任系统重要性金融机构的规制者这一重要角色,人们对系统重要性金融机构的监管法制提出了改革的思路,正是来源于这次金融危机的教训。

金融稳定理事会在2010年10月发布了题为《降低系统重要性金融机构道德风险:建议与时间表》的报告,系统重要性金融机构被定义为"由于规模、复杂度与系统相关度,其无序破产将对更广范围内金融体系与经济活动造成严重干扰"的金融机构。2010年11月,金融稳定理事会对系统重要性金融机构的监管做了较为详尽的规范化设计,发布了名为《系统重要性金融机构监管强度和有效性》的国际法律性文件。正是通过这一文件,金融稳定理事会才得以巩固其对于系统重要性金融机构监管的核心地位,同时也为此类金融监管提供了范例。

1. 系统重要性金融机构危机处置

在金融危机背景下,系统重要性金融机构在抵御风险方面承担较重的责任。系统重要性金融机构是一国重要的金融市场支持力量,如果它发生问题,将会产生十分严重的不良效应。正是因为这个原因,与普通金融机构相比,系统重要性金融机构在危机中问题处置的地位要重要得多。对系统重要性金融机构特别规制的法律规范,在此前的国际社会并不存在。金融稳定理事会吸取了2008年金融危机的教训,认为全球各国应当建立起相应的危机处置框架。这一框架的前提是保证普通金融消费者权益不受侵害和不随便使用影响纳税人利益的国家援助。在此基础上，利用危机处置框架，合理处理金融危机下系统重要性金融机构所产生的金融监管方面的问题。

这一框架安排有三个方面：①有效的处置制度与工具。借助这一有效制度与工具，金融危机的处置才能够得以达成。②跨境金融监管协调机制的构建。在危机背景下，必要的跨境金融监管机制应当在处理跨境金融风险问题时受到高度关注，这有助于防止金融危机的继续传递。③持续的恢复和处置计划。应当在考虑危机后的金融市场稳定性重构问题的基础上解决危机所带来的不利影响，因此，持续的金融市场恢复问题也应在系统重要性金融机构的危机处置中处于重要位置。这三个方面互为彼此的补充。

2010 年 8 月，金融稳定理事会提出了处置问题金融机构的 24 条原则，体现了此前金融稳定理事会所提出的三个互为补充的系统重要性金融机构的危机处理要素，建立了有效的制度与工具手段，规范了跨境监管协调与合作，为各国在金融危机背景下处置各类金融监管具体问题提供了指导。值得一提的是，它提供了较为系统性的法律原则来处理系统重要性金融机构的问题。

2. 加强金融市场的制度和基础设施建设

由于此前缺乏有效的市场制度建设工作，系统重要性金融机构缺乏制度规范，制度缺失的市场容易受金融危机的侵蚀，并导致更多的不利影响。因此，必须提升对金融市场制度建设的有效性，以强有力的制度作为保障金融市场稳定的基础来解决这一问题。

在金融市场基础设施建设方面，除了以强有力的制度作为保障，国际支付清算委员会和国际证监会组织都做出了许多努力，完善国际金融市场的核心基础设施（包括支付系统、清算系统、证券交易系统和结算系统等），弱化系统重要性金融机构之间的关联性。产生系统重要性金融机构的全球关联性风险的可能性得以降低，也是由于制度建设得以深化，金融市场的基础设施得以完善。作为重要的风险传递因子的系统重要性金融机构，在规范化的制度与完善的金融市场基础设施建设基础下，当金融危机产生时，对金融风险有着较强的抵御和化解能力，为防范金融危机扩大化提供了保障。

3. 强化对系统重要性金融机构的监管强度

金融稳定理事会认为,在金融危机产生时,体量较大、角色地位较为重要的系统重要性金融机构往往受损最为严重。针对这一问题,在法制改革时,金融稳定理事会认为首要任务是让系统重要性金融机构减少损害,而归根结底,强化对这些金融机构的监管强度是达成这一目标的最主要手段。

对系统重要性金融机构直接干预的重要权力之所以被削弱,就是因为各国的监管机构没有获得充分的授权、监管独立和监管资源,所以,系统重要性金融机构的监管有效性也就受到了限制。因此,金融稳定理事会对这一问题着重从以下方面思考监管法制改革的途径,包括强化监管强度、提升监管有效性、提高监管的独立性、监管资源掌控、持续监管、监管技术和国际监管协调合作等方面。由此,监管强度得以强化,监管水准也相应得到了提高,监管有效性自然而然也就得到了深化。相应地,在受到金融危机影响时,系统重要性金融机构风险抵御能力因受到监管而变得稳定,从而减小了危机中的损失。

此外,2011年,金融稳定理事会也颁布了一系列与系统重要性金融机构监管相关的法律规范性文件,如《全球系统重要性银行的评估方法及对其损失吸收能力的特别要求》《金融机构有效处置框架的关键属性》等,来应对全球系统重要性银行引发的负外部性问题。同时,通过规范和协调银行的全球恢复与处置框架,减轻全球系统重要性银行因经营失败而对外部产生的消极影响。

各国对于全球系统重要性金融机构根据相关法制改革的监管政策和危机管理措施、恢复计划等规制,还应当接受金融稳定理事会所组建的专门理事会——同行评估理事会之审议。这一机制也从侧面保障了对系统重要性金融机构监管的客观性、专业性和公正性,因为根据审议结果,金融稳定理事会可以对某家全球系统重要性金融机构的监管政策和监管问题提出建议,通过这一机制可以进一步提升监管的水准。

在金融危机背景下,全球系统重要性金融机构(G-SIFIs)对稳定全球金融市场秩序有着重要的作用,国际金融市场的稳定对防止危机传递有着重要的意义。通过对全球系统重要性金融机构的有效规制,金融稳定理事会代表二十国集团,对可能发生的国际层面的金融危机形成了有效的防护屏障。

第二节　国际金融监管协调的形式

根据不同的监管协调与合作模式，金融监管的国际协调可以分为以下主要形式：一是区域协调与合作机制，由双边或多边的金融监管合作所构成；二是超国家协调与合作机制，通过超国家的金融管控机构对下辖的成员国进行金融监管协调合作；三是国际组织协调与合作机制，通过国际组织（包括综合性国际组织中的金融规制部门和专门性国际金融组织）协调相关国家进行合作。除此之外，结合国际金融监管的现状来看，在这三种主要协调和合作机制以外，还存在依据其他方法作为分类划分的监管协调与合作机制，如监管联席会议机制等。

一、区域协调与合作机制

在区域协调与合作机制下，相关的金融监管协调合作主要依靠双边或多边协议来完成。本国无论是在双边还是多边协议中，在金融监管操作层面都应对其他协议签署方配合与尊重；除此之外，其他协议签署方在跨境金融监管行为中也应全力配合完成本国的金融监管。

（一）双边途径

对双边的区域协调与合作机制而言，两国之间的法律合作是指在互惠原则下，两国在司法、执法阶段达成一定的合作意向以协调双方的合作。但实质上，虽然金融监管方面问题的处理可以通过合作解决，但实际上，目前金融监管的合作主要体现在符合双方制度规范条件下的监管机构之间的合作，因为国内的金融监管制度本身很难通过合作进行协调。在双边协议的沟通与协调下，再加上东道国在金融监管方面给予高度配合，跨境金融监管可以起到事半功倍的效果。

案例4-1：美国跨境证券监管协调的双边途径

双边途径在美国跨境证券监管的协调中占有很重要的一个席位。美国之所以在国际证券领域能够长期处于"监管输出"状态，正是依赖其庞大的国内资本市场、发达的证券法律制度和成熟的行政执法经验。美国证券交易委员会（SEC）下设的国际事务办公室（Office of International Affairs，

OIA）是专门从事跨境证券监管合作的机构。OIA 大力推广各种非正式合作安排和无约束力框架协议，因为通过 OIA，SEC 与其他国家监管部门就跨境执行证券法规和制定共同实体政策进行协调及合作。

1. 谅解备忘录

谅解备忘录是 SEC 跨境证券监管合作的主要形式。OIA 促成签署了大量谅解备忘录，以便利执法合作，因为作为执法合作的联络机构，OIA 负责协助 SEC 执法部门工作人员，对位于国外的违法者、证人、证据或欺诈所得开展调查和提起诉讼，同时也负责协助外国监管机构对位于美国的违法者、证人、证据或欺诈所得进行调查和提起诉讼。这些谅解备忘录的具体内容不一而足，大多涉及增强签署方执法权力及指明跨境执法联络点。总体而言，这些框架协议加强了合作，促进了信息共享、对其他监管体系的了解以及监管机构之间的信任。严格来说，谅解备忘录的有效性取决于监管机构希望与国外同行保持良好关系这一假定前提，并不具有强制执行力。然而，大多数监管机构为了自身的利益，在促进跨境执法方面通常都会遵守协议条款。

2. 监管对话

OIA 可以通过"监管对话"的重要方式参加各种形式的国际论坛、会议和对话，以促进信息共享和普及自身监管政策。OIA 会与重要的参会方通过定期举办双边会议的方式，讨论和敲定共同关注的监管问题，双方尽量调和标准，以促进跨境证券执法信息交换方面的合作。OIA "监管对话"的内容和性质会随着对话对象的不同而改变。譬如，OIA 会与欧洲监管当局主要讨论会计准则趋同问题以及和亚洲国家讨论强调监督与执法问题。很大程度上，OIA 的"监管对话"往往会促使各国监管机构之间展开会谈或在多边层面考虑合作新的项目。

3. 技术援助项目

SEC 通过技术援助项目实现监管合作和"监管输出"，援助项目的基础是一个为期两周的关于证券市场发展和监督的管理层培训项目，其名为"证券市场发展国际学院"。援助项目的内容主要由 SEC 官员开展和讲授，主要关于该机构采用的基本原则和方法。学员们可以通过参与为期一周的"证券执法与市场监管学院"课程，了解到 OIA 在其调查证券违法行为时所采用的技术手段和监管市场参与者的具体方法。另外，为了帮助相关国家改善其证券监管体系和符合国际监管标准，OIA 组织了关于新兴市场的区域性微型培训并调派了相关人员。

［案例来源：Chiris Brummer,"Post-American securities regulation,"California Law Review, no.2 (2010): 327.］

（二）多边途径

金融监管于多边协调和合作机制而言，在本质上更像一种利益集合体。当有关协议签署方一起让渡一定的本国金融监督执行权时，区域监管利益集合体的监督权就可以发挥其解决区域内的跨境金融监管问题的作用。多边协调和合作机制下的金融监管成效通常优于两国通过双边协议形成的监管协调机制，因为区域性较明显的国家受金融风险传递的影响更大，较容易形成一个严重的区域性金融危机。譬如 1997 年亚洲金融危机传递到东南亚时，东南亚绝大部分国家受到重创，甚至金融风险还传递到了周边相邻国家、地区。一国与相邻各国一一签署监管协调合作协议有两大弊端：①在解决跨境金融监管问题时流程较为冗长、效率低下，需逐一应对；②依靠双边合作机制处理区域性金融危机的监管问题较为困难。因此，各国在建立金融监管境外协调和合作机制时，应当考虑区域内多边协调与合作机制。

案例 4-2：地区性银行监管组织

多数地区性组织虽然成立历史不悠久，缺乏固定的秘书办事处，往往由其主席所属国的银行监督当局代行秘书职能，但其在银行监管国际协调与合作中发挥着正向影响。主要的地区性组织如下。

（1）太平洋国家金融监管者协会。2002 年，密克罗尼西亚、斐济、巴布亚新几内亚、马绍尔群岛共和国、萨摩亚群岛、所罗门群岛、汤加和瓦努阿图 8 个太平洋地区国家的监管当局提议成立太平洋国家金融监管者协会，由其国家中央银行和财政部共同签署成立协议。2003 年，库克群岛和帕劳群岛加入太平洋国家金融监管者协会，澳大利亚、新西兰和夏威夷担任协会观察员。太平洋国家金融监管者协会起到了促进成员国监督者信息交流的枢纽作用和对地区内金融机构的监督作用，推动金融稳定指数编制以及相关研讨会的开展。

（2）美洲银行监管者协会。为了促进成员国银行监管者的信息交流和协调，该协会致力于在成员国内推广并执行国际监管政策、程序、计划。

（3）欧洲中央银行系统的银行监管委员会。立陶宛、比利时、捷克、爱尔兰、塞浦路斯、丹麦、德国、葡萄牙、爱沙尼亚、希腊、英国、西班牙、法国、意大利、拉脱维亚、芬兰、卢森堡、马耳他、匈牙利、荷兰、奥地利、波兰、斯洛文尼亚、瑞典24国于1998年组建了欧洲中央银行系统的银行监管委员会（Banking Supervision Committee，BSC），其中，保加利亚和罗马尼亚担任观察员。委员会的主要作用是在欧洲中央银行系统以及欧洲中央银行的指导下完成关于金融稳定和审慎监管方面的工作。一直以来，BSC专注于研究和推进银行监管当局和各国央行的合作。此外，欧洲银行监管者委员会、欧洲保险和职业年金监管者委员会、欧洲债券监管者委员会与BSC也开展了多维度的合作。

（4）加勒比集团银行监管者。1983年，加勒比集团银行监管者在加勒比共同体国家中央银行行长的建议下设立，其主要职责是在英语系的加勒比国家监管当局中推广实施国际监管做法。随后，非加勒比共同体国家也纷纷加入加勒比集团银行监管者，成为其成员国。当前，组织成员包括13个国家和地区：牙买加、荷兰东印度群岛、苏里南、特立尼达和多巴哥、凯科斯群岛、英属维尔京群岛、开曼群岛、圭亚那、海地、阿鲁巴岛、巴哈马群岛、巴巴多斯岛、伯利兹，以及1个货币管理组织：东加勒比中央银行（包括8个东加勒比国家）。

（5）西非和中非银行监管者委员会。布隆迪、刚果、佛得角、加纳、几内亚、赞比亚、尼日利亚、塞拉利昂、苏丹和卢旺达于1994年组建西非和中非银行监管者委员会。该委员会开展银行监管论坛，促进成员国交流合作，协助各国制定处理监管问题的最低标准，给予银行监管者专业培训，并和巴塞尔委员会保持密切合作的伙伴关系。

（6）法语国家银行监管者集团。阿尔及利亚、中非货币联盟的银行委员会、西非货币联盟的银行委员会、比利时、布隆迪、加拿大、科摩罗、刚果、吉布提、法国、几内亚、海地、黎巴嫩、卢森堡、马达加斯加、摩洛哥、毛里塔尼亚、罗马尼亚、卢旺达、瑞士、突尼斯21个国家和组织于2004年组建了法语国家银行监管者集团。其会议每年定期在巴黎和摩洛哥举办，讨论巴塞尔委员会发布的文件以及成员国面临共同挑战的解决办法，增加法语系成员国的信息沟通以及与其他地区性监管组织的协作。

（7）伊斯兰金融服务理事会。该理事会组建于2002年11月3日，办公总部设置在吉隆坡，2003年3月10日正式运作。其主要职能是指导伊斯兰国家的银行、保险公司以及资本市场等金融机构监管准则的制定,以及普及当前国际准则中符合伊斯兰教法的内容。实际上,该理事会发挥着巴塞尔委员会、国际证券监管组织、国际保险监管官协会的补充辅助作用。

(8) 离岸银行监管者集团。该集团作为离岸金融中心协会,1980年在巴塞尔委员会的推动下组建,当前有19个成员国(和地区),包括怀特岛、泽西岛、纳闽岛、中国澳门、毛里求斯、直布罗陀、格恩西、新加坡、瓦努阿图、阿鲁巴岛、巴哈马、巴林群岛、巴巴多斯岛、百慕大群岛、开曼群岛、塞浦路斯、中国香港等。其主要职责是协调增加成员国的信息交流,辅助反洗钱和反恐融资,实施推广跨境银行监管的国际标准,普及集团制定的最优经营策略。

(9) 外高加索、中亚和俄罗斯联邦银行监管地区性集团。该集团成员有9个,包括吉尔吉斯斯坦、俄罗斯联邦、塔吉克斯坦、土库曼斯坦、乌兹别克斯坦、亚美尼亚、阿塞拜疆、乔治亚、哈萨克斯坦。集团的主要职能是依据巴塞尔委员会的银行监管准则制定规范集团成员国的监管政策,研究制定早期预警防范系统以及增强集团成员国银行监管当局的信息互换合作。

(10) 南非发展共同体的银行监管者分会。博茨瓦纳、刚果、莱索托、马达加斯加、马拉维、毛里求斯、莫桑比克、纳米比亚、南非、斯威士兰、坦桑尼亚、赞比亚、津巴布韦13个成员国组建了该分会,其主要职能是推动南非发展共同体成员国制定有效的银行监管机制和策略,增强银行风险的识别、度量和管理解决,协调完善成员国银行监管政策、程序、原则等。

(案例来源:作者根据相关资料整理。)

二、超国家协调与合作机制

当前,欧盟是唯一一个达成超国家协调与合作机制的组织。在超国家协调与合作机制下,超国家机构拥有更上层的金融监管权,该监管权源于各成员国在各自金融监管权中让渡的部分,更重要的是让渡的权力集中到超国家机构后要强于超国家组织各自成员国的金融监管权。

尽管丧失了部分金融监管权,但超国家协调与合作机制下的成员国所获得的金融监管收益仍然高于区域协调合作机制下的成员国。这些金融监管收益主要包括:超国家机构能够有效整合成员国让渡的部分金融监管权并制定专门有效的金融监管法律,全方位地对所有成员国的金融市场进行监管,这有利于减少成员国独自的金融监管成本;单独的成员国各自的监管制度不具有像超国家机构在金融监管方面给予综合性管理意见和提供专业的金融监管纠纷解决模式的优势;超国家协调与合作机制能够通过立法解决成员国不愿配合监管或区域性协调合作机制下部分境外金融监管缺失的问题。在超国家机构监控下,所有成员国都受法律约束。所以,超国家机制是最容易达成金融监管的跨境协调与合作并实现金融监管效益最大化的模式。

案例4-3:欧洲金融监管体系

2008年经济危机爆发席卷全球后,为了吸取教训,欧盟各国当时金融体系各自为战的格局即将被打破,欧洲的金融监管体系迎来了新的转折点,取而代之的是欧盟从宏观和微观两个层面统筹兼顾的监管机制——"一会三局"欧洲金融监管体系。在宏观层面上,设立一个名为"欧洲系统风险委员会"的新机构,事前建立一套完整的预警体系,在全局上时刻监管欧盟的系统性风险,从而能及时预警并在必要情况下做出回应;同时,在全局上控制欧盟信贷水平,防止泡沫出现。在微观层面上,成立了欧洲银行业监管局、欧洲保险与职业年金监管局和欧洲证券与市场监管局这三个欧洲监管局(ESA),负责对欧洲银行业、保险业和证券业进行区别化监管,确保成员国执行统一的监管规则,并加强对跨国金融机构的监管。

在新的监管体系下,ESA拥有了实质性的监管权力。当监管团内部意见产生分歧时,并且调节无效的情况下,ESA可以实施有法律约束力的措施,比如,在紧急状态下可临时禁止或限制某项金融交易活动等。即使是不具有法律约束力的ESA指南和建议,成员国监管主管机关如果不予遵守也必须说明理由。由此看来,比起以前的监管体系,欧盟层面金融监管机构的地位大大提升,并拥有了一定的超国家权力。

除此之外,欧债危机中主权债务与银行业风险的螺旋升级导致救市举措一而再再而三,成员国却在深渊中一陷再陷,这让欧洲创巨痛深。为此,欧洲最终决定成立银行业联盟(Banking Union),以超国家层面的金融政策来化解风险。根据2014年欧洲议会换届选举前通过的一系列法案，欧洲银行业联盟核心框架由"三大支柱"组成：单一监管机制（SSM）、单一处置机制（SRM）和共同存款保险机制（DGS）。单一监管机制的启动，将利于监管者从欧洲整体利益出发履行各项职能，有利于扭转欧元区金融领域因利益不同而导致的相对分裂的局面，从而维护欧洲市场的金融稳定。单一处置机制作为单一监管机制的必要补充，能够避免各国政府在救助银行时遭遇筹资成本上升的风险，因为单一处置机制更多的是处置银行而不是救助银行。因此，私人部门而非纳税人将承担成本，而主权国家剩下的财政负担，将会通过联邦财政机制来约束。

欧盟内部金融行业的统一监管是必然趋势。在欧盟内各经济不断融合的背景下，各国间金融市场的联系更是不断加深，尤其在一国金融市场出现危机之时且需要其他国家提供援助的情况下，统一金融监管的必要性就不断凸显。无论是欧洲金融监管体系，还是银行业联盟，均凸显了欧盟层面监管体系向着"集中化"改革的转变。这里的"集中化"有两层含义。首先，在新的监管框架下，若干直接监管职责从成员国转移到欧盟层面（例如，在欧洲金融监管体系中，ESMA有权直接监管信贷评级机构和交易数据存管机构；在单一监管机制中，ECB有权直接对信贷机构进行审慎监管）。其次，在危机后的欧盟金融服务体系中，欧盟实体如ESA承担了协调欧盟范围内金融监管的重要职责。无论就哪种意义而言，通过创设由成员国监管主管机关共同参与的联合决策机制，欧盟金融监管体系和银行业联盟在很大程度上实现了跨境监管合作与协调过程的"内化"，强化了相关监管规则和程序的正当性和有效性。

（案例来源：作者根据相关资料整理。）

三、国际组织协调与合作机制

协调行动是稳定全球经济的关键。国际组织的协调与合作机制在国际上广受认可，应用广泛，其应用方式多变，适应当下多元化的金融监管组织，它既满足了联合国（UN）、世界贸易组织（WTO）等大型国际经济机构的管控要求，也同时适用于专门性国际金融组织对跨国金融的监管。

（1）在大型国际经济机构中，应用此机制的优点在于：①执行基础广泛，世界上几乎所有的主要贸易国都加入了UN或者WTO。②法律约束力强,强大的法律强制力来自相应的意见分歧协调措施。例如,联合国中的国际法院、世界贸易组织的专家委员会和上诉机构给解决各种纠纷带来了坚实的法律后盾。③金融监管通常考虑了贸易、投资等其他事项在内的问题,能够通过大型国际经济机构的协调机制予以一并解决,能够更加多元化。例如,经合组织在金融危机爆发的背景下有针对性地颁布了《高效金融监管政策框架原则》,从金融环境、政策目标、政策工具和监管体系的设计和实施四个方面提出了原则性指导;亚欧峰会发布了《关于更有效全球经济监管的布鲁塞尔宣言》,着重于改善资本结构、防止金融风险交叉传染、加强国际金融合作、制定全球的统一规范等一系列金融监管目标,得到了各国的一致拥护。

但国际组织协调与合作机制也有不足之处:①对于金融监管而言,大型国际经济机构作为一般性的国际组织,专业性不强,因此,其提出的专门性金融监管合作模式缺乏针对性;②对于利益的一致性来说,大型国际经济机构的参与方更强调各国的政治利益,缺乏市场利益的一致性,导致合作与监管的效益偏离了最佳目标。

(2) 在专门性国际金融组织中,金融监管的国际协调与合作机制更多地体现在规范性的适用方面。以国际货币基金组织、世界银行和巴塞尔委员会为代表的专门性国际金融组织致力于提高金融监管透明度、完善严密的金融监督体系以及缓解全球金融市场的压力。然而,它们大多数缺少一种标准的法律规范文本,都是提供"软法"性质的法律文件给金融监督作为指引,因而专门性国际金融组织缺乏法律强制约束力的保障。在这一机制下,各国的金融监管协调与合作实质上还是以各国自身的监管法制完善程度作为基础。

案例 4-4:国际货币基金组织、世界银行和世界贸易组织

世界银行和国际货币基金组织是两大管理全球经济政策的重要机构。其通过国际条约设立,是正式的政府间国际组织,成员国需要承担相应的条约义务。虽然世界银行和国际货币基金组织的主要职能不是金融管控,但它们仍在特定领域对国际金融监管做出了贡献,最重要的一个方面就是制定相应的管控标准:① 国际货币基金组织主要是在货币和金融政策透明度、财政透明度和数据公布标准方面。②世界银行则主要是在破产及债权人权利方面。另外,国际货币基金组织和世界银行还通过其"金融部门评估计划"和《关于遵守标准和守则的报告》，评估各国对国际金融标准的执行效果。③"审慎例外"的设定使得世界贸易组织在监管方面的权力受限，难以将审慎监管高标准和市场准入联系起来。但基于《服务贸易总协定》及其金融服务附件，世界贸易组织做出了重要贡献，主要是在如何制定跨境金融服务市场准入规则方面。

（案例来源：作者根据相关资料整理。）

案例4-5：国际清算银行及其下设巴塞尔银行监管委员会

国际清算银行最初一直致力于协调德意志联邦共和国的战争赔款与欠款，但国际形势变化万千，BIS后来开始履行国际清算银行的职能，逐渐扮演着推动中央银行之间加强业务交流和合作关系与担任经济市场调研活动和提供相关专业意见的角色。

自从20世纪70年代布雷顿森林体系瓦解后，银行破产事件频发，增加了国际银行业经营的不确定性。随后，国际清算银行以各国中央银行官员和银行监管部门为代表建立了巴塞尔银行监管委员会，作为国际清算银行的一个正式机构。委员会将坚决履行其加强全球银行监管、监督和实践的任务，以加强金融稳定。因此，其在设立伊始就制定了关于银行境外分行监管的一般原则，1988年制定了关于资本充足率的国际统一规则，1992年制定了跨国银行监管标准。

1988年制定的《统一资本计量和资本标准的国际协议》（《巴塞尔协议Ⅰ》）强调自有资本真实性和资本质量，严厉封堵和打击虚假注资、循环注资等违规现象。规则制定了一个适用于大部分国家而不单单针对会员国的风险加权资产标准——至少8%。但是，金融市场环境变化万千，现实中各大银行更愿意采用更严格的风控措施。通过咨询国际银行行长、央行、监督机构以及外部观察员，巴塞尔委员会从1999年6月开始推动制定《巴塞尔协议Ⅱ》，最后在2004年6月确定最后方案。风险评估的类型被划分为信用风险、市场风险和运行风险。在评估信用风险的方法中，推崇标准方式和内部评级方式。标准方式的主要风险类别及信用等级类别的风险加权值按标准普尔信用等级标准分为AAA、AA、A、BBB、BB、B、不足B、无等级。

2004年，《巴塞尔协议Ⅱ》的最终方案就已经确定下来了，但欧、美、日本等成员国决定推迟到2008年实施，并认为非成员国可自主决定采用此方案的时间。外界发出的一种担忧是，如果按原计划实施同一制度，具备风控优势的大型银行能够缓解资本压力，但与此相对的高风险的中小型地区银行或储蓄金融机关的执行效果则恰好相反，会加重资金流动性的压力。2006 年 3 月 30 日，美国联邦储备委员会（Federal Reserve Board，FRB）与联邦存款保险公司、货币监理署、储备机构管理局等以共同名义，针对本国大型银行提出了国际结算银行（BIS）的《巴塞尔协议Ⅱ》的运营标准提案。美国联邦储备委员会和联邦存款保险公司继续支持推迟该提案的执行试点，初步定到 2008 年 1 月初，因为它们想要建立更完善的监管系统，以解决金融机关的费用负担。

欧盟议会于 2005 年通过了《巴塞尔协议Ⅱ》，该法规规定 8000 家欧洲银行按风险规模调整所需自有资金规模。这样欧洲银行的闲置资金随之增加，最低自有资金规模平均减少了 50%～70%，从而贷款方面的业务就流动起来，未来银行的竞争力也被外界看好。此外，在新国际清算银行的建议下，自有资金的留存可以根据欧盟各国各地的具体情况进行统一标准的计算，从而可以衡量自身的风险规模。

2008 年，经济危机爆发席卷全球，各国银行遭受重创，政府不得不使用公共资金来稳定市场，很重要的一个原因是纵使资金水平勉强达标，但仍缺乏流动性，这个弊端在随后的信贷紧缩中更加凸显。因此，《巴塞尔协议Ⅲ》国际标准就此诞生，旨在管控银行资金的充足性和流动性。然而，在《巴塞尔协议Ⅲ》方案问题上，欧盟仍存在不一致的意见，不一致的原因在于各国银行体系的异质性。每个国家的金融环境发展情况和波动幅度都大有不同，因此，对资本金的定义和标准就产生了不同声音。欧洲央行赞同英国提出的"鉴于各国情况，自主权的赋予是必要的，用以实现更严格的资金监控"的观点。而欧洲银行管理局的观点是，成员国的自有资金水平标准应根据所面临的经济环境而定，对于纳税资金的去向，其认为最佳用途是用于公共领域，比如银行救济等。

（案例来源：作者根据相关资料整理。）

四、监管联席会议机制

早在 20 世纪 80 年代，卢森堡、英国、法国、中国香港等国家和地区的金融监管机构便组建了国际商业信贷银行的监管联席会议，以协调各国的监管行为。但早期的监管联席会议并没有发挥出其应有的监管效果,监管信息没有得以分享,卢森堡作为该监管联席会议的主监管者,也不具备统筹监管各跨境金融机构的监管资源和监管手段。最终,随着国际商业信贷银行在20世纪90年代进入破产清算阶段,其监管联席会议机制也就告一段落。直至2008年11月,G20华盛顿峰会在针对金融危机研讨新时代背景下的国际金融监管之协调合作机制时,又提出应当对具有系统性影响的大型跨境金融机构建立监管联席会议机制,这也成为监管联席会议机制在国际金融监管中逐步形成重要地位的标志。结合当时的《巴塞尔协议Ⅱ》实施的监管需要,监管联席会议就内部评级和实施新资本协议责任划分等问题展开交流,并取得一定成效。

在2008年的华盛顿会议后,为了搭建一个监管者能够更好地互换信息、评价集团风险以及合作应对危机的框架,G20号召所有系统重要性金融机构都应当建立监管联席会议机制。自此,监管联席会议机制从早期的以实施新资本协议为核心延伸为一个针对跨境金融机构的共同风险评估、持续监管以及危机协调的机制。

在G20的管理体系中,金融稳定理事会主要负责建立和完善监管联席会议机制,而在2008年金融危机背景下,国际货币基金组织、巴塞尔委员会、国际证监会组织等国际金融组织根据金融稳定理事会的要求,分别就监管联席会议的组织、运作构架等提出了要求或是出台了相应的指引性文件:金融稳定理事会颁布了《跨境危机管理和做的原则》;国际货币基金组织则在《危机中全球金融基础设施的初步教训与基金组织》报告中要求鼓励发展监管联席会议机制用以监管跨境银行;巴塞尔委员会发布了《监管联席会议良好实践原则》;国际证监会组织提出了《跨境监管合作原则最终报告》。

具体而言,监管联席会议主要对金融机构的母国负责,其机制是指根据跨境经营的金融机构所专门建立的常设监管者组织,其主要监管职责通常是由跨境银行的母国担任。监管联席会议会使用金融机构所依法披露的具体信息,整体评估各个金融机构的潜在风险、预期影响以及长远前景。所以,监管联席会议在国际金融监管合作事务中可以发挥信息交换、监管工作合作、风险评估、危机协调处理等四个方面的功能。由于监管联席会议是一个持续运作的金融监管框架,拥有明确的法律基础,它也因此成为一个重要的国际金融监管法制协调与合作的成功典范。

2008年金融危机爆发后,监管联席会议愈发体现出了其在金融监管法制的国际化合作中的重要地位,但同时也根据金融危机中所出现的最新情况对其制度理念进行了最新的调整。监管联席会议机制在制度安排、功能设计和价值取向等方面均体现了时代背景下国际社会在金融监管理念上的革新,主要体现在:强调并表监管与单一监管良性互动;强调日常监管与危机管理统筹兼顾;强调微观审慎与宏观审慎有机结合。这一制度改革所体现出来的是监管联席会议制度吸取了金融危机中监管片面性的教训,从而结合危机背景下国际金融组织的相关立法,形成新的监管机制。

总体而言,金融监管的国际合作及协调机制正在逐渐健全,逐步形成了信息共建共享、政策相互融合以及加强联合行动的监管合作及协调机制,并在监管合作及协调实践过程中不断地发展完善。

第三节 国际金融监管协调的内容

全球真正进入金融严监管阶段是在2008年金融危机之后。金融界和学术界普遍将2008年金融危机归结于政府对住房金融以及欧洲主权债务的过于纵容,疏于监管。危机发生后,各国和国际组织以危机为契机,启动全方位和深层次的金融监管改革,全球进入金融严监管阶段。在美国、英国、日本、德国、法国及其他发达经济体的主导下,依托二十国集团(G20)、国际货币基金组织(IMF)、国际清算银行(BIS)、巴塞尔银行监管委员会(BCBS)及金融稳定理事会(FSB)等国际平台,制定多项政策和行业新规,全球金融监管改革取得诸多成果。国际金融监管协调的内容主要包括增强金融体系韧性、降低金融机构"大而不倒"的道德风险,以及加强对影子银行的监管三个方面。

一、增强金融体系韧性,提高抗风险能力

金融系统韧性是其对抗系统性金融风险、防范金融危机的能力。在增强系统韧性方面,国际金融监管改革主要从微观和宏观两方面入手。

1. 微观审慎层面

《巴塞尔协议Ⅲ》在资本、非风险加权杠杆率、流动性及清偿四个方面做了新规定,要求普通股权资本率达到4.5%;非风险加权杠杆率不超

过3%；提出流动性覆盖率指标（Liquidity Coverage Ratio，LCR），要求银行具备足够的优质流动性资产，最少满足30天的流动性需求；提出净稳定资金率（Net Stable Funding Ratio，NSFR），要求可得稳定资金必须覆盖所需稳定资金；总损失吸收率（Total Loss-absorbing Capacity，TLAC）的运用已经进入日程。不同国家根据实际情况，在新协议的基础上做出调整并采用相关标准和措施。

2. 宏观审慎层面

宏观审慎层面的监管主要是为了保证金融体系的稳固性，进而提高其抵御风险的能力。

（1）新增宏观审慎资本缓冲的要求。考虑到金融体系风险会随着信用周期而变化，在信用扩张时达到最大，以及在征收额外资本、吸收信用扩张时增加的风险，《巴塞尔协议Ⅲ》提出逆周期资本缓冲（Countercyclical Capital Buffer，CCyB）。

（2）加强对系统重要性银行的监管。因为大型金融机构具有规模大、体系杂及交叉经营等特点，对金融体系的影响程度普遍要高于一般金融机构，所以，2008年金融危机后，金融稳定理事会（FSB）根据银行的规模和影响程度，在世界范围内选出了30家全球系统重要性银行。为了降低系统重要性银行对金融体系的潜在风险，《巴塞尔协议Ⅲ》对其制定资本率附加要求。

（3）将传统银行业务和资本业务进行隔离。从业务上加以隔离有利于限制风险扩散，进而提高金融体系的稳定性。危机发生后，美国和欧洲各国纷纷出台了一些限制政策，美国出台了"沃尔克法则"，对银行的自营业务做出限制，要求银行不得从事对冲基金、做市、外汇等多类金融工具的交易。此外，同一银行的不同附属机构也不能进行交易。欧洲各国对银行的自营业务也做出限制，比如，英国提出的"围栏措施"，虽然允许银行开展自营业务，但是需要分离一些资本，这些资本被用作国内传统业务抵抗全球市场潜在风险的储备。

（4）执行压力测试。压力测试是评估银行抵抗风险能力的重要方法。2009年，美国率先对银行进行压力测试，并及时公布结果，对于未通过测试的银行，执行更严厉的监管标准。随后，英国和欧盟也逐步开始采用该危机防范工具。

二、降低金融机构"大而不倒"的威胁

次贷危机后一个重大政策难题是金融机构"大而不倒",当处于系统重要性地位的银行遭受危机时,政府面临是否施以援手的两难境地。如果政府不加以救助,银行破产势必导致实体经济遭受重大危害,甚至可能进而引起系统性经济风险;但如果政府施以援手,必定造成纳税人的资源浪费,而且政府的救助可能强化投资人和银行的投机心理,存在道德风险的隐患,最终酿成苦果。想要降低"大而不倒"的风险,关键在于政府要允许大型金融机构失败,让市场参与者树立更好的风险意识,更加理性地认识风险,摆脱对政府救助的依赖和预期,做好风险防范措施,内化风险成本。由于大型金融机构具有规模宏大、结构复杂且市场关联度高的特点,一旦失败,必定会大大影响宏观经济,甚至造成经济动荡。政府要放手,允许大型金融机构失败,但不能放任,应当加强对大型金融机构的指导,在失败解决方式和过程方面进行规范。

金融稳定理事会提出了解决"大而不倒"的政府困境的两种策略:①提高银行的风险防范水平,要求银行持有更多的资本缓冲,增强损失承担能力,限制有存款吸收业务的大型金融机构涉足高风险业务,由此降低大型金融机构失败的概率;②建立健全失败解决机制,在不影响整体经济稳定性的前提下,通过有效手段解决大型金融机构失败问题。

国际上对于危机后的失败问题,普遍接受的解决方法是"单点进入"法(single-point-of-entry)。当大型金融机构遭遇失败风险时,政府将一些关键分支机构作为重点,通过行政手段对母公司的债务进行重组,确保这些关键的分支机构能够继续为实体经济提供金融服务,从而最大限度地降低对实体经济的影响。"单点进入"法实施的前提是在银行失败解决的过程中不能引发银行金融合约的提前兑付。在一般情况下,包括掉期、回购、外汇衍生品等合格金融合约(Qualified Financial Contracts,QFCs)中的规定,在交易对手倒闭的情况下,交易方可以立即终止合约。然而一旦交易方在银行失败解决过程中提前终止合约,会出现类似于挤兑的现象,给银行带来严重后果,进而扰乱相关市场,阻碍失败解决的进程。为了防止提前终止权带来的后果,美国的《多德-弗兰克华尔街改革与消费者保护法》以及欧盟的《银行复苏及解决指南》都对提前兑付做了限制,要求大型银行附属交易商自愿放弃提前终止合约权。此外,提高交易失败解

决过程和结果的可预测性也是提高失败解决效率的有效方法。破产解决进程和结果相对于其他失败解决法而言更具预测性，所以应该在允许的情况下尽可能通过破产程序解决金融机构失败问题。破产解决程序是《多德－弗兰克华尔街改革与消费者保护法》对处于偿付危机中的系统重要性金融机构首推的手段，并强制要求这些系统重要性金融机构建立"生前遗嘱"，保证其可以在危机来临时顺利通过破产解决问题。行政失败解决方式在不到万不得已之时，不会被使用。这些措施明确表明了政府对大型金融机构失败的态度，明晰了政府边界，有效降低了市场对政府救助的依赖程度。

三、加强对影子银行的监管

影子银行一般指通过金融工具，在投资方和和储蓄方之间建立关系的非银行信用中介。影子银行作为一种特殊的信用中介，本身具有设计缺陷，它可以把非透明的高风险长期资产转换为具有货币性质的短期债务。这种转换无疑隐藏了系统的风险并且增加了尾部风险的累积。此外，由于影子银行不属于银行体系，游离于传统的银行业监管体系之外，因此，无法从存款保险机构获得存款保险，更无法从央行直接获得流动性支持，导致影子银行体系极度脆弱。如果任由影子银行自由发展，势必会带来系统性金融风险。

2008年全球金融危机结束后，世界各国和国际组织认识到了影子银行快速粗放式发展的危害性，开始着力加强对影子银行的监管。

（1）明确影子银行的定义，有的放矢。2010年，欧盟出台《另类投资基金经理指令》，将另类基金业务划入影子银行业务范围，其中包括私募股权基金、商品基金、对冲基金、房地产基金等一系列不在监管范围内的基金。2015年，金融稳定理事会对影子银行的范围做了进一步详细的界定，将五类组织定性为影子银行。第一类是容易面临挤兑风险的组织或业务，如某些共同基金、信用对冲基金和房地产基金；第二类是依靠短期资金的非银行授信组织，主要包括如财务公司、金融租赁公司等消费信贷公司；第三类是依靠短期资金或顾客资产担保金的市场中介，如交易商、代理人；第四类是增加信贷的公司，如信用担保公司以及财务担保人等；第五类是基于证券化的市场中介。

（2）将影子银行纳入监管，严格要求。欧盟要求对影子银行执行更为严格的监管标准，并将另类基金纳入现有的监管体系中。欧盟要求对冲基金规模达到1亿欧元、私募基金规模达到5亿欧元时，需要向母国报备批准，并且需要向东道国汇报经营情况。此外，该指令对基金的资本金做了要求，影子银行需要证明其提供最低资本金的能力。美国出台《多德－弗兰克华尔街改革与消费者保护法》，对影子银行采取严格的监管措施，包括加强对私募股权基金和对冲基金的监管，加大对基金投资顾问的监管力度，要求资产规模超过1亿美元的影子银行必须向证券交易委员会报备记录，资产规模低于1亿美元的则需要向所在州监管部门报备记录，接受监督，同时，需要保证交易信息的及时准确披露等。

（3）加强对共同基金的监管力度。共同基金是影子银行系统的重要组成部门，能够对金融系统的稳定性产生巨大影响。这主要是由于共同基金的以下特性：①交易量大，大规模交易活动会影响标的资产的价格剧烈波动，给系统带来巨大风险；②大部分的共同基金属于固定收益型，一旦赎回价格低于承诺价格，很可能发生挤兑风险；③共同基金的涉及面广，购买人群大，很容易产生羊群效应和踩踏风险，导致挤兑风险演变成挤兑危机。因此，共同基金是影子银行系统监管中的重中之重。美国证券交易委员会为了防范共同基金对金融系统的风险，联合金融安全监督委员会对固定收益型共同基金附加监管要求，对投资标的做出限制，引导共同基金更多地投向如政府资产这类的低风险资产，欧盟也做出了类似的改革。

◆思考讨论题◆

1. 请简述在全球化背景下二十国集团在维护全球金融稳定方面所起的作用。

2. 在2008年次贷危机中，国际金融监管机构是否有效扮演了稳定器的作用？

3. 欧洲金融监管体系对于欧元区国家的汇率稳定和金融安全提供了怎样的帮助？

4. 试讨论中国如何通过构建合作、互利、双赢的国际经济关系来实现更好的国际金融监管协调。

第五章 国际金融体系改革

正如第二、第三、第四章所叙述的，随着自由贸易的发展，资本跨国流动规模不断扩大，世界经济、金融的全球化日益深化，国际上在货币结算、金融监管协调等方面基本构建了一套较为完善国际金融体系，也形成了一定的国际金融规范和秩序。但从目前来看，一方面，现有的国际金融体系还存在着很多不足，例如，国际资本流动是非效率的，不能够有效防止金融危机在全球的蔓延，以美元为主的单极国际货币体系存在弊端等。另一方面，随着国家之间的经济和金融联系逐渐加强，跨国资本对一个国家的经济发展的促进作用越来越明显，全球范围的系统性金融风险不断增加，爆发频率越来越高的金融危机更具有传染性和蔓延性，这些变化或现象都对国际金融体系提出了更高的要求。

第一节 历史与当前国际资本市场的状况

本节以国际资本市场为例，回顾历史与当前国际资本市场状况，据此说明国际金融体系改革的必要性。

1. 国际资本市场的显著特征之一：国际资本流动与资本管制

随着经济全球化，各类产品和生产要素的跨国流通已经十分普遍，资本作为一种生产要素也不例外。国际资本流动，即资本在国际上的跨国转移，是作为生产要素的资本从一个国家或地区转移到另一个国家或地区。国际资本流动主要包括两种形式：直接投资与间接投资。直接投资是指投资者在另一个国家新设立生产经营实体，即成立跨国子公司，或者把资本投入到另一国的企业中，其核心特征是获取其控制权与管理权。间接投资又称为证券投资，是指一国的投资者在另一个国家的货币市场或资本市场购买金融资产，其核心特征是资产所有者对所投资的项目不具有实质性的经营管理权。

在不同时期，国际资本流动情况有所不同。从1880年到1914年的金本位时期为资本流动上升期，这一时期资本流动是自由的、不受限制的。"一战"期间，国际金融市场崩溃，资本的跨国流动受到极大阻碍。"一战"结束后，世界各经济体试图重建国际金融市场。到了1925年，资本流动性开始逐渐恢复。20世纪30年代，国际资本市场随着美国经济危机的爆发又一次陷入萧条。"二战"之后，进入了资本流动性有限的时期。到了20世纪60年代，资本流动性逐渐提高，并在70年代布雷顿森林体系崩溃后进一步提升。

在金融全球化过程中，各国的金融开放程度不断提高，随之而来的问题是跨境短期资本流动对一个国家的宏观经济和金融稳定的冲击越来越显著，尤其是一些金融体系不完善、监管框架不清晰的发展中国家和新兴经济体。资本管制是保持政府国内政策的效力和维护经济稳定的有力措施。不同国家对于开放本国资本市场有不同的管制政策。在不同时期，重要国家以及国际货币基金组织对跨境资本流动管理的立场是不同的，这与当时的经济环境和经济思潮有关。

（1）在布雷顿森林体系时期，其他货币对美元实施的是固定汇率制。根据三元悖论①，为了保证其货币政策的独立性，各国必须限制资本的跨国流动。而且，该时期为"二战"后国际货币制度恢复时期，各个经济体为了实现充分就业和促进国际收支平衡，必然会进行资本管制。该时期国际货币基金组织对资本管制的态度为支持态度。

（2）20世纪70年代后，新自由主义思潮盛行，其主张政府减少对市场的干预，各个经济体在"促进贸易自由、资本流动和跨国公司进入世界市场的自由"这一原则的指导下，纷纷开放本国资本市场。在这一时期，美国对资本管制持反对态度，国际货币基金组织受其影响也开始推进资本账户自由化。

（3）亚洲金融危机、美国次贷危机等大范围金融危机爆发后，实施资本管制的国家的经济表现比没有实施资本管制的国家要好，各国对新自由主义开始有了质疑，国际货币基金组织的态度再次转向支持资本管制。

---

① 三元悖论是美国经济学家罗伯特·蒙代尔提出的著名论断：在开放经济下，固定汇率制度、货币政策的独立性和资本的完全流动不能同时实现，必须放弃三个目标的其中一个。

案例 5-1：泰国 1997 年遭遇金融危机

受新自由主义思潮的影响，泰国从 1994 年就开始逐步放开资本市场。到了 1996 年，泰国基本实现资本项目可兑换。早期的开放资本市场为泰国带来了大量活跃的国际资本，促进了泰国的经济增长。但是，大量的短期跨境资本以贷款的形式进入了泰国，使得泰国的房价和股票价格飙升，积累了大量的资产泡沫，为货币危机爆发埋下了隐患。

泰国的货币汇率制度为以美元为锚的固定汇率制度。1995 年，泰铢开始随美元持续升值。一方面，泰铢的升值使得泰国对其他国家的出口下降，贸易逆差迅速扩大。另一方面，美元持续走强，加上以索罗斯为代表的国际游资做空泰铢，大量的短期国际资本撤离泰国资本市场，导致泰国的资本价格下跌。次年，泰国股指跌幅超过 60%，房地产市场泡沫破裂，银行体系积累了大量的不良贷款，实体经济情况恶化，市场对泰铢的贬值预期越来越强烈。

泰国政府为抵御资本外流，又考虑到加息会影响国内经济，于是在 1997 年初采取了一系列资本流动管理措施，包括限制远期交易、要求卖出证券所得收入按照在岸汇率兑换等，但并没有达到预期效果。最终，泰国政府于 1997 年 7 月被迫选择放弃固定汇率制。泰铢大幅贬值，泰国外汇储备减少 20%，泰国的经济也受到了极大损害。

泰铢贬值之后，货币贬值迅速蔓延到东南亚的菲律宾、马来西亚、印度尼西亚等国家，并随即波及新加坡、中国台湾和中国香港，又扩展到东亚的韩国和日本，甚至传染至俄罗斯和巴西。这就是 1997 年的亚洲金融危机。

（案例来源：黄益平《中国金融开放的下半场》，中信出版社 2018 年版。）

2. 国际资本市场的显著特征之二：国际资本流动具有非效率性

新古典主义理论认为，在通常的假设下，生产相同商品的国家，在以资本和劳动力作为生产要素的规模生产技术的固定回报率相同，人均收入的差异反映了人均资本成本的差异。因此，如果允许资本自由流动，新的投资只会出现在较贫穷的经济体中，资本成本更低、回报率更高，而且这种情况将继续存在，直到所有国家的投资回报均等为止。

按照新古典主义理论，穷国的资本流入和其占 GDP 的比例应该较富国更高,但现实中我们观察到的却是更多的资本从穷国流向富国,这些国家往往是一些资本市场十分发达的国家和地区,如美国、欧洲、新加坡等。这种现象叫作"卢卡斯悖论"(Luca's Paradox),反映国际资本流动存在非效率问题。导致富国资本向穷国流动不足的主要原因是制度问题,包括法律和维护秩序的政策、对财产权的保护、政府稳定性、腐败、官僚作风等。这些制度问题大大增加了跨国投资的风险,打击了发达国家投资者投资穷国的积极性。

3. 国际资本市场的显著特征之三:金融危机的传染效应

随着经济全球化和金融自由化,金融危机在一国爆发后,不仅会对本国经济产生负面影响,还会通过各种渠道和路径传染至其他国家或地区,导致区域性甚至是全球性的金融危机。金融危机的跨国传染主要通过以下渠道。

(1) 贸易渠道。一方面,一国的货币贬值会影响到另一个与其有竞争关系的国家的出口竞争力,会对这个国家造成较大的贬值压力;另一方面,货币贬值国相对其他国家的收入下降,会减少对外国产品的需求。这两个方面共同使一国的货币危机传染至另一国。

(2) 流动性渠道。一国发生金融危机后,投资者在该国的金融资产价值缩水,流动性紧张,不得不出售其在另一个国家的金融资产并撤回资金,从而对另一国的资本市场造成挤兑,使一国的金融危机传染至另一国。

(3) 共同贷款人渠道。一家跨国银行在某个国家的金融危机中出现信贷损失,可能会收缩对另一个国家的信贷,也会导致金融危机的传染。

亚洲金融危机首先爆发于泰国。1997 年 7 月,泰国政府宣布实行浮动汇率制度,泰铢大幅贬值,金融市场动荡。随后,这迅速传染至菲律宾、印度尼西亚等东南亚的其他国家,并随即波及新加坡、中国台湾和中国香港等国家和地区,后又扩展到韩国和日本,形成区域性金融危机。之后,金融危机还冲击到俄罗斯和巴西,亚洲金融危机由区域性金融危机升级为全球性金融危机。

2007 年,美国爆发次贷危机,金融危机迅速传染到全球各个发达国家和发展中国家,形成国际金融危机。此次金融危机导致美国、欧盟、日本均陷入经济衰退,新兴经济体的经济增速明显放缓,更有甚者,冰岛国家政府破产。之后,希腊等欧洲多国还相继爆发了主权债务危机。

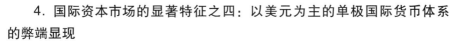

4. 国际资本市场的显著特征之四：以美元为主的单极国际货币体系的弊端显现

布雷顿森林体系建立了以美元为中心的国际货币体系，美元与黄金挂钩，其他国家的货币与美元之间保持可调整的固定汇率。布雷顿森林体系崩溃后，逐渐形成了现在的国际货币体系，即"牙买加体系"。美元与黄金脱钩后，美国运用政治和军事的力量迫使沙特阿拉伯接受石油只能用美元结算，重新确立了美元在国际贸易中的主要地位。牙买加体系虽然是一个以美元为主导的多元化国际储备体系，但是美元仍是国际贸易中最主要的结算货币，是各国外汇储备最主要的组成部分。由此可见，原有货币体系的根本矛盾仍然没有得到根本解决。次贷危机爆发后，美国为了稳定本国金融系统和拯救经济，开始忽略其经济基本面地增发美元，导致美国虚拟经济过度膨胀和全球范围内流动性过剩，人们逐渐失去对美元的信任。此外，美元的货币霸权地位赋予了美国利用 SWIFT 支付系统和纽约清算系统进行长臂管辖的权力。这意味着美国的政治可能会干扰世界经济和金融的正常运行，而且随着美国的政治风险愈演愈烈，这种影响也会持续扩大。

5. 国际资本市场的显著特征之五：对系统、有效、平等、稳定的全球金融市场有强烈需求

当前，以美元为主的单极国际货币体系、以发达国家为首的国际金融秩序导致国际金融市场存在发展失衡的弊病，进而难以均等地满足不同国家的发展需求，也无法充分协调不同国家的个体利益，进而导致国际金融体系的不稳定性。有鉴于当前国际金融市场的这一缺陷与不足，有必要构建全球经济、金融发展的新规则、新秩序，也即应在现有国际金融机构体系、国际金融基础设施、国际金融监管协调的基础上，围绕全球金融稳定、有效监管、防范风险等基本目标，在国际金融理论、国际金融制度、国际金融组织和国际金融技术等方面推进改革与创新、健全与发展。

第二节 国际金融理念创新

国际金融体系的改革创新，首先要创新的便是国际金融理念，也就是要明晰和把握好现代国际金融体系的目标和构建思路。与一个国家的金融体系一样，国际金融体系也有两个主要目标：一是有效监管各国金融风险和控制全球系统性风险，维持国际金融市场的稳定；二是有效服务于全球的实体经济，推动全球经济发展。现有国际金融体系的缺陷和国际经济与金融环境的变化都需要国际金融体系进行改革和创新，也即构建现代化的国际金融体系，以实现国际金融体系的两个目标。本节首先梳理国际金融体系的目标，而后基于市场现状和目标，总结国际金融理念应有的创新。

一、国际金融体系的目标

构建现代国际金融体系，首先要明确国际金融体系的目标是什么。只有明确目标，我们才能够明确国际金融体系改革和创新的方向，包括国际金融理念创新。

评价一个国家的金融体系的好坏，主要是看其对以下目标的完成情况：①有效服务本国实体经济发展，即为各类型实体经济提供合适的融资服务；②拥有有效的监管和风险防范机制，防止发生宏观系统性风险和微观金融风险；③其调控机制要能维持金融体系自身和国家经济的稳定性。

一个好的国际金融体系也应该能够达到以下目标：①有效服务全球实体经济，助力全球经济发展；②有效监管各国金融风险和防范风险全球性传染，以此维持国际金融体系自身的稳定性。

（一）有效服务全球实体经济，助力全球经济发展

世界各国经济发展的驱动力经历了三个阶段的转变。第一阶段是生产要素投入驱动经济增长阶段。这里的生产要素包括劳动力、土地、矿产资源等。许多国家凭借丰富的自然资源或者庞大的劳动人口数量实现了经济的快速增长。但由于自然资源的不可再生性和和人口老龄化、工资提高，这些生产要素驱动经济增长的作用发挥到了极致并呈现出不可持续性。第二阶段是投资驱动经济增长阶段。随着其他要素的投入逐渐发挥到极致，资本要素在经济生产中的重要性不断上升，各国通过资本积累和引入先进国外生产设备，提高全要素生产率，支持经济快速增长。第三阶段是创新驱动经济发展阶段。随着制造业转型升级，技术在生产中发挥着越来越重要的作用。生产要素投入的边际生产率不断下降，技术的持续积累和不断突破是一个发达国家经济发展的主要驱动力。与此同时，服务业在经济中的占比越来越高，知识和创新能力创造的价值越来越多。

投资和资本积累离不开资金融通，科技研发活动和科技创新也需要资金的支持。投资和创新都需要大量的资金，而且伴随着巨大的经济风险和技术风险。金融体系能够集聚不同投资者的资金资源，分散投资和创新的风险，使每个人所承担的风险在个人的承受范围之内。这也使得投资和创新活动得以进行。

目前的国际金融体系对海外投资和技术创新已有一定程度的支持。发达经济体逐渐将一些传统的劳动力密集型产业转移到劳动薪酬更低的国家或地区，中国由于拥有庞大的劳动力和需求市场，成为很多跨国企业对外投资的首选，中国也因而有了"世界工厂"之称。现在，很多发达经济体又逐渐将工厂搬迁到泰国等薪酬更低的东南亚国家。这在一定程度上促进了发展中国家的投资水平和经济增长。一些跨国科技型企业在国外设立研发中心，如华为曾在澳大利亚等地区设立研发中心，利用外国的优秀人才提高自身的创新力。这些例子都离不开国际金融体系的支持。

但是，国际金融体系也还存在不完善的地方。首先，国际资本市场对跨国企业出海的支持力度还不够。一些发展中国家和新兴经济体由于资本管制政策和在产权保护等制度方面的缺陷，很多金融机构不能或者不愿到这些国家来设立海外分支机构，而这些国家往往也是金融不发达的国家或地区，这也给企业对外投资带来一定阻碍。其次，目前国际金融监管协调不足，一国的金融危机容易演变为全球性金融危机，影响到国际贸易和国际投资。例如，2008年全球金融危机之后，发达国家或经济体对外直接投资整体呈收缩趋势；2020年新冠肺炎疫情导致的美股下跌对其他资本市场产生了挤兑效应。

（二）有效监管各国金融风险和防范风险全球性传染

在经济与金融全球化的背景下，一国的金融市场不仅会对国内的经济造成影响，而且会通过跨国金融机构和资本流动对其他国家的金融市场产生影响。1997年亚洲金融危机、2008年全球金融危机、2011年欧债危机爆发后，都显著体现了金融危机在区域甚至全球范围的蔓延性，任何一个国家都不能独善其身。构建国际金融体系包括建立起有效的国际监管体系，加强国际监管协调，监督和控制各国的金融风险以及跨国金融风险，构建危机预警系统。这有助于控制全球系统性风险，防范风险全球性传染，维持国际金融体系的稳定。

二、推进国际金融理念创新

综合世界各国的实践和国际金融的发展,推进国际金融理念创新至少包括三大理念的重新强调:一是要坚持金融服务实体经济的本质要求,金融脱离了实体经济,就真正成了无源之水、无本之木;二是要按照现代金融体系的六大方面来构建和完善国际金融体系,即国际金融市场体系、国际金融组织体系、国际金融法制体系、国际金融监管体系、国际金融环境体系和国际金融基础设施体系;三是世界各国在经济与金融领域应该加强协调合作。

(一) 坚持金融服务实体经济的本质要求

金融不能够脱离实体经济,能否有效服务实体经济是衡量一个金融体系是否为一个好的金融体系的最根本的标准。对一个国家的金融体系来说,服务的是该国的经济;对国际金融体系来说,服务的则是全球经济。

金融脱离了实体经济,金融脆弱性、金融风险、金融危机就易接踵而至。国际游资,又称国际投机资本,是指在国际间频繁流动,以追逐利率差额收益、汇率变动收益,或以追求安全保值、逃避资本管制为目的的短期资本。国际游资具有极强的投机性质,其看重的不是被投资国家的发展潜力和长期价值,而是旨在通过频繁跨国流动实现投机收益。这类资本虽然发挥着在国际贸易中承担国际投资者的风险以及价格发现的积极作用,但也是加剧国际金融市场动荡、冲击各国经济、加深资本主义货币信用危机的重要因素。在1997年的亚洲金融危机中,国际游资就是危机爆发的主要推手。

一个好的金融体系,在经济中的作用应该是提高实体经济运行效率,帮助实体经济创造更多的价值;金融中介机构也在服务实体经济的过程中实现价值和获取利润,而不是一味地攫取实体经济的利益。构建一个好的国际金融体系也一样,应该坚持金融服务实体经济的本质要求,建立机制以引导跨国金融机构积极发挥支持所在地实体经济的作用。在海外项目的投资和建设方面,仅仅靠一国的金融力量是不足够的,跨国金融机构起到了十分重要的作用,尤其是对于一些金融体系欠发达的发展中国家和地区来说,更是需要发达国家的海外分支机构来帮助其完成海外项目的融资。

（二）按现代金融体系的六个方面来构建和完善国际金融体系

一个国家在进行金融顶层设计时，应从金融市场要素体系、金融市场组织体系、金融市场法制体系、金融市场监管体系、金融市场环境体系和金融市场基础设施六个方面来设计和布局，构建完善的现代金融体系。在构建国际金融体系时，也应该从这六个方面入手。这就不仅需要世界各国共同来构建国际金融市场要素体系、组织体系，还要共同构建国际金融市场法制体系、国际金融市场监管体系，更要共同完善与提升国际金融市场的环境体系和国际金融市场的基础设施。每个方面的建设对国际金融体系发挥作用和达成目标都有着不可或缺的作用，任何一个方面的缺失或不完善都会影响国际资本的流通以及金融服务实体经济的效率。

国际金融市场要素体系包括国际货币市场、国际资本市场、国际保险市场、国际衍生品市场和外汇市场。国际货币市场主要是指各国银行对多种国际货币的业务活动，是期限在一年以内的借贷资本市场，包括跨国银行的短期信贷、同业拆放等，国际货币市场实现了国际间的短期资金融通。国际资本市场则是期限在一年以上的借贷资本市场，包括国际股票市场、国际债券市场和国际中长期银行信贷市场，国际资本市场赋予一国利用国际资本进行投资和发展经济的能力。国际保险市场和国际衍生品市场能够实现风险管理和风险跨国转移，外汇市场则对国际贸易和国际资本流动来说是不可或缺的。构建完整的国际金融市场要素体系有利于资本的跨境流通。对于投资者来说，国际金融市场丰富了其资产选择，可以通过持有别国的金融资产来分散投资风险；对于融资方即全球实体经济来说，国际金融市场将国际的资金资源在全球范围内分配，促进了全球的经济发展。未来国际金融市场体系的完善，一方面要解决资本自由流动下国际资本市场中的投机性资本问题，减少国际投机行为，减轻国际投机资本对某个国家经济的影响。另一方面要进一步发展国际保险市场和国际衍生品市场，创新更多国际贸易和国际投资的风险管理工具。

国际金融市场组织体系包括跨国金融机构和国际政策性机构。其中，国际政策性机构包括国际清算银行、国际货币基金组织、世界银行，以及亚洲基础设施投资银行和金砖国家开发银行等区域性国际金融机构。这些组织有的能够为开展国际金融协商提供便利，促进国际金融与货币领域的合作；有的能够为各国央行提供各种金融服务和非贷援助，有利于维护各经济体的金融稳定；有的能够为区域内的基础设施建设提供金融支持。跨国金融机构是开展国际贸易和国际投资活动的基础，国际政策性机构在促进金融合作、维持金融稳定、助力基础设施发展方面起着重要作用。在未来，我们应该从促进三大国际金融监管组织法律约束力的提升和促进多边国际金融机构的崛起等方面来完善国际金融组织体系。

国际金融市场法制体系包括国际贸易金融法、国际投资金融法和国际货币金融法。国际贸易金融法主要是涉及与贸易有关的金融法律制度，如国际票据制度、国际支付规则；国际投资金融法主要关于各种形式的国际融资，如贷款、证券和信托投资、投资基金和融资担保以及相关的金融市场、银行及金融监管；国际货币金融法主要包括国际储备、国际收支和汇率等制度。国际金融法制体系维护了贸易和投资各方的利益，降低了跨国贸易和投资的风险，保障了国际贸易和国际投资的顺利进行。在未来，国际金融法制体系会朝着标准化的方向发展，但标准化的同时也应考虑不同国家的适用性问题。

国际金融市场监管体系包括国际监管机构和国际监管协调体制。国际监管机构依据是否对成员国拥有法律约束力分为两类：一类是对成员国没有法律约束力的国际监管组织；另一类是以国际法或区域法为基础，对成员国具有法律约束力的监管组织。前者有如"三大国际金融监管协调组织"，即巴塞尔银行监管委员会、国际证监会组织和国际保险监督官协会。欧盟金融监管体系和金融稳定理事会则是后者的典型代表。国际监管协调体制则包括协调的形式和协调的内容。国际监管协调形式主要分为双边谅解备忘录、多边论坛、以统一监管标准为基础的协调和统一监管四种。国际监管协调内容则包括六个方面：建立监管信息共享机制、加强跨国金融机构监管、实施跨国金融机构并表监管、建立国际统一监管标准、强化金融集团监管和实施区域性金融监管一体化。国际金融发展与国际金融风险并存，加强国际金融监管具有客观必然性。构建完整的国际金融监管体系，有助于促进全球信贷市场和证券市场的稳健发展，降低各国发生系统性金融风险的可能性。完善的监管体制还能够延缓甚至防止金融风险的跨国蔓延，减少金融危机对全球经济的冲击。未来的国际金融监管体系，一要注重将宏观审慎监管和微观审慎监管相结合；二要构建金融危机预警和共同应对体系；三要加强各国之间金融监管的协调合作。

国际金融市场环境体系包括各国的实体经济基础、社会信用体系和企业治理结构。国际金融体系不能够脱离各国的经济发展，脱离了实体经济，必然会导致金融发展的泡沫化，危害国际金融环境。各国社会信用体系为金融业的发展构建了良好的外部环境，对跨国金融业和投资者来说也是一样的。完善的企业治理结构能够理顺政企关系，更好地实现现代金融体系的市场化发展。未来，国际金融环境体系的改善有赖于各个国家内部金融环境的改善，这需要每一个参与到国际金融中的国家的共同努力。

国际金融市场基础设施有狭义和广义之分。狭义的国际金融市场基础设施主要是指以国际中央银行为主体的支付清算体系。广义的国际金融市场基础设施还包括会计与审计体系、信用评级以及相应的金融标准及交易规则等。国际金融市场基础设施是国际贸易和投资的基础，缺少支付清算体系或者低效的支付清算体系都会极大地降低国际贸易和投资的效率。国际认可度较高的会计与审计体系、信用评级和金融标准有利于减小跨国投资者的信息不对称性，降低跨国投资风险，有利于促进资本的跨国配置，对金融深化和资本流通有明显的促进作用。虚拟化、智能化是硬基础设施的未来趋势，而标准化则是软基础设施的未来趋势，但无论是对硬基础设施还是软基础设施的改进，都要考虑到基础设施薄弱的新兴发展中国家的问题。

（三）世界各国应该在经济金融领域加强协调合作

世界经济发展至今，海外投资越来越普遍，一国的经济发展可以带动其他国家的经济发展。全球性金融风险也越来越显著，一国发生经济或金融危机时，会影响到与其有着贸易或资本流动关系的国家或地区。世界各国应该在经济金融领域加强协调合作，一方面应该构建对外投融资的合作框架，促进海外投资，支持多边经济发展；另一方面，应该加强国际汇率政策和金融监管的协调，防范化解全球性金融风险和预防全球性金融危机的发生。

在对外投融资合作方面，企业的海外投资和项目建设离不开金融支持，如此庞大的融资需求不能完全依赖某一个国家的金融资源，需要合理构建投融资合作框架，聚集多方力量来支持海外投资的发展。开展对外投融资合作，充分调动各方资源，能够实现利益结构多元化与投资风险分散化，即各方之间成本共摊、收益共享、风险共担。

案例 5-2：中国－中东欧金融控股公司："一带一路"倡议中的金融合作

随着中国经济的发展，中国在世界投资格局中的地位不断上升，对其他国家经济的影响越来越大。其中，"一带一路"倡议是中国对外投资的重点平台。企业对外投资离不开金融支持，海外投资和项目建设的迅速发展也对中国对外投融资体系与投融资合作提出了新要求。在"一带一路"倡议中，中国充分发挥了东道国、多边开发银行在投融资中的作用，中国－中东欧金融控股公司是一个典型案例。

2015年11月24日，中国在苏州会晤（第四次中国－中东欧国家领导人会晤）期间倡议成立金融控股公司，支持成员国之间的互联互通和产能合作。历时一年的筹备，2016年11月5日，李克强总理在拉脱维亚首都里加与拉脱维亚总理库钦斯基斯共同为中国－中东欧金融控股有限公司揭牌，宣告其正式成立。

不同于亚投行，中国－中东欧金融控股有限公司走的是"政府支持、商业运作、市场导向"路线。政府支持是指由各国政府授权组建运营；商业运作是指根据商业化的原则确定项目，推动合作国间的国际产能合作；市场导向是指积极跟进社会影响力大、经济回报良好的投资机会，涉及交通物流、清洁能源、高新制造、医药医疗、食品加工等诸多领域。

该金融控股公司在投融资方面具有明显优势。一是享有超主权信用优势，可以有效降低融资成本。二是可以将政府资金作为"种子基金"，通过旗下子平台撬动各类社会资本，中国－中东欧基金规模预计将达100亿欧元，计划撬动项目信贷资金500亿欧元。

（案例来源：根据公开资料整理。）

在汇率政策协调方面，目前，各国特别是货币大国之间的汇率制度为完全自由浮动，国际流动资本的过度投机可能会导致汇率大幅震荡，而汇率的大幅震荡极大地抬高了国际贸易和投资的风险，不利于国际贸易活动和跨国投资。各国政府应该相互协调，通过协议管理的方式，建立货币间的汇率约束机制，在外汇市场进行必要的调整和干预，从而起到稳定全球金融秩序的作用。

在金融监管协调方面，20世纪70年代后，很多国家遵循新自由主义的原则，在最大程度上降低了国家对金融体系的干预，但这也导致了一些国家对监管的不重视。全球金融危机的出现沉重打击了新自由主义思想，各国监管机构无疑会吸取教训，放弃无为监管的理念。但是，国际金融监管并不是一个国家的事情，各国应该树立跨境监管和监管合作的意识，积极配合设立更加理性的全球性金融监管框架。当前，国际监管协调存在不少问题。首先，一些国家对金融的监管力度不足，缺乏跨境监管和监管合作的意识和能力。其次，国际金融监管协调存在不少障碍，影响了国际金融监管的有效性。目前，国际监管的主要形式为双边监管协调、多边监管协调、区域性统一监管和国际三大金融监管协调组织统一监管，但是这些形式都存在不少障碍。例如，双边谅解备忘录缺乏一种稳定的保障机制，要么流于形式，要么只是零散的信息交流。多边监管协调往往流于理念探讨，没有法律约束。各国的发展、理念和利益之间的差异都对国际三大金融监管协调组织的统一监管造成不小阻碍。在未来，重塑全球金融监管新秩序是维护国际金融和经济稳定的必然要求。各国政府都应该加强监管协调合作的理念，这是疏通构建国际统一的金融监管框架的障碍的前提。至于如何设立全球金融管理框架，从规则到方式，从机构设置到监管模式，从跨境监管到全球危机管理合作，这些都需要各国共同探讨，寻求改革创新的完善方案。

第三节　国际金融制度创新

国际金融制度是一系列有关金融活动的制度安排，各国之间的金融活动都要受到其约束，其主要目的是协调各个国家之间的经济与金融活动和维持国际金融秩序的稳定。国际金融制度包括国际货币汇率制度、国际金融监管制度、国际金融标准等。其中，国际货币汇率制度是国际货币关系的集中反映，能够促进国际贸易和国际投资活动的顺利进行。国际金融监管制度是对各国的金融监管活动进行约束和协调跨国金融监管的制度安排，能够控制系统性的金融风险，维护国际金融市场的稳定。国际金融标准是在金融法律、金融资产评级、金融信息披露等方面制定的统一标准，能够降低国际金融活动的成本，促进国际金融的进一步发展。国际金融制度创新也应该从上述三种制度着手进行。

一、货币汇率制度创新

(一) 国际货币体系的阶段梳理

"二战"以后,国际货币体系经历了三个阶段。

第一阶段是"二战"后到1971年,该阶段的国际货币体系为布雷顿森林体系。在该体系中,美元与黄金挂钩,其他国家的货币汇率钉住美元。此时,只有黄金和美元是储备资产,美元在主权货币中具有绝对的霸主地位,但是美元发行完全受到美国黄金储备的约束。由于黄金的供给很少,其他国家对美元的储备需求导致美国持续的收支逆差,这逐渐侵蚀了人们对美元与黄金挂钩的信心。著名经济学家特里芬教授针对这一现象提出"特里芬难题":世界必须在全球货币流动性匮乏与对美元的信心丧失之间做选择。美元危机暴露出以美元为中心的布雷顿森林货币体系存在重大缺陷,以一国货币为支柱的国际货币体系是不可能保持长期稳定的。

第二阶段是1971年至2002年,美元在国际贸易和储备货币中仍具有绝对的霸主地位,而且美元不受黄金储备的制约,可以无限制地对外发行。在该阶段中,美国财政赤字扩大导致美元泛滥,世界对美元失去了信任,一些发达国家的主权货币,如德国马克和日元,在充当国际货币方面也起到越来越重要的作用,一超多元的货币体系出现。

第三阶段为2002年以后,欧元的诞生打破了美元一币独大的局面,国际储备货币逐渐出现了美元、欧元双本位的格局,但欧元的出现并没有对美元的霸主地位构成较大威胁。在第三阶段初期,美元仍然和第二阶段一样,可以不受任何约束或凭借实物来实现增发,这也引起全球范围内流动性过剩、虚拟经济过度膨胀的现象,为金融危机的爆发埋下了隐患。

以美元为主导的国际货币体系导致国际金融动荡加剧,金融危机频发,不利于全球经济和金融的发展。而且,美国经济、贸易及金融资产在全球中的比重进一步下降,美元主导的国际货币体系将不能适应新的全球经济发展形势。越来越多的国家也呼吁和支持建立一个多元化的国际货币体系,实现多种货币相互制衡的国际货币格局。学者们对如何构建多元货币主导的国际货币体系探讨过很多可能性方案,其中,特别提款权的深化改革、多国央行长期互换协定改革和罗伯特·蒙代尔的"货币稳定三岛"改革是三种最具代表性的改革创新方案。

（二）推进国际货币制度改革

1. 特别提款权的深化改革——超主权货币

20世纪60年代，美元危机爆发，人们和各国央行开始抛售美金，抢购黄金，黄金挤兑使得美国的黄金储备剧减。1968年3月，美国政府宣布美元停止兑换黄金，这意味着美元不能再独立作为国际储备货币。但问题是，其他国家的货币都不具备作为国际储备货币的条件。在这种情况下，国际货币基金组织于次年创设了特别提款权（Special Drawing Right，SDR）作为国际储备货币的一种补充。SDR是国际货币基金组织根据会员国认缴的份额分配的一种账面资产，可用于弥补国际收支逆差和偿还国际货币基金组织的贷款。当时，每单位的SDR对应1美元，相当于0.888671克黄金，所以SDR也被称为"纸黄金"。

1971年，美国实行宽松的货币政策以刺激经济增长，但金本位下的固定汇率体系需要严格限制各国货币政策以维持固定汇率，美国的货币政策立场显然是与此不符的，尼克松总统宣布美元价值与黄金脱钩，很多国家也先后放弃本国货币对美元的固定汇率制度。随着固定汇率体系被打破，SDR开始与一篮子货币挂钩，起初是16种货币，后改为美、英、德、法、意五国货币。1980年纳入日元，2002年后欧元代替了德、法、意三国货币，至此，SDR货币篮子由美元、欧元、英镑和日元共同组成。2016年10月1日起，人民币也被纳入SDR货币篮子。

SDR作为一种超主权货币[①]，有一定的优点。一是价值稳定，SDR的价值取决于各组成货币的价值，其价值稳定性会高于单个主权货币。二是允许各国央行将储备资产由美元转换为SDR，可以分散资产组合，在一定程度上缓解储备资产的贬值压力。三是使用SDR比较公正，各国都无法享受所谓储备货币的过度特权。但是，SDR仍存在很大的局限性，其作用提升依赖于世界经济未来的发展及主要国家的态度。目前，SDR可以用于偿还国际货币基金组织债务、弥补会员国政府之间的国际收支逆差，其使用范围比较局限，尤其是在范围更广的国际贸易中不能直接使用。

[①] 超主权货币是与主权货币对应的一个概念，即超越了国家主权限制的货币。"超主权"主要体现在发行的超主权和使用的超主权上。主要有三种类型：一是使用超主权的天然货币，如黄金；二是发行和使用超主权的货币，如欧元和特别提款权；三是发行未超主权但使用超主权的货币，如被很多小国使用的美元。这里的超主权货币主要是指第二种，即发行和使用超主权的货币。

特里芬教授曾提出了一些关于货币汇率制度改革的思考,他认为在国际金融体系的健全和发展进程中,可将国际货币基金组织改造成为真正的全球中央银行;将成员国缴纳款转变为储备资产货币,并作为世界各国的国家通货。其核心议题是:现行世界货币汇率制度应克服美元一币独大的状况。我们可以通过以下三个步骤深化 SDR 改革,推动国际货币汇率制度的改革和国际货币体系的创新:①可以建议用 SDR 取代美元一币独大的状况,确立多元国际储备货币的体系;②在 SDR 内的核心储备货币之间,采用固定汇率制,以稳定国际货币体系;③以 SDR 为核心,确立国际货币体系中共同参照的货币发行原则。①

2. 多国央行长期互换协定改革——建立长期、多边、多币、稳定的货币互换网络

中央银行货币互换,是指两国之间约定一方在一定条件下用本国货币换取另一方的货币或者外汇,包括双边货币互换和多边货币互换。

中央银行货币互换最早出现在布雷顿森林体系时期后期,当时美元危机爆发,美元持续贬值,美国联邦储备系统需要欧洲国家货币来干预市场以维持美元汇率稳定,其他布雷顿森林体系的成员国也有义务进行汇率干预。这个阶段的货币互换是美国和其他国家联合应对美元危机的一种合作手段,目的是平息市场抢购其他国家货币的风潮。

布雷顿森林体系崩溃后,国际金融市场动荡,各国央行都需要大量的外汇储备来稳定市场,储备资金不足时,就需要外部资金帮助。一种外部资金来源为国际货币基金组织提供的援助资金,但是国际货币基金组织提供的国际救援程序复杂,效率比较低,缺乏应对短期内流动性不足的时效性。另一种外部资金来源为各国央行之间的货币互换协定所提供的资金,其作为备用的外汇储备头寸,在帮助流动性不足的国家应对市场冲击方面发挥着越来越重要的作用。不过,该阶段的货币互换具有以下三个特点:一是规模有限;二是存续的时间通常较短;三是大多数互换为本国货币与美元之间的互换,这是因为美元是最主要的国际储备货币,各国央行干预市场时使用的外汇也主要是美元。

随着国际金融格局越来越动荡,区域金融危机和全球金融危机发生的频率越来越高,货币互换的规模不断提高,存续时间也在不断延长。2010

---

① 参见陈云贤著《国家金融学》,北京大学出版社 2018 年版。

年 5 月,美国联邦储备系统与加拿大央行、英国央行、日本央行、瑞士央行、欧洲央行共同签署了为期三年、不设限额按需互换的互换协议。2013年 10 月,又宣布将临时性货币互换协议转换为长期协议,任何一家央行需要其他五个国家或地区的货币流动性的时候,都可以按照协定获得其他国家或地区央行的支持。美国金融危机和欧债危机爆发后,美元和欧元的不稳定性增加,各国央行的外汇储备保值增值压力加大。与此同时,一些其他的发达国家和发展中大国在国际贸易或投资中的地位越来越高,这些国家的货币也逐渐成为各国央行愿意持有的资产。在此背景下,这些国家的央行开始签订本币互换货币协定,即以双方各自的货币作为直接交换对象。这是以美元为核心的国际储备体系向多元化国际储备货币体系发展的必然结果。货币互换经历了从临时性到长期、由双边到多边、由以美元为主到多种货币的变化,很多人认为这种长期、多边、多币、稳定的货币互换网络是新国际货币体系的雏形。

除了上述六国央行长期互换协定改革,随着金融全球化的发展、国际金融形势的变革,越来越多的国家和地区参与到央行货币互换协定。2020年 3 月 19 日,为了缓解新冠肺炎疫情全球蔓延下的"美元荒"问题,美国联邦储备系统与澳大利亚、巴西、瑞典、韩国、新加坡等 9 个国家的央行签订临时性货币互换协定。该次货币互换持续期限至少为 6 个月,互换额度总计 4500 亿美元,有效提高了这 9 个国家在疫情下美元的流动性,防止美元流动性不足所导致的全球经济崩溃。另外,此前已经与美国联邦储备系统达成长期货币互换协定的欧洲央行、日本央行、英国央行、瑞士央行和加拿大央行也同意将美元流动性互换协议的定价调降 25 个基点,以增加美元的流动性。

案例 5-3:清迈倡议与清迈倡议多边化协议

亚洲金融危机爆发后,许多亚洲国家认识到,单靠一个国家的力量很难防止金融危机的恶化和蔓延,必须加强与其他国家的金融合作,共同维护亚洲金融市场的稳定。

2000 年 5 月 4 日,第九届东盟 10 国与中、日、韩共 13 个国家的财政部部长在泰国清迈共同签署了清迈倡议(Chiang Mai Initiative,CMI)。该协议旨在搭建区域性货币互换网络:一是扩大东盟原有的货币互换协议的规模;二是建立中国、日本、韩国与东盟国家的双边互换协议。截至 2003

年年底，中、日、韩与东盟10国共签署了16个双边互换协议，规模合计440亿美元。

在接下来的几年中，各合作国不断推进清迈倡议多边化。首次提出"推动清迈倡议多边化"是在2003年10月，时任中国国务院总理温家宝建议将清迈倡议下的双边货币互换机制整合为多边资金救助机制，得到其他国家领导人的积极响应。2007年，确定清迈倡议多边化的具体形式为自我管理的区域外汇储备库，并在2009年确定储备库的主要要素，包括出资份额、出资结构、贷款额度、决策机制等。

到了2009年12月，13国正式签署清迈倡议多边化协议（Chiang Mai Initiative Multilateralization Agreement，CMIM）。该协议于2010年3月生效，至此，1200亿美元规模的亚洲区域外汇储备库正式成立并运作。在正常情况下由各国自己管理，一旦某多边化参与方出现国际收支和短期流动性困难，就由各参与国提供资金支持，共同管理应对危机。2012年，CMIM的总额度扩大到2400亿美元，于2014年7月17日正式实施。2019年，CMIM对与IMF贷款挂钩部分融资期限的灵活性以及法律问题做了一次新的修订。2020年6月，CMIM修订稿正式生效。

清迈倡议的签订和多边化是亚洲区域货币合作的具有深远意义的制度性成果，不仅体现了各国金融合作意识的提高，而且对维护各国金融稳定和安全具有实质性作用。

（案例来源：根据公开资料整理。）

目前，通过货币互换来构建新的国际货币体系还为时尚早，有以下两个方面的原因。第一，虽然一些区域形成了多边货币互换网络，如东盟与中、日、韩"10+3"多边货币互换网络等，但现在的央行货币互换的形式还是以双边货币互换为主。第二，从目前美国联邦储备系统构建的货币互换网络来看，存在发达国家集体抱团、新兴市场国家未能参与的现象，这与美国的全球战略调整有密切关系。这种货币互换网络会引起新兴市场国家的抱团取暖，促进国际货币体系的进一步分化。未来如果能构建起范围更广的中央银行货币互换网络，将会增强新兴国家货币对美元的制衡能力，有利于多元化国际货币体系的构建。

3. 罗伯特·蒙代尔的"货币稳定三岛"改革

著名经济学家罗伯特·蒙代尔（Robert A. Mundell）提出改革国际货

币体系的四条建议。一是欧元区不仅要实现金融上的融合,还应该实现政治上的融合。二是将美元与欧元的汇率稳定在1:1.2至1:1.4的范围之间。三是随着人民币逐步可兑换,创建美元、欧元、人民币三位一体的货币区,人民币与美元、欧元之间也需要保持固定汇率。四是最终创立世界货币INTOR。其中第三点就是著名的"货币稳定性三岛"构想。这种名为INTOR的"货币"并不是一种统一发行的世界货币,而是指美元、欧元、人民币这三种货币组合而成的一个稳定机制——在这种机制中,三种货币之间汇率固定,并按一定的比例组合统一与黄金挂钩,其他国家的货币则根据"INTOR"制定自己的汇率空间。

罗伯特·蒙代尔"货币稳定三岛"构想的进一步改革创新,就是构建一个以多元本位货币为基础的世界新一代国际货币体系,它有利于国际金融体系的稳健运行。

二、国际金融监管制度创新

国际金融监管实质上是对各国监管机构、法律和政策的监管,国际金融监管制度探讨的则是如何通过一系列的国际层面的制度安排,使各国的金融监管符合国际金融体系的要求,从而控制各国的金融风险,防范金融危机的跨国传染,维护国际金融市场的稳定。国际金融监管制度创新可以从以下三个方面入手:第一,宏观审慎监管与微观审慎监管要有效结合,这有利于提高一国金融监管的有效性,控制各国的金融风险;第二,构建金融危机预警和共同应对体系,积极防范和应对金融危机的跨国传染;第三,加强各国金融监管的国际协调,共同维护国际金融市场的稳定。

(一) 将宏观审慎监管与微观审慎监管有效结合

国际金融监管制度改革创新,最重要的是将国际金融监管的宏观审慎监管与微观审慎监管有效结合。具体而言,就是建立一套被各国接受和遵循的国际制度,使得各国的央行从微观和宏观两个层面去控制本国的金融风险,维护本国金融体系的稳定。宏观审慎监管以防范金融危机为目的,关注给定时点上风险跨机构的分布及整个系统中风险的跨时间分布,其分析、应对和处置的对象是宏观整体金融市场、资产、信贷总量、系统性金融风险。微观审慎监管则是指以个体风险、个体资本充足率、流动性、不良贷款率等为分析、监督和处置的对象,对众多的金融机构予以规范。

在国际金融宏观审慎监管的制度安排方面,需要从机构设置、监测方法、管理工具等方面来规范各国的宏观审慎监管。首先,各国需要通过机构改革与授权,明确执行宏观审慎监管职能的机构,例如,授权央行来监控并解决受困金融机构给经济带来的风险。然后,构建系统性风险的监测方法和管理工具,一方面要注重测量国内不同类型的金融机构之间的关联度,构建国内系统性风险的监测和管理工具;另一方面要注重测量不同国家之间的金融系统的关联度,构建全球系统性风险的监测工具,这是因为大型跨国金融机构和资本的跨国流通增加了金融风险跨境传染的可能性,风险不仅源于国内,还可能源于国外。

有效结合宏观审慎监管与微观审慎监管,不仅有利于微观金融机构有序稳定地发展,对维持整个国家金融体系的稳定和发展更是有着重要意义。

(二) 构建金融危机预警和共同应对体系

随着全球各国之间经济与金融活动日益频繁,关系日益密切,国别性金融危机演变为区域性甚至是全球性金融危机的可能性越来越高。在防范与化解区域性或全球性金融危机方面,各国需要摒弃利益分歧,加强协调合作,建立金融危机预警和共同应对体系。一方面,这有助于尽早甄别系统性金融风险,提高全球金融风险预警的有效性,使各国决策者可以尽早实施相应的应对计划,最大限度地降低其他国家的金融危机对本国的影响。另一方面,在金融危机发生的早期阶段,尤其是国别性金融危机演变为区域性金融危机之前,可以通过其他国家力所能及的援助控制金融危机演变形势,减缓金融危机演化的速度甚至是遏制金融危机的扩张。

国际货币基金组织(IMF)、G20金融稳定理事会(FSB)等国际金融组织在推动各国政策对话方面发挥着重要作用,各国的跨国危机预警合作、相关制度的制定和执行应该由国际金融组织协助进行。构建金融危机预警和共同应对体系的核心在于建立各国之间的信息与数据共享制度。第一,当跨国金融机构被多个国家视为系统重要性金融机构时,母国应该向所有这些国家通知其风险管理状况。第二,建立对国际资本的投机行为进行提前预警的制度安排。国际投机资本是多次金融危机爆发的重要推手,建立对国际资本的投资行为进行提前预警的制度安排有利于在保障国际资本自由有序流动的同时，维护全球经济和金融安全。第三，当一国发生金融危机时，对爆发金融危机的国家来说，信息的共享有助于判断和分析国际冲击的力度、积极部署化解金融风险的计划与请求援助。对其他国家来说，信息共享使其对危机发生国的金融危机所处的阶段、演变的方向和速度、与本国金融体系的相关程度等有一个相对清晰的认知，这有利于各国提前部署预防和应对计划，并向金融危机发生国提供一定金融援助，减轻金融危机的"传染"效应和冲击程度。

（三）加强各国金融监管的国际协调

国际金融监管主要包括监管信息共享机制、跨国金融机构监管、国际监管标准等六个方面的内容，加强各国金融监管的国际协调也应当按照这几个方面进行。一是建立监管信息共享机制。目前，国际上的金融信息交流机制主要还是以双边合作交流和多边合作交流为主，未来应逐步形成区域性乃至全球性的金融信息交流机制，这其中国际金融机构应起着举足轻重的作用。二是加强对跨国金融机构尤其是系统重要性金融机构的监管。跨国金融机构的金融风险对东道国和母国都有影响，而且会导致金融危机的跨国传染。在国际金融环境越来越动荡的情况下，对跨国金融机构的监管的重要性愈发突出。三是建立国际统一监管标准。FSB的各成员国需要摒弃利益分歧，加强协调，向统一标准靠拢，提高全球宏观金融管理的有效性，以防范跨国、跨区域甚至全球范围的风险影响国际金融的稳定。

案例5-4：中国证监会的国际监管合作

秉持国际金融监管需加强协调合作的理念，中国监管机构不断在跨境监管协作方面进行积极的探索和改革。据证监会官网公布的中国证监会与境外证券（期货）监管机构签署的备忘录一览表显示，截至2019年12月，证监会已同64个国家和地区的证券期货监管机构建立了跨境监管与执法合作机制。为了有效打击跨境违法违规行为，共同维护两地市场秩序，平等保护两地投资者合法权益，2014年10月17日，中国证监会和中国香港证监会共同签署了《沪港通项目下加强监管执法合作备忘录》，建立了从线索与调查信息通报到执法信息发布等各个执法环节的全方位合作关系。

2016年11月，证监会通报了一起沪港通跨境操纵案件，这是沪港通开通以来查处的首例跨境操纵市场案件。调查发现，唐某博等人涉嫌操纵

"沪股通"标的股票"小商品城",非法获利 4000 余万元。此案调查期间,证监会根据其他线索,同步查实了唐某博等人涉嫌的另一起操纵案件,嫌疑人利用资金和优势操纵 5 只内地股票,非法获利近 2.5 亿元。

此外,在双、多边监管合作框架下,中国证监会已向多家境外监管机构提供数十家境外上市公司相关审计工作底稿,协助其他国家监管机构进行监管调查。

(案例来源:根据公开资料整理。)

三、国际金融标准创新

除了国际货币汇率制度和国际金融监管制度的改革创新,国际金融标准的创新也是国际金融制度改革创新的重点,它们共同推动着国际金融制度的深化发展。国际金融标准的创新主要着眼于国际金融法律标准和国际金融披露与评估标准的统一制定和完善。

(一) 推动制定国际金融法律统一标准

完善的金融法律是金融市场正常运转的保证,运行良好的金融法律体系对跨国投资者具有良好的产权保护,有利于促进金融市场发展和刺激投资,从而带动该国的经济增长。相反,缺乏良好的金融法律体系会使投资者尤其是跨国投资者缺乏产权保护,跨国金融机构在该国的运营也会具有很大的风险,这不利于跨国金融机构在该国的布局和跨国资本的流动。各国金融法律的差异性一方面会提高投资者获取信息的成本和投资风险,另一方面会增加跨国投资者法律诉讼的成本,而且投资者的权益得到保护的可能性很小。

制定国际金融法律统一标准,有以下三个方面的好处。第一,有助于帮助一些法律薄弱的国家建立起相对完善的金融体系,保障该国金融体系的稳定运行。第二,有助于降低跨国金融机构的运营成本,促进金融机构的海外布局。第三,有助于降低跨国投资者的投资风险,促进投资者跨国分散资产组合和资本的跨国流动。但值得一提的是,统一的国际金融法律标准会减小各国金融法律的差异性,但不意味着一模一样的法律制度,各国仍需要结合本国金融体系的实际情况,制定最适合本国的法律制度。

(二) 推动制定国际金融披露与评估统一标准

信息的披露与信用评估是资产定价的重要依据,投资者会根据公司所披露的会计和财务信息以及信用评级公司提供的评级，判断金融资产的风险与价值。目前，各国对信息披露的要求和信用评估没有统一的标准，美国、新加坡等金融市场发达的国家或地区对信息披露往往具有较高的要求，信用评估所考虑的因素也更加全面和合理，而一些新兴经济体在这方面还需要进一步完善。由于金融披露与评估的标准不统一，不同国家或地区的信息披露的完整程度和信用评级的合理性也会有所差异，这提高了跨国投资的信息成本和风险，而且对跨国中介机构也提出了较高的要求。国际金融披露与评估标准的统一制定和完善，有助于投资者和跨国金融机构判断不同国家金融资产的价值和风险，也有利于国际金融监管机构的监管以及国际金融市场的融合和稳定。在制定标准时，需要合理地向美国的相关要求靠拢。

第四节　国际金融组织创新

国际金融组织由在国际金融市场上活动的各类金融机构和金融市场管理组织构成。前文第四章对目前的国际金融组织现状做了较为详细的介绍。简单来看，国际金融机构更多地被称为业务机构或业务协调机构。目前，国际金融市场管理组织分为两类：一类是对成员国没有法律约束力的国际监管组织；另一类是以国际法或区域法为基础，对成员国有法律约束力的国际监管组织。尽管现有的国际金融组织为维护国际金融稳定、确定国际金融秩序做出了一定的贡献，但是考虑到经济、金融全球化过程中，不同国家和地区之间复杂的行为关系和利益关系，尚需要对国际金融组织进行一系列的创新，以推动国际金融体系的有效、有序运行。本节首先简单梳理推动国际金融组织创新的必要性，而后从国际金融学的视角提出国际金融组织创新的方向。

一、推动国际金融组织创新的必要性

（一）单边化国际金融机构难以满足新兴发展经济体的金融需求

现有的"二战"之后遗留下来的国际金融机构体系，更多地体现为单

边化作用,已经难以适应和满足世界各国新兴发展的经济金融体系的需求。下面以世界银行和国际货币基金组织为例进行说明。

1. 世界银行

美国因在世界银行中持有相对多的股份,自世界银行成立以来,一直把控着世界银行内部决策的话语权。比如,在1978年,为了应对国际债务危机,世界银行董事会高层召开了执行董事会议,会议中,美国提出了结构性调整贷款政策,主张债务国如果需要获得世界银行的贷款援助,就需要进行一系列的结构性政治经济政策改革。在执行董事会表决时,这项结构性调整贷款政策几乎没有得到任何执行董事的反对,并决议于1979年正式实施。

结构性调整贷款政策规定,在世界银行进行贷款的借款国必须承诺完成多项国内商业市场自由化的政策改革。世界银行认为,一方面,借款国政府需实施若干项措施,活络国内私人企业的发展,这些措施包括取消价格管制、降低商业竞争的规范标准、消除合法垄断行为措施,并强化政府规划与执行经济政策的效率;另一方面,借款国需要针对外来投资的规范进行改革,比如,松绑外国企业的持股比例、保证企业利润回归母国的额度等。

受国际债务危机影响较大的国家,也即未来最需要世界银行援助的国家大多数都是发展经济体。对借款国而言,这种强制性的政策改革会在长期中带来一系列的负面影响,市场自由化的规定不但会加大对国内中小企业的伤害,并且会引起政府经济管理权遭到国外资金渗透的问题。

2. 国际货币基金组织

国际货币基金组织是一个单边性较强的国际金融机构,这一点可以从国际货币基金组织的制度设计中得到体现:①国际货币基金组织的组织机构主要由美国及欧盟所控制;②在国际货币基金组织的基金份额和投票权分配中,美国对于国际货币基金组织的重大决定持有一票否决权;③国际货币基金组织竭力维护美元作为主要国际储备货币的作用。可以看出,国际货币基金组织的单边性表现为它强化了美国在世界经济中的强势地位。

国际货币基金组织的单边性不利于实现其"把促进和保持成员国的就业、生产资源的发展、实际收入水平,作为经济政策的首要目标"的设立宗旨。比如,在1982年,当时的世界第二大债务国墨西哥由于无法按时缴纳利息,爆发了债务信用危机,墨西哥财政部部长前往国际货币基金组织总部及各个债权银行进行磋商,希望在获得新贷款的同时对既有贷款进行重整。各债权银行基本同意债务的展期,但要求墨西哥必须接受国际货币基金组织对其经济政策的监督和指导。这导致墨西哥在遭受债务危机重创的同时,还要接受国际货币基金组织这一境外势力的政策干预,丧失了对经济的主权。国际货币基金组织要求墨西哥实施紧缩政策,包括控制工资增长、提高公共产品价格等,这类紧缩政策表面上是针对墨西哥实施的改善国家负债的措施,实际上主要目的是保障墨西哥债权人(主要是以花旗银行为首的美国商业银行)的利益。从长期来看,墨西哥为这一系列紧缩政策所付出的代价是巨大的:经济发展停滞、社会矛盾激化、政治局势动荡等。

从世界银行和国际货币基金组织的案例中可以看出,这些以美国为首的少数国家占据主要话语权的国际金融机构已经不仅仅是为世界各国提供金融服务或金融协调而存在,在某种程度上,它们已经成为美国等少数国家奖励同盟或惩罚敌方,协助完成特定外交政策目标的国际政策工具,这一外交政策性功能削弱了这些国际金融机构对发展中经济体的支持力度。

(二) 国际金融监管机构的法律约束力不足

国际金融监管机构在法律约束力方面存在缺陷,具体主要是指巴塞尔银行监管委员会、国际证监会组织和国际保险监督官协会这三个主要靠"君子协议"来约束成员国,而缺乏实质上法律约束力的国际金融监管机构。

以巴塞尔银行监管委员会为例进行说明。巴塞尔银行监管委员会自成立以来已有40多年,在这期间,巴塞尔银行监管委员会一直致力于制定和完善银行监管的各项协议、规则和建议,在不断堵塞监管漏洞、争取国际银行间的协调与合作的过程中形成了巴塞尔体系。然而,巴塞尔体系在法律方面具有缺乏强制力、妥协性、被动性和倾斜性这四方面的缺陷。

缺乏强制力是指巴塞尔银行监管委员会所做的结论并不具有法律上的约束力。巴塞尔银行监管委员会成立的目的是构建一个国际银行业监管与沟通的平台,而非出台统一各国的法律和政策。巴塞尔银行监管委员会也曾明确表示:"巴塞尔银行监管委员会并不拥有任何超越国家的正式监控权力,它的结论没有且从未尝试有法律上的约束力。"因此,巴塞尔体系属于一种由各国共同制定的"集体协议",巴塞尔银行监管委员会负责监督协议的实施,但巴塞尔体系仅仅具有建议性质和道德上的约束力。

妥协性是指巴塞尔协议作为各国磋商的结果,虽然具有一定的普适性,但无法针对各国的情况做出规定。巴塞尔协议的妥协性是由巴塞尔协议的形成方式所决定的:巴塞尔协议的形成过程不同于集体表决等传统国际组织的法定程序缔结,而是由各国基于本国利益在巴塞尔银行监管委员会提供的"平台"上进行磋商,磋商的过程具有"一票否决"的性质,因此,各国只能相互妥协,最终达成一个基础的、低限度的监管标准。

被动性是指巴塞尔协议具有明显的"事后"性质,即在危机发生后出台规范性文件以减少负面影响。比如,2008年美国金融危机发生后,巴塞尔银行监管委员会耗费两年时间出台了《巴塞尔协议Ⅲ》。可以看出,巴塞尔协议是在各类事件发生之后才应运而生的,具有临时性和滞后性,这也是巴塞尔协议文件无法形成显著的体系框架的主要原因。

倾斜性是指巴塞尔协议更多地偏向于维护美国、欧洲等发达经济体的利益,发展中经济体处于被动接受的地位。虽然巴塞尔银行监管委员会表示自己是一个"在全世界范围内为世界各国提供交流渠道的平台",但实际上,由于缺乏可依据的法律,加之巴塞尔银行监管委员会的争端与协商更多地发生在美国等发达国家,更多地体现了发达国家的利益诉求,这使巴塞尔协议从实质上成为一个"发达国家的协议"而非"全世界的协议"。

巴塞尔银行监管委员会在缺乏强制力、妥协性、被动性和倾斜性这四方面的缺陷实际上是所有对成员国不具有法律约束力的国际金融监管组织的缩影。国际证监会组织和国际保险监督官协会同样存在这四方面的问题。这在降低国际金融监管组织出台文件的有效性的同时,也不利于全球的金融体系安全和风险防范。

(三)G20金融稳定理事会(FSB)有效性有待提高

金融稳定理事会由G20的成员国组成,成立的初衷是协调与监督国际金融监管改革的落实,其主要通过同行审议机制来履行这一职责。同行审议包括两个方面的审议:其一,专题审议,聚焦于特定的金融问题,包括国际金融标准、FSB认为可能有助于全球金融稳定的政策等;其二,国家审议,针对FSB成员国对金融监管改革的实施展开。金融稳定理事会成立以来已有10余年，其合作机制已经成型，但在有效性方面仍然存在提高的空间。

（1）参与者代表性问题。金融稳定理事会的参与者代表性问题主要体现在金融稳定理事会只包括了在世界经济和政治上具有重要影响力的发达国家和少数发展中国家，而绝大多数发展中国家都被排斥在金融稳定理事会之外。尽管精简的与会者数量有利于提高会议协商的效率，但目前，由于被排斥在外的绝大多数发展中国家的利益诉求缺乏表达的渠道和机制，金融稳定理事会会议拟定的协议难以达成全球范围内的共识。

（2）内部协调问题。金融稳定理事会的内部协调问题来自金融稳定理事会成员国的不同利益诉求。考虑到各成员国的政治制度、意识形态、经济制度和经济发展阶段各不相同，参与金融稳定理事会所主要关注的领域和问题也不尽相同。根据国际立场的不同，目前，金融稳定理事会的成员国可以分为三个"阵营"：一是原G7国家，这些国家更加关注国际社会治理问题，希望维持现存的全球治理机制，以维护自己在国际上的话语权；二是以金砖国家为代表的发展中国家，这些国家则希望对现存的全球治理机制进行改革，以便为自己争取到更多的国际话语权；三是各个中等强国，他们通常在前两个阵营中游移。

二、未来推动国际金融组织创新的方向

（一）促进国际多边金融机构的崛起

在发达国家主导下的传统国际金融机构呈现出明显的"单边性"特征，在为发展中国家提供金融服务时，其运作效率、风险特征和成本结构都难以适应发展中国家的需求。为了完善现有国际金融体系，补齐传统国际金融机构的短板，有必要促进国际多边金融机构的发展，赋予发展中国家更多的话语权，尤其是像中国这样快速发展、在世界经济中地位不可小觑的发展中大国。当前，国际多边金融机构的建设势头良好，2015年创建的亚洲基础设施投资银行和金砖国家开发银行，就是很好的例证。

（二）促进三大国际金融监管组织法律约束力的提升

在国际金融组织创新中，对依靠"君子协议"而非法律来推动国际合作的国际监管组织赋予更多或更强的法律约束力，能够更加有效地推动金融稳定协调，防范金融风险和金融危机的产生和蔓延。

1. 建立多层次的国际金融监管协作

多层次的国际金融监管分为两个层次：①考虑到同一个区域内的国家在金融机构与法律制度上存在一定程度的相似性，容易达成合作共识，对成员国不具有法律约束力的国际金融监管组织可以充分利用这一地域特征，制定在区域范围内具有法律约束力的金融合作文件。②协调各个区域的金融监管，形成全国性的金融监管协作体系，建立全球范围内的合作共识。

2. 健全监管的问责制度

对成员国不具有法律约束力的国际金融监管组织在具备"监督职能"的同时需要运用"惩罚手段"。在金融监管的过程中，应赋予国际金融监管组织可以同时实施对金融机构和高级管理人员双重处罚的权限，当协议的履行出现问题时，监管组织可以同时针对违约成员国的金融机构和金融机构的管理人员个人实施处罚，这类严格的问责制度能够加大监管组织对成员国的外部压力，有利于提高监管的效率和有效性。

3. 建立统一的国际监管标准

对于对成员国缺乏法律约束力的国际金融监管组织而言，其决策过程没有法律依据，只能依靠各个国家的磋商，而发达国家在磋商中的话语权又高于发展中国家，导致最终决策大多偏向发达经济体，这在很大程度上降低了这类监管组织的监管效率。因此，有必要建立全球范围统一的监管标准，但考虑到各个国家的金融发展水平和国际话语权不同，要建立统一的国际监管标准，具体所需要的前提条件包括：①应提高对欠发达地区的监管力度，使之与发达国家处于同一水平；②积极为发展中国家提供参与国际磋商的机会，为发展中国家争取更多的表决权。

（三）促进金融稳定理事会（FSB）更好地发挥作用

金融稳定理事会是以国际法为基础的、对成员国具有法律约束力的监管组织。只有促进金融稳定理事会在国际金融体系的构建中坚持改革创新，不断完善组织机制职能，不断健全国际金融监管规则和标准，不断强化其法制执行力，国际金融体系才会更加健康和稳健。

1. 明确准入标准与程序

考虑到大部分发展中国家缺乏诉求表达的渠道，以至金融稳定理事会的决策难以达成全球范围内的共识这一问题，金融稳定理事会在未来发展的过程中应持有更加开放的态度。已有不少新兴国家和发展中国家都表示希望能够受邀参与金融稳定理事会的讨论，但目前金融稳定理事会对永久和临时邀请对象的选择还没有明确的规则和程序，这不利于金融稳定理事会与外部成员和其他机制建立长期稳定的合作关系，也不利于未来吸纳正式成员。

2. 健全争端解决机制

针对国际立场不同的国家在协调时可能出现争端的问题，有必要建立健全金融稳定理事会的内部争端解决机制，形成系统化的解决方案。一是在事前对可能发生的争端进行"预判"，比如，可以通过协调人会议及工作组和专家组会议就关键问题先期展开对话和协商，预见会议可能发生的各种冲突，必要的情况下先行启动分层次的争端解决机制。二是在事后对冲突进行及时有效的解决，在影响多边利益的冲突发生后，强制性启动仲裁程序，最大限度地维护各国的合法权益。

第五节　国际金融技术创新

国际金融技术创新是指针对国际金融基础设施（包括软件设施和硬件设施在内）的创新。在以信息技术为主导的第四次工业革命的驱动下，区块链等数字技术和国际金融基础设施的融合应用已经成为未来国际金融基础设施建设的必然趋势。如何抓住数字技术的机遇，实现数字革命与国际金融基础设施的有机融合，是未来国际金融技术创新的重要方向。

一、国际金融基础设施现状

国际金融基础设施是包含各类软硬件的完整的金融市场设施系统。其中，金融市场服务网络、配套设备及技术、各类市场支付清算体系、科技信息系统等，是成熟的金融市场必备的基础设施。国际金融交易的类别可分为场内交易和场外交易两种，相应地，场内交易的基础设施主要指支付清算体系，场外交易的基础设施主要指中央交易对手和交易信息库。

金融市场基础设施的设计和运作方式对金融稳定具有重要影响。在2008年国际金融危机发生前，中央交易对手和交易信息库制度普遍被忽视，特别是金融衍生品交易的信息披露十分不充分。危机发生后，国际社会高度重视场外衍生品交易市场，中央交易对手和交易信息库的规则、制度，以及新的支付系统服务等的重建问题。金融稳定理事会于2010年4月开始着手建立场外衍生品交易信息库和中央交易对手数据库，要求CPMI和国际证监会组织（IOSCO）联合设立金融市场基础设计标准评审指导委员会，专门指导研究有关金融市场基础设施的国际标准，包括推动跨境交易的替代合规、扩大集中清算和强制报告的范围、提高中央交易对手的抗风险能力和增强交易数据的可利用性等制度。2012年4月16日，CPMI和IOSCO正式发布了三个文件：《金融市场基础设施原则》、为新标准制定的《评估方法》咨询报告和《披露框架》咨询报告。与此同时，欧美等主要发达经济体也对场外衍生品市场的集中清算和数据报告等基础设施制定或调整了国内法律和监管规则。

（一）支付清算体系

支付清算体系（Payment & Clearing System）是指由提供清算服务的中介机构和实现支付指令传递及货币基金清算的专业技术手段共同组成，用以实现债权债务的清偿及资金转移的一种金融安排。国际支付清算体系需要具备5个方面的基本要素：付款人、付款人的开户行、票据交换所、收款人的开户行和收款人。

现实中，国际支付清算体系的种类按照经营者身份划分，可以分为三类：中央银行拥有并经营、私营清算机构拥有并经营、各银行拥有并运行的行内支付系统。按支付系统的服务对象及单笔业务支付金额划分，可以分成大额支付系统和小额支付系统两类。按支付系统服务的区域范围划分，可以分为境内支付系统和国际支付系统两类。

1. 美国的支付清算体系

到目前为止，美元是国际金融体系中最主要的货币支付结算单位。美国的支付清算体系主要有以下两类。

（1）资金电划系统（Federal Reserves Wire Transfer System，Fedwire）。归属于美国联邦储备系统所有，是美国境内的美元收付系统，它既是一个实时的、全额的、贷记的资金转账系统，还包括一个独立的电子化记账簿式的政府证券转账系统。Fedwire资金转账主要用于银行之间的隔夜拆借、银行之间的结算业务、公司之间的付款及证券交易结算等，支付信息通过连接12个联邦储备银行的跨区通信网络和联邦储备银行辖区内连接联邦储备银行和其他金融机构的当地通信网络来传递,来自金融机构的支付信息被传送到当地联邦储备银行的主机系统上进行处理。

(2)纽约清算所银行同业支付系统(Clearing House Interbank Payment System,CHIPS)。它是由纽约清算协会拥有并运行的全球最大的私营清算支付系统之一,主要进行跨国美元交易的清算,负责处理全球95%左右的国际美元交易。作为最大的私人运作支付系统,其必须处理支付清算风险问题,包括信用风险、操作风险、流动性风险,风险涉及国际清算。CHIPS的用户分为两类:一是在联邦储备银行设有储备账户,能直接使用该系统进行资金转移的用户,共有19个;二是在联邦储备银行没有储蓄账户,不能直接使用该系统进行资金转移,必须通过某个清算用户作为代理行,在该行建立账户实现资金预算。CHIPS对用户具有三方面的要求:一是在每天交易开始前需要在账户中储蓄一定数量的资金;二是在系统运行时间内,任何参与者的资金头寸都不能小于零;三是需要接受CHIPSCo公司的信用评估,即定期向CHIPSCo董事会提交财务状况方面的文件,并接受CHIPSCo董事会的定期问讯。

2.国际支付清算系统

另外,在国际上,主要国家和地区的国际支付清算系统有以下6种。

(1)欧洲跨国大批量自动实时快速清算系统(Trans-European Automated Real-time Gross Settlement Express Transfer,TARGET)。该系统是欧元实施后欧洲支付系统一体化的体现,于1999年1月1日正式启用。该系统连接了各成员国中央银行的大批量实时清算系统。

(2)人民币跨境支付系统(Cross-Border Interbank Payment System,CIPS)。该系统是在整合了人民币跨境支付结算渠道和资源的基础上,为提高跨境结算的效率和提高交易的安全性而构建的满足各主要时区的人民币业务发展需要的现代化支付体系。CIPS的发展分为两个阶段:第一阶段采用实时全额结算方式,为跨境贸易、跨境投融资和其他跨境人民币业务提供清算、结算服务;第二阶段采用更为节约流动性的混合结算方式,提高人民币跨境和离岸资金的清算、结算效率,从而安全、稳定、高效地支持各个方面人民币跨境货币资金清算以及人民币与其他币种的同步收付业务。

(3)瑞士跨行清算系统(Swiss Interbank Clearing System,SIC)。该系统是对存放在瑞士国民银行的资金每日24小时执行最终的、不可取消的、以瑞士法郎为单位的跨行支付。它是唯一的以电子方式执行银行之间支付的系统，是一个所有的支付都逐笔在参与者的账户上进行结算的全额系统，也是一个没有金额限制的支付清算系统。

（4）英镑清算系统（Clearning House Automated Payment System，CHAPS）。该系统是英国11家清算银行加上英格兰银行共12家交换银行集中进行票据交换，其他商业银行则通过其往来的交换银行交换票据的支付清算系统。非交换银行必须在交换银行开立账户，以便划拨差额，而交换银行之间交换的最后差额，则通过它们在英格兰银行的账户划拨。该系统不设中央管理机构，各交换银行必须按照一致通过的协议办事，各交换银行在规定的营业时间内必须保证通道畅通，付款电话一旦发生并经通道认收后，即使马上被证实这一付款指令是错误的，发报行也要在当天向对方交换银行付款。

（5）日本银行金融网络系统（BOJ-NET）。该系统是一个用于包括日本银行在内的、金融机构之间的、电子资金转账的联机系统，由日本银行负责管理。金融机构要想成为日本银行金融网络系统资金转账服务的直接使用者，就必须在日本银行开设账户。该系统的参与者包括银行、证券公司和代办短期贷款的经纪人，以及在日本的外国银行和证券公司等。该系统处理金融机构之间涉及银行间资金市场和证券的资金转账、同一金融机构内的资金转账、由私营清算系统产生的头寸结算和金融机构与日本银行之间的资金转账。

（6）香港自动支付清算系统（Clearing House Automated Transfer System，CHATS）。该系统以中银集团等13家银行为其会员，运用该系统调拨港币，快捷方便。

（二）中央交易对手和交易信息库

中央交易对手相当于为场外金融衍生产品建立一个集中清算机制，包括双边清算体系和中央交易对手体系。交易信息库，也称交易数据库，负责为监管者、市场参与者和公众提供信息，据此提高场外衍生品市场的透明度。

目前，此类国际性机构主要有以下两个。

1. 环球银行金融电讯协会

环球银行金融电讯协会（Society for Worldwide Interbank Financial Telecommunication，SWIFT）是一个国际银行之间的非营利合作组织，1973年

成立，总部设在比利时的布鲁塞尔，并先后在荷兰阿姆斯特丹、美国纽约和中国香港分别设立交换中心，并为各参加国开设集线中心，为国际金融提供快速、便捷、准确、优良的服务。

目前，大多数国家的银行已使用SWIFT系统。SWIFT系统的使用给银行的结算提供了安全、可靠、快捷、标准化、自动化的通信业务，从而大大提高了银行的结算速度。从1987年开始，非银行的金融机构，包括经纪人、投资公司、证券公司和证券交易所等，开始使用SWIFT系统。到了2010年，该网络已遍布全球206个国家和地区的8000多家金融机构，提供金融行业安全报文传输服务与相关接口软件，支持80多个国家和地区的实时支付清算系统。

SWIFT系统提供的服务包括：①接入服务；②金额信息传递服务；③交易处理服务，即通过SWIFTNet向外汇交易所、货币市场和金融衍生工具认证机构提供交易处理服务；④分析服务和提供分析工具。具体来说，SWIFT系统提供全世界金融数据传输、文件传输、直通处理系统、撮合、清算和净额交付服务，操作信息服务，软件服务，认证技术服务，客户培训和24小时技术支持等。

SWIFT系统自投入运行以来，以其高效、可靠、低廉的价格和完善的服务，在促进世界贸易的发展，加速全球范围内的货币流通和国际金融结算，促进国际金融业务的现代化和规范化方面发挥了积极作用。

2．支付与市场基础设施委员会

国际清算银行下设的支付与市场基础设施委员会（Committee on Payments and Market Infrastructures，CPMI）是向成员中央银行提供交流的平台，使各中央银行能够就其国内的支付、清算、结算系统及跨境多币种结算机制的发展问题，共同进行研究和探讨。CPMI致力于支付结算体系的发展与改革工作，推动建立稳健、高效的支付结算系统，以加强全球金融市场基础设施。

CPMI不定期发布专业研究报告，内容涉及大额资金转让系统、证券结算系统、外汇交易结算安排、衍生产品清算和零售支付工具等，并先后发布了《重要支付系统核心原则》《证券结算系统建议》《中央交易对手建议》《中央银行对支付结算系统的监督》《国家支付体系发展指南》等纲领性文件，受到各国中央银行和监管当局的高度重视，并作为支付结算系统和证券交易系统监管的主要参考，推动了全球众多国家和地区的支付结算体系发展进程。

目前，CPMI 正在集中研究场外市场尤其是衍生金融工具交易市场引入中央对手机制以及建立集中清算、数据保存、处理、监测机制等工作，它将对未来国际支付结算体系的走向产生重要影响。

二、推动国际金融技术创新的必要性

（一）数字货币成为超主权货币是国际货币体系发展的必然趋势

在目前的国际货币体系中，美元"一币独大"，人民币作为世界储备货币不足 1%，以美元为主导的货币体系将来是否会被动摇，取决于未来美元、欧元、人民币的发展方向和实力对比。未来有三种可能：一是超主权的单一货币出现；二是 SDR 成为国际货币[①]；三是全球新型的数字货币取代主权货币成为超主权货币。从现实来看，首先，由于国际上没有一个"世界政府"在推动，因而超主权的单一货币出现的可能性几乎为零。其次，由于主权货币国家的全球利益所在，SDR 共同成为国际货币的现实概率很小。最后，要使"人工智能+区块链"形成或构建全球法定数字货币，需要在全球范围内普及完备的数字技术，也需要各国央行不断推进法定数字货币的运行。目前，在世界各类型私人数字货币的竞争和冲击下，例如，比特币的产生、蔓延与扩大造成的市场威胁以及对现行国际货币体系的冲击，数字货币产生颠覆性影响的可能性还是存在的。因此，推进国际金融技术创新，构建世界法定数字货币将是一个重要方向。

1. 私人数字货币

私人数字货币即由私人发行的数字货币，包括比特币、瑞波币、以太坊等。目前，全球约有 5516 种私人数字货币。私人数字货币按照赋值方式可以分为加密数字货币和稳定币两种。加密数字货币的内在价值为零，其价值主要来源于公众认为它们可以交换一系列商品、服务或主权货币的价值共识，币值波动幅度较大。稳定币则以法定货币计价的资产为储备资产，币值相对于加密货币来说较为稳定。

---

① SDR（Special Drawing Right）是国际货币基金组织根据成员国认缴的份额分配的账面资产，可供成员国偿还对国际货币基金组织的债务。SDR 的价值由美元、欧元、人民币、日元和英镑组成的一篮子储备货币决定。

一方面，私人数字货币具有高效率、可靠性高和安全性高三方面的特征。高效率是指相比于依赖银行等中介机构的传统货币交易，私人数字货币的交易是去中心化的，不需要经手第三方机构，因而可以减少交易费用。可靠性高是指私人数字货币依靠一系列共识的可信算法，消除了传统货币交易中对可信中介的需求，降低了信任成本。安全性高是指私人数字货币采用区块链技术作为其底层支持技术，而区块链技术是非对称加密的，即在交易时形成公钥和私钥组成的"密钥对"，发送方通过公钥进行加密，接收方通过私钥解密，交易过程无须发送方和接收方公开身份，从而可以保护个人隐私。

另一方面，私人数字货币去中心化和匿名化的特点使得私人数字货币可以利用监管漏洞进行洗钱、非法融资等非法金融活动，从而影响金融系统的稳定性，这也引起了各个国家监管部门的注意。目前，就私人数字货币是否合法，以及如何进行监管，国际上并没有形成一致的标准。部分国家认为私人数字货币是合法的，如美国和欧盟，在美国，私人数字货币属于一种应税商品。部分国家则明令禁止私人数字货币，如中国人民银行早在2013年就严格禁止私人数字货币的交易；纳米比亚为了防止数字货币对央行货币政策产生不良影响，禁止将数字货币作为支付手段。

2. 央行数字货币

根据国际清算银行和支付与市场基础设施委员会的调查，目前，80%的国家都在对主权数字货币问题进行研究，但央行数字货币并没有形成统一的定义，大多是指央行发行的不同于现金或者央行储备金的新型货币。国际清算银行将央行数字货币分为三类：一是面向公众的支付手段；二是面向金融机构的清算和结算交割业务的支付手段；三是基于账户体系的央行数字货币。

尽管目前各国对央行数字货币还处于研究阶段，但是国际上对于央行数字货币的机制设计已经达成了四方面的共识：在发行方面，采用中心化的发行模式，在用国家信用为央行数字货币背书的同时设置百分百准备金，以保证央行数字货币的币值稳定，避免通货膨胀风险；在投放方面，以商业银行作为投放中介，首先由央行批准商业银行兑换数字货币的申请，进而由商业银行向社会公众提供数字货币和相应的服务；在监管方面，采用分布式分类记账本设计，向用户分配一定数量的保持交易匿名的额度，但是一旦交易超过了这个额度，监管当局则有权利对交易历史和用户的身份进行查看，从而达到反洗钱、防止非法融资等非法金融活动的目的；在底层技术方面，与私人数字货币不同，区块链的去中心化特征无法满足央行数字货币的中心化要求，从而央行数字货币考虑以分布式账本技术为底层技术。

各个国家对于中央数字货币的关注也意味着，未来哪个国家如果能够拥有央行数字货币的话语权，哪个国家在国际货币体系中的地位就会得到提升。这说明推动数字货币的发展将成为未来国际金融技术创新的重中之重。中国在央行数字货币的研究方面也是进展飞速。中国人民银行早在2014年就成立了法定数字货币专门研究小组。2019年，中国数字货币已经完成了包括从顶层设计到测试在内的一系列工作。2020年4月，中国将苏州确立为首个数字货币应用场景。

（二）传统的国际金融基础设施已不适应现代国际金融的发展需求

传统的国际金融基础设施，包括场内交易的支付清算系统和场外交易的中央交易对手和交易信息库，存在成本高而效率低、安全性能有待提高的问题，此外，SWIFT等"单边化"的国际金融基础设施也不利于国际金融的多元化发展，这意味着传统的国际金融基础设施已经不适应现代国际金融的发展需求。在数字技术已经得到国际范围内广泛发展和应用的背景下，构建与国际金融发展相适应的国际金融基础设施势在必行。

1. 操作过程成本高而效率较低

传统的场外交易和场内交易的支付系统业务成本高但效率较低，这是由冗长的操作链条导致的。当跨国交易发生后，资金由买方账户流向卖方账户需要经过清算银行、代理银行、收付银行等多个中介银行。当资金在银行间流动时，银行间需要进行对账和清算，但不同的银行各自的账务系统是相互独立的，且互不相同，这使得银行间对账和清算的业务在很大程度上依赖于人工的手动操作，这一过程使得交易的效率低下，并且产生了大量的交易成本。

交易成本可以分为三类：①手续费用。手续费用来自资金在银行间流动时产生的手续费、中转费和佣金。②时间成本。由于人工操作需要时间，大部分跨境支付至少需要十天以上才能完成，这期间将会产生时间成本。③汇率变动引起的汇兑损失。由于跨境交易涉及不同国家货币间的兑付，如果在资金流动的过程中汇率发生变化，就可能产生汇兑损失。

2. 安全性能有待提高

由于跨境交易的资金流动涉及多个银行，资金在流通到每个银行时，为了保证交易的可靠性，银行都会对客户的信息进行核查，这意味着客户的信息也将在各个银行内流动，一旦某个银行被黑客攻击或者是出现操作不当的问题，客户的信息就会被泄露。

3. 不利于国际金融的多元化发展

以 SWIFT 为例，由于 SWIFT 的数据交换中心设立在美国纽约，在实质上受到美国的控制。通过这个数据交换中心，美国的监管机构可以看到全球跨境交易中的资金走向，这使美国能够利用 SWIFT 对其他国家和地区进行政治打压。实际上，美国也确实使用 SWIFT 这个金融工具对其他国家和地区进行了"施压"：2007 年美国对澳门汇业银行实施了制裁，使得澳门汇业银行无法与其他银行发生金融往来，从而发生了挤兑风险；2012 年，美国为了打压伊朗的核工业，直接在 SWIFT 系统中剔除了伊朗，阻断了伊朗的金融渠道；2020 年，在中美贸易摩擦尚未完全缓和的背景下，SWIFT 也会为中国带来潜在的威胁。

造成 SWIFT 等国际金融基础设施成为某些大国政治工具的根本原因是，传统的国际金融结算方式是中心化的，比如，通过 SWIFT 进行跨国交易时，数据交换就必须在数据交换中心完成，这就给予了数据交换中心所处的美国利用国际金融基础设施这一"中心化"的特征对其他国家进行政治打压的空间。

三、未来推动国际金融技术创新的方向

考虑到数字货币成为超主权货币是国际货币体系发展的必然趋势，并且传统的国际金融基础设施已不适应现代国际金融的发展需求，推进"人工智能+区块链"构建世界法定数字货币、完善场内和场外的国际金融基础设施，构成了推进国际金融技术创新两大技术改革的提升方向。

（一）推进"人工智能+区块链"构建世界法定数字货币

目前，在各个国家的积极推动下，数字货币成为超主权货币指日可待，但包括私人数字货币和央行数字货币在内，数字货币要想获得长足发展，还需要解决私人数字货币的监管问题，以及央行数字货币的生态系统

问题和底层技术问题。

1. 私人数字货币的监管问题

私人数字货币对国际货币体系造成了颠覆性的影响，但对于私人数字货币的监管问题，国际上目前没有形成统一的认识，从而创造了私人数字货币的国际套利空间。因此，未来有必要在全球范围内形成对私人数字货币监管的共识，坚持"相同行为，相同监管"原则，对于同样的业务，在全球范围内实施同种资本和流动性监管标准。

2. 央行数字货币的生态系统问题

央行数字货币要想实现大范围的应用和推广，比起颁布强硬的政策手段，建立完全的生态系统是一个更优的策略。央行数字货币的生命力体现在各种应用场景中，如果缺乏基于数字货币衍生的金融业务，那么央行数字货币的推行势必受阻。比如，厄瓜多尔币是世界上最早推出的央行数字货币，但是由于缺乏使用渠道，厄瓜多尔币难以吸引足够多的用户，导致流通量逐渐下降，最终退出了市场。因此，只有不断完善央行数字货币全方位的应用场景，才能提升央行数字货币的普及率，惠及央行数字货币的持有者。

3. 央行数字货币的底层技术问题

要推动央行数字货币的研究进展，对底层技术的迭代发展是最为关键的环节。在未来，为了加快数字货币底层技术的发展，在国际上，应加强多边跨国、跨区域合作；在国内，政府应牵头组织数字货币研究机构之间的相互合作，确定央行数字货币的底层技术最优解，扩展技术的边界，从而使央行数字货币获得长远发展。

（二）完善场内和场外的国际金融基础设施

未来国际支付清算体系的完善分为两个方面：一是现实场内国际支付清算体系技术在世界各国内和世界各国间的不断改革创新、提升完善，以使其更加快速、便捷、有效和更加规范、标准、稳定。二是随着世界各国移动货币的出现，其覆盖率越来越高、区域差别越来越小，它作为法定数字货币的电子化形式之一，通过客户手机界面，在银行体系之外的网络完成存取款操作，这种借助于信息和通信技术以及非银行物理网络的金融支付创新，发展到一定范围、一定程度、一定规模，将对各国支付清算体系是个挑战。同时，它也需要场内支付清算体系的支撑和完善。

其中，国际支付清算体系技术的创新和完善依赖于区块链技术。区块链技术具有去中心化、加密式分布记账的特征，这使得其在跨境支付中的应用上具有高效率、低成本、安全性高的优势。高效率是指跨境交易的双方可以直接点对点完成交易的支付，资金往来无须再通过银行间冗长的业务链条，清算时间甚至可以被缩短到几秒之内，从而节省了传统国际金融基础设施的人工操作中所耗费的大量时间；低成本是指由于基于区块链技术的跨境交易无须中介机构的参与，从而能够节省金融中介机构所收取的手续费、中转费和佣金；安全性高是指由于区块链技术采用加密式分布记账方式，可以记录每一次交易的信息，且这些信息很难被篡改，即便是某个节点的信息被篡改，也不会对整个系统产生影响，容错性远远高于传统的国际金融基础设施，从而提高了交易的安全性。

尽管区块链在国际金融基础设施的应用上具有诸多优势，但目前在各国国内的区块链监管法律法规尚不完善，遑论建立国际范围内广泛认可的监管标准。这意味着区块链在提高交易效率和安全性的同时，也可能会为跨境交易创造新的风险。综合以上分析，要想实现区块链技术在国际金融基础设施上的广泛应用，未来需要从3个方面入手。

1. 推动区块链技术与现有的国际金融基础设施的有机结合

与传统的国际金融基础设施相比，区块链技术的去中心化和分布式记账的特点带来了低成本、高效率和安全性高等比较优势，但是区块链技术在网络安全和用户体验方面的表现仍然需要审慎看待。国际金融基础设施底层技术的创新和完善不意味着要将传统的技术完全抛弃，基于区块链的国际金融基础设施应该和传统的国际金融基础设施形成互补效应，推动建立更完善的新型国际金融基础设施。

2. 构建基于区块链技术的国际金融基础设施的风险防范机制

各国应当加强有关区块链技术的法律法规的建设，在此基础上形成区域范围内的区块链应用监管共识，进而构建全球范围的监管标准，平衡跨境交易的各个参与方之间的利益关系，防范区块链技术带来的全球范围内新的金融风险。

3. 关注央行数字货币与国际金融基础设施的适配性

考虑到数字货币成为超主权货币是国际货币体系发展的必然趋势，各国目前正在加大力度对央行数字货币进行研究，数字货币在将来可能成为各国进行跨国支付的主要手段。因此，在对国际金融基础设施的底层技术进行完善和创新时，有必要考虑新型国际金融基础设施和数字货币的适配性。

第六节 结 语

伴随着以自由贸易和自由资本流动为首要标志的全球化发展,国际金融体系发生了深刻的变化。正如本章第一节所提到的,当前以美元为主的单极国际货币体系、以发达国家为首的国际金融秩序导致国际金融市场存在发展失衡的弊病,难以均等地满足不同国家的发展需求,也无法充分协调不同国家的个体利益,进而导致国际金融体系的不稳定性。如何把不同国家和地区的金融市场整合到一个系统的、有效的、平等的、稳定的全球金融市场中,如何使不同国家和地区从竞争走向协调合作,如何治理全球经济金融秩序、提高全球金融市场对实体经济的服务功能,是当今国际金融体系改革和完善的方向。

本章从国家金融学的研究视角,为国际金融体系的改革提出了可能的完善方案。国家金融学立足于现代金融体系或现代国际金融体系功能作用的六大方面,即现代金融市场要素体系、现代金融市场组织体系、现代金融市场法制体系、现代金融市场监管体系、现代金融市场环境体系和现代金融市场基础设施。因此,现代金融体系功能结构在国际金融体系中的完善及各国金融行为的协同有效与规则健全,是国际金融体系改革和完善的关键所在。正如本章前四节所述,世界各国应在现有的国际金融机构体系、国际金融基础设施、国际金融监管协调的基础上,围绕全球金融稳定、有效监管、健全规则、防范风险等基本目标,推进改革、创新与发展。

除了本章已经提到的理念创新、制度创新、组织创新和技术创新之外,另一个值得关注的问题是:是否需要特定的权威性国际组织专职于国际金融体系的制度建设与规则制定?更为具体地说,世界经贸的协调合作有 WTO(世界贸易组织),世界卫生的协调合作有 WHO(世界卫生组织),那么世界金融体系和国际金融秩序的改革创新协调合作能否也组建 WFO(世界金融组织),抑或对现有的某个国际金融组织进行优化调整,如强化与完善现有 G20 金融稳定理事会的法定功能和作用,以实现一个长期、多边、多币、稳定的国际金融体系建设目标?尤其是在个别国家接连退出重要国际条约、重要国际组织的单边贸易保护主义、逆全球化情绪下，似乎更需要一个权威性的国际金融组织以维系全球金融市场的稳定、规范全球金融市场的秩序。此思路是否可行暂且不论，只要世界各国坚持不懈地推进国际金融理念创新、制度创新、组织创新和技术创新，不断强化金融服务实体经济的服务能力，从现代国际金融体系的六大方面着力推进国际金融体系的建设与完善，则全球金融市场就会更加稳定、有效与健全。

◆思考讨论题◆

1. 国家是否应该进行资本管制？
2. 国际金融体系有哪些目标？
3. 应该从哪几个方面构建和完善金融体系？
4. 什么是央行货币互换？
5. 货币互换对构建国际货币体系有何意义？
6. 宏观审慎监管和微观审慎监管有哪些区别？
7. 传统国际金融机构往往呈现出"单边化"的特征，其根本原因是什么？
8. 国际金融监管机构的法律约束力不足会带来哪些问题？
9. 发行央行数字货币对于中国而言有什么重要意义？
10. 相比于传统国际金融基础设施，区块链等数字技术在国际金融基础设施的应用上具有哪些优势？

参考文献

[1] 巴曙松,高英. 巴塞尔Ⅲ信用风险标准法改革对银行业的影响 [J]. 武汉金融, 2019 (1): 10-18.

[2] 巴曙松,张岱晃,朱元倩. 全球数字货币的发展现状和趋势 [J]. 金融发展研究, 2020 (11): 3-9.

[3] 白钦先,剑眉. 论政策性金融与商业性金融的相互关系 [J]. 上海金融, 2005 (1): 8-11.

[4] 卞志村. 健全双支柱调控框架 促进宏观经济稳定 [N]. 光明日报, 2020-10-27 (11).

[5] 曹龙骐. 金融学 [M]. 6 版. 北京: 高等教育出版社, 2019: 195.

[6] 陈三毛,陈杨. 巴塞尔协议改革、最终方案及其评价 [J]. 金融理论与实践, 2019 (11): 32-41.

[7] 陈云贤,顾文静. 中观经济学 [M]. 北京: 北京大学出版社, 2015.

[8] 陈云贤. 国家金融学 [M]. 北京: 北京大学出版社, 2018.

[9] 陈忠阳. 论现代金融机构风险管理丨项原则 [J]. 国际金融研究, 2005 (4): 58-65.

[10] 范小云,王道平. 巴塞尔Ⅲ在监管理论与框架上的改进: 微观与宏观审慎有机结合 [J]. 国际金融研究, 2012 (1): 63-71.

[11] 龚强,张一林,林毅夫. 产业结构、风险特性与最优金融结构 [J]. 经济研究, 2014, 49 (4): 4-16.

[12] 苟洲旻. 浅析我国商业银行不良资产的成因及处置 [J]. 全国流通经济, 2020 (18): 154-157.

[13] 郭濂. 国际三大信用评级机构的比较研究 [J]. 中南财经政法大学学报, 2015 (1): 36-39.

[14] 郭树清: 完善现代金融监管体系 [N]. 金融时报, 2020-12-04 (001).

[15] 郭晓蓓，麻艳，施元雪. 商业银行不良贷款现状、成因及对策研究[J]. 当代经济管理，2020，42（6）：79-88.

[16] 郭鑫. 国际金融链式监管研究[D]. 厦门：厦门大学，2019.

[17] 郭洋. 国际金融衍生品监管法律制度研究[D]. 郑州：郑州大学，2016.

[18] 韩洋. 危机以来国际金融监管制度的法律问题研究[D]. 上海：华东政法大学，2014.

[19] 郝莉莉，马可哪呐. 跨境审计监管、经济安全与会计师事务所国际化战略[J]. 会计论坛，2017（2）：146-157.

[20] 胡玉婷. 我国银行业监管新规则的实施与调整路径研究[D]. 上海：华东政法大学，2014.

[21] 黄达. 金融学[M]. 北京：中国人民大学出版社，2013.

[22] 黄奇帆. 分析与思考[M]. 上海：上海人民出版社，2020.

[23] 黄益平. 中国金融开放的下半场[M]. 北京：中信出版社，2018.

[24] 季丽亚. 我国跨境监管与执法合作已有多个成功案例[N/OL]. 证券日报，2020-06-22（A2）. http://stock.hexun.com/2020-06-22/201587359.html?from=rss.

[25] 姜波克. 国际金融新编[M]. 6版. 上海：复旦大学出版社，2019.

[26] 蒋旭峰. 透析IMF全球危机救助工具箱[J]. 中国金融，2020（11）：91-93.

[27] 兰德尔·夸尔斯，夏颖. 金融稳定理事会十年回顾与展望[J]. 中国金融，2019（23）：17-18.

[28] 李佳娟. 外生因素对全球金融治理的影响[D]. 吉林：吉林大学，2019.

[29] 李建军，王家强，边卫红. 构建国际金融新秩序的思路及中国的定位与对策[J]. 国际金融，2010（8）：57-62.

[30] 李璐玮. 优化跨国银行监管国际合作路径法律问题研究[D]. 郑州：郑州大学，2019.

[31] 李仁真，刘真. 金融稳定论坛机制及其重构的法律透视[J]. 法学评论，2010（2）：103-108.

[32] 李永宁，郑润祥，黄明皓. 超主权货币、多元货币体系、人民币国际化和中国核心利益[J]. 国际金融研究，2010（7）：30-42.

[33] 廖凡. 国际金融监管的新发展：以 G20 和 FSB 为视角 [J]. 武大国际法评论, 2012（1）: 176-191.

[34] 廖凡. 跨境金融监管合作：现状、问题和法制出路 [J]. 政治与法律, 2018（12）.

[35] 廖凡. 全球金融治理的合法性困局及其应对 [J]. 法学研究, 2020（5）: 37-54.

[36] 林毅夫, 孙希芳, 姜烨. 经济发展中的最优金融结构理论初探 [J]. 经济研究, 2009, 44（8）: 4-17.

[37] 刘凤元, 邱铌. 证券市场跨境监管研究——以 EMMoU 为视角 [J]. 金融监管研究, 2019（12）: 100-111.

[38] 刘虹. 金砖国家金融合作面临的监管问题及应对之策 [J]. 对外经贸实务, 2018（9）: 17-21.

[39] 刘子平. 国际金融监管标准实施评估机制研究 [J]. 金融监管研究, 2019（9）: 15-34.

[40] 马红霞, 孙国华. 国际金融危机传染机制前沿理论问题探讨 [J]. 国外社会科学, 2010（3）: 4-12.

[41] 孟飞, 段云先. 金融审计制度的演变与发展 [J]. 财会月刊, 2020（7）: 103-108.

[42] 潘庆中, 李稻葵, 冯明. "新开发银行"新在何处——金砖国家开发银行成立的背景、意义与挑战 [J]. 国际经济评论, 2015（2）: 136-149.

[43] 潘文彪, 路洲臣. 次贷危机后十年国际金融监管改革：成果、趋势与我国应对之策 [J]. 国际经济合作, 2018（11）: 55-61.

[44] 荣艺华. 国外发达国家社会信用体系建设的启示及借鉴 [J]. 西安金融, 2003（8）: 11-12.

[45] 司文. 美欧对国际评级机构监管的演变及动向 [J]. 国际研究参考, 2019（8）: 1-8.

[46] 宋璐. 银行监管国际协调与合作研究 [D]. 沈阳: 辽宁大学, 2013.

[47] 宋士云, 宋博. 三个版本的巴塞尔协议与中国银行业监管 [J]. 理论学刊, 2019（1）: 80-88.

[48] 王光宇. 关于泛欧金融监管改革法案的评析与启示 [J]. 银行家, 2010（10）: 111-112.

[49] 王立锋.我国金融监管框架优化路径研究[D].北京:中共中央党校,2018.

[50] 王培辉.后危机时代保险业监管趋势及启示[J].保险理论与实践,2019(1):78-91.

[51] 王帅.国际金融监管架构研究[D].郑州:郑州大学,2012.

[52] 魏雅洁.国际金融机构公众问责机制的法律性质分析[D].上海:上海社会科学院,2016.

[53] 吴超.金融监管国际合作机制构建研究[D].天津:天津财经大学,2012.

[54] 吴晶妹.未来中国征信:三大数据体系[J].征信,2013,31(1):4-12.

[55] 吴晓求,赵锡军,瞿强.市场主导与银行主导:金融体系在中国的一种比较研究[M].北京:中国人民大学出版社,2006.

[56] 徐凡.G20机制化建设研究[D].北京:对外经济贸易大学,2014.

[57] 徐景.《巴塞尔协议Ⅲ》最终版的监管变革研究[J].吉林金融研究,2020(3):16-22.

[58] 徐明棋.央行货币互换:对国际货币体系的影响[J].社会科学,2016(3):51-64.

[59] 杨涤.提高我国金融资源配置效率的途径研究——中国的金融强国之路探索[J].世界经济研究,2004(2):23-27.

[60] 杨晗.金融监管制度对比及对本国启示——基于对美英日三国的分析[J].商场现代化,2018(9):90-91.

[61] 杨菡.危机后欧洲金融监管体系的发展及启示[J].西部金融,2018(4):36-38.

[62] 杨凯生,刘瑞霞,冯乾.《巴塞尔Ⅲ最终方案》的影响及应对[J].金融研究,2018(2):30-44.

[63] 杨琬君.欧盟审计轮换制度的影响及借鉴[J].财政监督,2017(7):77-80.

[64] 叶玉.新开发银行的本土化战略及其创新意义——基于与亚投行的比较视角[J].国际政治研究,2019(1):53-70.

[65] 尹继志.金融稳定理事会的职能地位与运行机制分析[J].金融发展研究,2014(1):24-29.

[66] 尹哲, 张晓艳. 次贷危机后美国、英国和欧盟金融监管体制改革研究 [J]. 南方金融, 2014 (6): 35-38.

[67] 于品显. 巴塞尔协议资本要求的发展变化、局限性及我国的应对策略 [J]. 南方金融, 2020 (7): 69-78.

[68] 余佳奇. 中美会计跨境监管合作有关问题研究 [J]. 会计研究, 2020 (4): 183-190.

[69] 张承惠, 王刚. 日本金融监管架构的变迁与启示 [J]. 金融监管研究, 2016 (10): 69-78.

[70] 张金梅. 国际信用评级机构问题研究 [J]. 吉林省经济管理干部学院学报, 2014 (4): 29-33.

[71] 张晓朴, 卢钊. 金融监管体制选择: 国际比较、良好原则与借鉴 [J]. 国际金融研究, 2012 (9): 79-87.

[72] 张兴华. 李克强揭牌中国-中东欧金融控股公司: 撬动500亿欧元资金 [EB/OL]. (2016-11-07) [2020-06-08]. http://www.gov.cn/xinwen/2016-11/07/content_5129636.htm.

[73] 赵婧. 金融系统发展和分类理论综述 [J]. 商业时代, 2011 (19): 38-41.

[74] 赵强. 中国系统重要性保险机构评估 [D]. 北京: 中国社会科学院, 2016.

[75] 赵玉婷, 李云静. 日本的金融监管体制改革及对中国的启示 [J]. 税务与经济, 2018 (5): 48-53.

[76] 中国人民银行条法司. 中华人民共和国商业银行法 [M]. 北京: 中国法制出版社, 1995.

[77] 中国人民银行. 中国人民银行、银监会、证监会、保监会、国家标准委等5部委联合发布了《金融业标准化体系建设发展规划 (2016—2020年)》[A/OL]. (2017-06-09) [2020-06-08]. http://www.pbc.gov.cn/goutongjiaoliu/113456/113469/3322066/index.html.

[78] 钟震, 董小君, 郑联盛, 等. 国际金融监管规则演变的逻辑演绎及我国应对之策 [J]. 宏观经济研究, 2017 (1): 31-41.

[79] 周小川. 关于改革国际货币体系的思考 [J]. 中国金融, 2009 (7): 8-9.

[80] ACHARYA V V. A theory of systemic risk and design of prudential bank regulation [J]. Journal of financial stability, 2009, 5 (3): 224-255.

[81] ALEXANDER K. Bank resolution regimes: Balancing prudential regulation and shareholder rights [J]. Journal of corporate law studies, 2009, 9 (1): 61-93.

[82] ALLEN F, GALE D. Diversity of opinion and financing of new technologies [J]. Journal of financial intermediation, 1999, 8 (1-2): 68-89.

[83] ALFORD D. The Lamfalussy process and EU bank regulation: Another step on the road to pan-European regulation? [J]. Annual review of banking & financial law, 2006, 25: 389-435.

[84] ALFARO L, KALEMLI-OZCAN S, VOLOSOVYCH V. Why doesn't capital flow from rich to poor countries? An empirical investigation [J]. Review of economics and statistics, 2008, 90 (2): 347-368.

[85] SCHWARCZ S L, ANABTAWI I. Regulating systemic risk: Towards an analytical framework [J]. Notre dame law review, 2011, 86: 1349.

[86] ARNER D W, TAYLOR M W. The global financial crisis and the financial stability board: Hardening the soft law of international financial regulation [J]. University of New South Wales Law Journal, 2009, 32: 488.

[87] BACH D, NEWMAN A L. The European regulatory state and global public policy: Micro-institutions, macro-influence [J]. Journal of European public policy, 2007, 14 (6): 827-846.

[88] BALDWIN R, BLACK J. Really responsive regulation [J]. The modern law review, 2008, 71 (1): 59-94.

[89] BLACK J. Forms and paradoxes of principles-based regulation [J]. Capital markets law journal, 2008, 3 (4): 425-457.

[90] BOSSONE B. The effectiveness of IMF surveillance [J]. World economics, 2008, 9 (4): 27-54.

[91] BROOKS R. The financial scandal no one is talking about [N/OL]. (2018-5-29) [2020-10-12]. https://www.theguardian.com/news/2018/may/29/the-financial-scandal-no-one-is-talking-

about‐big‐four‐accountancy‐firms.

[92] BRUMMER C. How international financial law works (and how it doesn't) [J]. Georgetown law journal, 2010, 99: 257.

[93] BRUNNERMEIER M K. Deciphering the liquidity and credit crunch 2007–2008 [J]. Journal of economic perspectives, 2009, 23 (1): 77–100.

[94] CARRASCO E R. The global financial crisis and the financial stability forum: The awakening and transformation of an international body [J]. Transnational law and contemporary problems, 2010, 19: 203.

[95] CHAILLOUX A, HAKURA D. Systemic liquidity management in the UAE: Issues and options [R/OL]. (2009–12–8) [2020–10–12]. IMF Working Paper No. 09/261. https://ssrn.com/abstract=1519726.

[96] COTTIER T. Challenges ahead in international economic law [J]. Journal of international economic law, 2009, 12 (1): 3–15.

[97] COTTIER T, JACKSO M H, LASTRA R M. The quest for international law in financial regulation and monetary affairs: Introduction [J]. Journal of international economic law, 2010, 12 (3): 525–526.

[98] DIAMOND D. W. Financial intermediation and delegated monitoring [J]. Review of economic studies, 1984, 51 (3): 393–414.

[99] EICHENGREEN B, LOMBARDI D, MALKIN A. Multilayered governance and the international financial architecture: The erosion of multilateralism in international liquidity provision [J]. Global policy, 2018, 9: 7–20.

[100] ENGERT A. Transnational hedge fund regulation [J]. European business organization law review, 2010, 11 (3): 329–378.

[101] ERQUIAGA P. A history of financial management at the Asian Development Bank [R]. Philippines: Asian Development Bank, 2016.

[102] EUROPEAN UNION COMMITTEE. The future of EU financial regulation and supervision [R]. London: European Union Committee, 2009.

[103] GADINIS S. The politics of competition in international financial regulation [J]. Harvard University law journal, 2008, 49: 447.

[104] HAGAN S. Enhancing the IMF's regulatory authority [J]. Journal of

international economic law, 2010, 13 (3): 955-968.

[105] HASHMALL A M. After the fall: A new framework to regulate too big to fail non-bank financial institutions [J]. New York University law review, 2010, 85: 829-866.

[106] KARMEL R S, KELLY C R. The hardening of soft law in securities regulation [J]. Legal studies research paper, 2008, 34: 883.

[107] KESSLER O. Is risk changing the politics of legal argumentation? [J]. Leiden journal of international law, 2008, 21: 863.

[108] KRUGMAN P R, OBSTFELD M. International economics: Theory and policy [M]. Boston: Pearson Addison-Wesley, 2009.

[109] LASTRA R M. The role of the IMF as a global financial authority [M/OL]. European yearbook of international economic law 2011. Switzerland: Springer Nature, 2011: 121-136. https://link.springer.com/chapter/10.1007%2F978-3-642-14432-5_5.

[110] LA PORTA R, LOPEZ-DE-SILANES F, SHLEIFER A, et al. Legal determinants of external finance [J]. Journal of finance, 1997, 52 (3): 1131-1150.

[111] LA PORTA R, LOPEZ-DE-SILANES F, SHLEIFER A, et al. Law and finance [J]. Journal of Political Economy, 1998, 106 (6): 1113-1155.

[112] LOMBARDI D, WOODS N. The politics of influence: An analysis of IMF surveillance [J]. Review of international political economy, 2008, 15 (5): 711-739.

[113] MACNEIL I. The trajectory of regulatory reform in the UK in the wake of the financial crisis [J]. European business organization law review, 2010, 11 (4): 483-526.

[114] MIGLIONICO A. The governance of credit rating agencies: Regulatory regimes and liability issues [M]. Cheltenham: Edward Elgar Publishing, 2019.

[115] NOVEMBRE V. The bargaining process as a variable to explain implementation choices of international soft-law agreements: The Basel case study [J]. Journal of banking regulation, 2009, 10 (2): 128-152.

[116] PAN E J. Challenge of international cooperation and institutional design in financial supervision: Beyond transgovernmental networks [J]. Chicago Journal of international law, 2010, 11: 243.

[117] PAULY L W. Financial crisis management in Europe and beyond [J]. Contributions to Political Economy, 2008, 27 (1): 73-89.

[118] POSNER E. Making rules for global finance: Transatlantic regulatory cooperation at the turn of the millennium [J]. International organization, 2009, 63 (4): 665-699.

[119] RAJAN R G. Insiders and outsiders: The choice between informed and arm's-length debt [J]. Journal of finance, 1992, 47 (4): 1367-1400.

[120] REINHART C M, Rogoff K S. The modern history of exchange rate arrangements: A reinterpretation [J]. Quarterly journal of economics, 2004, 119 (1): 1-48.

[121] SCHOENMAKER D. Central banks and financial authorities in Europe: What prospects? [M]//Donato M. Handbook of central banking and financial authorities in Europe: New architectures in the supervision of financial markets. Cheltenham: Edward Elgar, 2005: 398.

[122] SCHWARCZ S L. Regulating complexity in financial markets [J]. Washington University law review, 2009, 87: 211.

[123] SINCLAIR T J. Let's get it right this time! Why regulation will not solve or prevent global financial crises [J]. International political sociology, 2009, 3 (4): 450-453.

[124] TIETJE C, LEHMANN M. The role and prospects of international law in financial regulation and supervision [J]. Journal of international economic law, 2010, 13 (3): 663-682.

[125] TRACHTMAN J P. The international law of financial crisis: Spillovers, subsidiarity, fragmentation and cooperation [J]. Journal of international economic law, 2010, 13 (3): 719-742.

[126] WOBER R H, ARNER D W. Toward a new design for international financial regulation [J]. Journal of international law, 2007, 29: 391.

[127] WEINSTEIN D E, YAFEH Y. On the costs of a bank-centered financial

system: Evidence from the changing main bank relations in Japan [J]. Journal of finance, 1998, 53 (2): 635-672.

[128] ZUMBANSEN P C. The state as black box and the market as regulator: Comment [J]. Journal of institutional and theoretical economics, 2009, 165 (1): 62-70.

[129] ZYWICKI T J, ADAMSON J. The law and economics of subprime lending [J]. University of Colorado law review, 2009, 80 (1): 1-86.

后　　记

在金融、经济全球一体化的大格局下，建立一个系统的、有效的、平等的、稳定的国际金融体系能够推动各个国家与地区的经济稳定发展。近些年来，经济发展速度较快，技术创新的更新迭代反复推进，再加之国际经济、金融的"黑天鹅事件"时有发生，这给国际金融体系的稳定性提出了挑战，因此，有必要加强国际金融体系的改革与创新，以不断优化与改革国际金融机构、建立科学完善的国际金融制度，营造出良好的国际金融市场环境。

本书从国家金融学的研究视角，首先梳理了国际金融体系的演进过程，而后为国际金融体系的改革与创新提出了一系列的建议。参与编写本书的包括中山大学岭南学院王伟副教授和中山大学管理学院张一林副教授，其中由王伟副教授负责编写本书的第二章、第三章、第四章，张一林副教授负责编写本书的第一章、第五章和序言、后记。

随着全球经济一体化的不断深化和国际形势的不断变革，国际金融体系也面临着新的格局。本书重点从国际金融理念、金融制度、金融组织和金融技术等方面探寻可能的创新方案，但在国际金融体系优化调整的过程中，还有许多其他问题需要解决。有鉴于此，必须不断地研究摸索，结合具体的现实问题分析国际金融体系的发展趋势，探寻相对应的发展策略，以此推进国际金融的良好发展。

在本书编写的过程中，编者得到来自各个方面的帮助，特别是董可、梁健威、罗佳璟、郁芸君、郑沨同学为第一章、第五章提供了搜集有关数据并整理、搜集案例及制图等方面的有关帮助，汪玲老师、谭娜老师、徐子桐同学为第二章、第三章、第四章提供了重要的帮助，作者致以诚挚的感谢。